SOUVENIRS

DE

L'ORIENT.

TYPOGRAPHIE DE FIRMIN DIDOT FRÈRES,
IMPRIMEURS DE L'INSTITUT, RUE JACOB, 56.

SOUVENIRS

DE

L'ORIENT,

PAR

LE VICOMTE DE MARCELLUS,

ANCIEN MINISTRE PLÉNIPOTENTIAIRE.

> . . . . Libens
> Insanientem navita Bosporum
> Tentabo, et arentes arenas
> Litoris Assyrii viator.
>
> HORACE, Liv. 3, Ode 4.

TOME PREMIER.

PARIS,

DEBÉCOURT, LIBRAIRE-ÉDITEUR,
RUE DES SAINTS-PÈRES, 69.

1839.

AVERTISSEMENT.

(1839.)

> *Schreiben ist geschäftiger müssiggang; es kommt mir sauer an; indem ich schreibe was ich gethan, ärgere ich mich über den verlust der zeit, in der ich etwas thun könnte.*
>
> GOETHE, Götz., 4ᵉ acte, sc. dern.

Écrire est une fainéantise occupée ; j'en suis bien dégoûté; pendant que j'écris ce que j'ai fait, je me chagrine de n'être plus au temps où je pouvais faire encore quelque chose.

Il est bien tard aujourd'hui pour faire paraître ces anciennes esquisses. Qu'importe ce qu'était l'Orient en 1820, lorsque, en 1839, chaque course d'un bâteau à vapeur, devenue périodique, en ramène un si grand nombre de voyageurs et même d'écrivains? Tout doit être connu, après tant de publications, comme tout doit être changé depuis mon passage, après tant de révolutions intestines. Les luttes de l'indépendance hellénique, les massacres de l'Archipel, le royaume de Grèce fondé; l'abolition sanglante de la milice des janissaires; les Russes ennemis et vainqueurs à Andrinople, amis et auxiliaires sous les murs du sérail; les grandes campagnes d'*Ibrahim* dans la Syrie et l'Asie Mineure; enfin dix-huit années d'un siècle si fécond en événements ont pu altérer le fond comme la forme de toute chose, et peut-être mes notes ne seront-elles lues sans regret que par des personnes à qui l'*actualité* dominante aurait laissé quelque goût pour les vieux souvenirs.

Je dois dire, toutefois, que, s'il est un pays rebelle à l'action des siècles, obstinément fermé à l'invasion des idées et de la civilisation nouvelle, gardant son antique physionomie et son caractère presque immuable au milieu des vicissitudes européennes; ce pays est l'Orient. Les coutumes, ainsi que les traditions, filles du climat, se perpétuent sous le règne de cette grande nature orientale; et Homère, après trois mille ans, est trouvé fidèle en tous ses récits. Je ne crois donc pas que, pour dater de loin, mes observations soient tout à fait dénuées d'une certaine vérité actuelle; bien des choses sont encore et resteront longtemps telles que je les ai vues; d'ailleurs je voyageais à la veille de l'insurrection grecque, et je me figure qu'il y aura quelque intérêt à reconnaître le point d'où cette révolution est partie, en même temps qu'on en observe les premiers résultats. Ces réflexions m'ont enhardi, je l'avoue, et j'ai osé donner au public des essais qui peuvent à la fois servir de guide aux voyageurs de nos jours, et leur retracer plus tard leurs propres jouissances.

Je me défie pourtant un peu moi-même de mes jugements. J'étais si jeune! Et néanmoins je n'ai rien changé à mes impressions premières. J'ai pensé devoir cette sorte de respect aux années les plus heureuses de ma vie : dans mon enthousiasme d'écolier je notais tout; j'essayais de tout dire, de tout peindre : j'aurais cru mon voyage imparfait et presque manqué, si un nom classique eût échappé à ma mémoire. Il me semblait que personne n'avait traversé ces mers et ces contrées avant moi; surtout, que personne avant moi ne les avait suffisamment décrites. Maintenant, trop éloigné de cette époque fortunée, je ne retrouve plus cette impatiente vivacité qui multipliait mes plaisirs; cette chaleur d'âme qui s'évaporait en invocations et en descriptions de tout genre, et je dis à peu près comme Goethe : Pendant que je raconte ce que je faisais, ah! combien je regrette le temps où je faisais ce que je raconte! . . . .

J'ai besoin de déclarer d'abord que je me suis volontairement abstenu de traiter tout sujet politique dans mes *Souvenirs de l'Orient*. J'appartenais alors à la diplomatie : elle n'a que trop occupé ma pensée et ma plume; je n'en veux pas dans mes récits. Je sais aussi mieux que personne ce qu'il y a de décousu et de disparate dans le ton et le style de mes narrations diverses; et, si l'on s'étonne de trouver, à quelques pages d'une pieuse description, des traits un peu profanes, qu'on veuille bien songer à ma jeunesse, excuse qui dure si peu. Le rigide la Bruyère a dit : « On ouvre un livre de dévotion, et il « touche : on en ouvre un autre qui est ga- « lant, et il fait son impression. Oserai-je « dire que le cœur seul concilie les choses « contraires et admet les incompatibles [1]? » Enfin je m'indigne souvent contre moi-même d'avoir si mal lutté contre la répétition de ces éternelles formules de voyage :

---

[1] LA BRUYÈRE, ch. IV, du Cœur.

Je passai, je traversai, j'atteignis, auxquelles je n'ai su trouver d'autres variantes que: *Nous cherchâmes, nous aperçûmes, nous arrivâmes.* Ceux de nos grands écrivains qui ont aussi voyagé, ont su éviter habilement ces écueils : j'aurais voulu suivre en tout de tels modèles.

A ce propos, certaines personnes initiées à la lecture de quelques fragments de mon voyage, ont trouvé que je cherchais trop à imiter M. de Châteaubriand.... Si j'y avais réussi, je prendrais au sérieux cet heureux reproche, et je ne souhaiterais pas d'autre éloge. Serait-il vrai qu'à défaut *des grandes pensées qui viennent du cœur* et que Dieu donne à de rares génies, j'eusse dérobé à M. de Châteaubriand, quand je marchais sur ses traces en Palestine et à Londres [1], quelque chose du magique artifice de son style;

---

[1] J'étais, en 1822, premier secrétaire de l'ambassade de M. de Chateaubriand en Angleterre; et j'y restai chargé d'affaires, pendant le congrès de Vérone, et la guerre d'Espagne.

et m'aurait-il laissé une faible part de son manteau? Je n'ose me vanter d'un tel honneur : *Haud equidem tali me dignor honore*[1].

Cette dernière citation m'amène à d'autres, si nombreuses que je dois m'en excuser peut-être. Mais les anciens auteurs ont si bien dit, que ceux qui ne savent pas mieux dire sont obligés de répéter. On doit comprendre également que, dans ma manie de citer, je n'étais pas homme à me passer des épigraphes, parce que l'origine en est tant soit peu romantique. Bien au contraire, perfectionnant cette mode à ma guise, j'avais pensé à en doubler l'usage et à l'appliquer en queue comme en tête de mes chapitres. Je ne suis pas, néanmoins, assez certain du succès de cette innovation pour l'essayer en grand; je me borne donc à la tenter ici, et je termine mon *humble préface* en disant à mes lecteurs, comme Ovide.

---

[1] Virgile, Énéide, ch. i, v. 335.

« Quand je relis mon ouvrage, j'ai honte
« de l'avoir écrit, tant j'y vois de pages di-
« gnes, à mon propre jugement, d'être effa-
« cées! Je ne les corrige point cependant;
« la peine en serait plus grande que celle
« d'écrire [1]. »

---

[1] *Quùm relego, scripsisse pudet; quia plurima cerno*
   Me quoque, qui feci, judice, digna lini :
Nec tamen emendo : labor hic quàm scribere major.

OVIDE, ex Ponto, lib. 1, el. v.

CHAPITRE PREMIER.

DÉPART. NAVIGATION.

PLAINE DE TROIE.

PROPONTIDE.

ARRIVÉE A CONSTANTINOPLE.

(1816)

> *Utcumque mecum vos eritis, libens*
> *Insanientem navita Bosporum*
> *Tentabo, et arentes arenas*
> *Littoris Assyrii viator.*
>
> HORACE, liv. III, ode 4.

O Muses, vous m'accompagnerez toujours, heureux avec vous d'affronter dans mon vaisseau les fureurs du Bosphore; ou de voyager sur les sables brûlants du rivage Assyrien.

Lorsque pour répondre aux instances de mes amis, je cherche à réunir ces notes de mes vieux voyages; lorsque dans le calme d'une vie oisive, refroidi par cette triste raison qui suit l'âge mûr, j'essaye de rappeler les jouissances de ma jeunesse, et les impressions dont j'étais si avide; je me sens accablé par tant de souvenirs. Je m'arrête alors à chaque pas de ma mémoire; ma plume tombe, et je me prends à rêver sans fin à ces heures d'immenses délices, à ces nuits si sereines et si pures, à ce ciel azuré, à ces mers si brillantes, aux pompeuses merveilles du plus beau pays du monde; et quand cette magique représentation des temps écoulés assiége ma pensée, je ne sais si mon cœur bat plus vite sous le charme du bonheur que ces illusions me donnent encore, ou sous le poids des regrets que laissent après eux, ces jours passés pour ne plus revenir.

J'étais en Corse depuis quelques mois, lorsque la frégate *la Galathée* qui devait porter en Orient l'ambassade dont je faisais partie, mouilla devant la ville de Bastia : après huit jours de délais, les vents, passant dans une direction favorable, donnèrent le signal du départ. Nous appareillâmes le 9 mai, au milieu des plus tristes adieux; la mer était houleuse, le vent violent.

Nous aperçûmes l'île d'Elbe qui n'eut qu'un jour d'une célébrité fatale; mais ce jour a fait oublier ses mines de fer vieilles de deux mille ans, et ses guerriers vantés par Virgile. Nous vîmes ensuite *la Pianosa*, qu'on ne distingue que de très-près : terre sans arbres, sans ruisseau ni colline; où ne croissent que des arbousiers et quelques buissons.

Le rocher de *Montéchrist* est plus stérile encore; on y voyait autrefois un couvent habité par les religieux de Saint-Lazare; les prières et les secours des pieux solitaires protégeaient les matelots, et luttaient contre les tempêtes : aujourd'hui, cet écueil n'est plus que l'asile des chèvres sauvages.

Le soleil allait se coucher : les villes et les terres s'éloignaient; l'air devenait froid, et mes pensées tristes. J'apercevais encore à l'horizon les montagnes de la Corse mêlées aux nuages. Je venais de quitter la France. Pour la première fois mon pied ne reposait plus sur le sol de la patrie. Inquiet et troublé, j'osais à peine jeter ma pensée vers l'avenir. Dois-je jamais revoir ces lieux que j'abandonne?... Le vaisseau fend rapidement les ondes, et m'emporte loin de mon pays; les espérances, les illusions s'offacent devant mes regrets; les jours de repos, le bonheur de mon enfance reviennent à ma mémoire; mais ces souvenirs m'affligent, et mes réflexions m'accablent... J'étais sur le pont, la tête entre mes mains, enfoncé dans ma rêverie; je jetai encore un regard vers le couchant; je ne vis plus rien; tout avait disparu; plus d'horizon qu'une mer immense et le ciel. Je me sentis saisir de je ne sais quelle terreur, et je rentrai dans la chambre du capitaine, comme pour y chercher du secours contre la solitude. C'était cependant ce voyage qu'avaient si longtemps invoqué mes pensées, mes études, mes songes, et qui s'accomplissait malgré tant d'obstacles : l'homme n'est que faiblesse et inconséquence !

La goëlette *la Biche*, qui nous accompagnait, et faisait partie de la flotte du Levant, cédant à la supériorité de notre marche, était restée en arrière; nous la perdîmes de vue dès le premier jour, pour ne plus la retrouver qu'à Constantinople, où elle arriva assez longtemps après nous. Le vent redoubla dans la nuit, et nous fit dépasser la côte de Rome et de Gaëte : le jour nous montra, comme des ombres, les îles délicieuses du golfe de Naples.

Je dédiai cette seconde journée, comme une libation de mon voyage, au grand poëte qui devait l'embellir. Je lisais Homère, et pendant mes longs voyages en Orient, une petite Odyssée, don de mon père, n'a jamais quitté ma poche que pour passer dans mes mains. Le tombeau d'*Elpénor*, la fontaine *Artacie*, visités par Ulysse, étaient sur cette rive. Vers le soir, nous voyons Caprée. Plus loin, les golfes et les promontoires de la Calabre se dessinent devant nous : là, quelques mois auparavant, venait de se terminer un terrible drame : le vaillant Murat avait vu s'évanouir rapidement le dernier rêve de sa vie aventureuse; je pensais à cette destinée éphémère des hommes si grands dans les armes, dont ces îles et ces rivages me rappelaient le souvenir; et je disais en moi-même, avec une certaine fierté *de province*, que quand celui qui fut le maître du monde, voulut occuper les trônes de l'Europe, deux rois seuls furent pris en dehors de sa race impériale, et ces deux rois étaient gascons.

Les derniers rayons du soleil doraient en disparaissant nos voiles hautes, et le disque de la lune, s'élevant lentement à l'horizon opposé, semblait se balancer entre les cordages du vaisseau : le vent moins fort était toujours favorable ; la mer faisait entendre autour de nous le bruit de ses vagues adoucies ; la prière sonna. Le prêtre du Seigneur, à genoux sur le pont, prononça d'une voix haute les paroles sacrées ; les matelots suspendus au bout des vergues et dans les haubans, prêtaient une oreille attentive, et tout l'équipage répétait en chœur les louanges et les supplications adressées à la Vierge, protectrice des navigateurs... Comme le cœur bat à ces prières si naïves ! comme il bénit cette religion sublime qui porte à l'oreille de Dieu les vœux et les cris de quelques atômes errants sur les mers.

Cependant, nous arrivions sur les îles Éoliennes : elles sont aujourd'hui au nombre de onze ; l'antiquité n'en comptait que sept. Le reste est-il né plus tard des éruptions volcaniques, des tremblements de terre, ou furent-elles alors négligées des géographes...? Nous admirâmes une partie de la nuit *Stromboli* et son volcan, dont les flammes ne s'éteignent jamais; c'est comme un grand fanal élevé sur la mer ausonienne. Nous aperçûmes quelques bâtiments calabrois cinglant vers Naples; un brick entre autres, que la crainte de la quarantaine a empêché de se charger de nos lettres, n'a pu que nous envoyer, à l'aide du portevoix, ses vœux pour notre heureuse traversée.

Le 12, mer calme; nuit superbe; je ne pouvais me lasser de contempler *Stromboli*, ses gerbes de feu étincelant dans l'obscurité, et se réfléchissant sur les flots, par une longue traînée lumineuse. Ces îles étaient le séjour d'Éole, le plus heureux des dieux de la fable. Homère nous montre ce petit roi presque inconnu, retiré dans ses palais, prenant peu de part aux querelles de l'Olympe; s'applaudissant de n'avoir sous son sceptre que quelques rochers ignorés, et vivant au sein d'une florissante famille; « six filles et six « fils, dit le poëte; lesquels *dînaient* chaque jour

« à la table de leur père bien-aimé, et de leur
« vénérable mère [1]. » Le 13, à la faveur d'une
faible brise, nous approchâmes de la Sicile; j'étais sur le pont dès l'aurore; mes regards se portaient sur le golfe de Sainte-Euphémie, dont la
verdure printanière se distinguait au loin. Peu
après, parut la ville de Scylla, aujourd'hui *Sciglio*. *Charybde* est moins facile à retrouver;
la tour du phare portée par une plage riante
et ombragée a remplacé la grotte du monstre;
les gouffres de Charybde n'existent plus, mais
on entend encore le bruit sourd des flots se brisant contre les rochers de Scylla et tournoyant
à la base des écueils.

La ville de *Sciglio* est bâtie en cercle au fond
d'un petit golfe, à l'entrée du détroit. J'ai remarqué les lits des torrents qui, des hauteurs de la
Calabre, se précipitent dans la mer; on les prendrait pour de larges voies romaines tracées sur

---

[1] Ἓξ μὲν θυγατέρες, ἓξ δ' υἱέες ἡβώοντες·...
Οἱ δ' αἰεὶ παρὰ πατρὶ φίλῳ καὶ μητέρι κεδνῇ
Δαίνυνται.

HOMÈRE, Odyssée, ch. x, v. 8.

les flancs des collines : de plus près, on reconnaît les ravins qui déchirent ce sol blanchâtre. Les pilotes du pays vinrent nous offrir des secours inutiles contre des dangers agrandis par Homère. « Je « sais très-bien, dit Sénèque, que Scylla est un « rocher fort peu redoutable aux navigateurs.[1] »

Nous étions portés par un vent favorable sur la ville de Messine; j'ai admiré l'aspect qu'elle présente au marin qui passe rapidement devant ses murs. Du côté du Phare, un couvent immense borde la mer; vers l'entrée de la ville, on voit les ruines d'un vieux palais dont la colonnade s'étend sur la plage, et étonne par son élévation comme par sa riche architecture; là, commencent les portiques qui bordent les quais de Messine; tous réguliers et contigus, ils forment une suite de longues arcades, surmontées d'édifices élégants. Les faubourgs qui occupent le rivage vers Taormine, sont embellis des plus vertes allées de citronniers et de myrtes : quelques clochers en pyramide situés au pied des montagnes

---

[1] *Nam Scyllam saxum esse, et quidem non terribile navigantibus, optimè scio.*
SÉNÈQUE, Épître 79.

s'élèvent au-dessus de ces bois embaumés. L'arsenal et le sémaphore, placés à l'extrémité de la ville du côté de l'orient, réveillaient en moi de grands souvenirs. Dans leur enceinte, s'étaient réunies les flottes combinées de Philippe-Auguste et de Richard Cœur de Lion; tant de nobles Croisés se sont élancés de ce port vers les régions sacrées, pour y arborer l'étendard de la croix! et ces régions sacrées, j'allais les voir aussi!

Les montagnes qui entourent Messine, attestent de fréquents tremblements de terre; des tertres élevés, des bosquets renfermant et bordant des précipices; des pics arides et dépouillés; des quartiers de rocs suspendus, n'attendant qu'une nouvelle secousse pour écraser de leur chute des *villas* et des hameaux. Tel est l'aspect des montagnes qui dominent la ville; des nuages blancs et pressés en couvraient les flancs, les sommets; et ressemblaient à de longues traînées de neige.

Il était temps de reporter mes yeux vers la Calabre; le vaisseau fuyait avec rapidité : le cap Pélore et ses villages nous montraient une végétation riche et variée; le penchant des collines me semblait un grand jardin aligné; et des champs d'orge et de blé venaient perdre leur verdure jusque dans les flots. Plus loin, près de Reggio, des rochers nus, des ravins profonds; la ville présente aux regards le fronton de ses églises qui se détachent sur la masse des maisons obscures, et semblent s'avancer avec leurs colonnes d'une blancheur que le climat ne ternit jamais; puis, sur le rivage, une rotonde élégante sert de bourse aux négociants dont la ville est presque exclusivement peuplée.

Je revins sur la droite du vaisseau, quand l'Etna commençait à paraître. La vue se dirige vers le roi des volcans, en suivant les sinuosités et les dentelures des montagnes qui forment comme son avenue; une fumée sulfureuse s'échappait à gros flocons de deux bouches latérales.

Vidimus undantem ruptis fornacibus Etnam [1].

Rien ne sortait du cratère; la neige couvrait

---

[1] VIRGILE, Géorgiques, liv. 1, v. 472.

encore les cimes du mont, et ne respectait que la dernière hauteur où est l'abîme. Vieillard au front blanchi, l'Etna cache, sous ses glaciers, des gouffres de flammes et de laves. Les brouillards qui couvraient le bas de la montagne nous dérobèrent la vue de Catane et de Syracuse.

Vers le soir, la brise qui nous avait fait dépasser le détroit de Messine, le promontoire *delle armi*, et avancer au loin dans la mer Ionienne, cessa tout à coup; nous nous trouvâmes sans vent, arrêtés sur une plaine immobile, au milieu de six vaisseaux retenus par le même calme.

Le 14, le vent se déclara favorable et nous emmena rapidement vers la Grèce; la mer était toute écume; les vagues s'élevaient comme des montagnes, et inondaient le vaisseau. Nous traversions l'Adriatique dans sa prolongation; nous avions passé près de Céphalonie, d'Ithaque et de Leucate. Tout absorbé que j'étais par Ulysse, j'avais encore quelques pensées pour Sapho. La tempête dura deux jours; vers le milieu de la seconde journée, on prit dans les cordages un oiseau qui venait de l'Élide, et nous annonçait le continent; en effet, le soir même, on découvrit la terre, vers le cap Matapan, l'ancien Ténare; le vent nous abandonna tout à fait à cette hauteur, et depuis nous n'eûmes jamais une brise directement favorable.

Le 16, nous étions à une demi-lieue du cap Malée si renommé par ses écueils et ses orages; la sagesse grecque conseillait aux voyageurs d'oublier leurs familles et leurs amis avant de doubler ce terrible promontoire. Je n'y passerais pas à ce prix. Nous étions fort près de la terre, et j'aurais pu distinguer, s'il y en avait eu sur la rive, quelques demeures des Maïnotes, seuls habitants de ces hautes montagnes de la Messénie; mais je cherchai en vain des ruines ou des chaumières; ces parages étaient tout à fait déserts.

Sept jours s'étaient écoulés depuis notre départ, et déjà nous apercevions Cythère. Le 17, une bordée nous conduisit fort près de cette île : on y voit des traces de culture, mais seulement à l'entour du fort San Nicolo que M. Poucqueville nous dit être voisin des ruines du temple de Vénus-Uranie : on distinguait au loin les monts de la Crète dont les neiges brillaient d'une teinte rose, aux rayons du soleil.

Le 18, à la faveur de quelques brises, nous atteignîmes Milo, où nous prîmes un pilote; c'était un Grec d'une haute stature, et d'une physionomie animée; il parlait très-bien l'italien, qu'il prononçait cependant avec l'accent gênois. On louvoya vainement toute la journée entre l'île de Mélos et Antimélos, petit rocher pyramidal entièrement inhabité : au coucher du soleil, nous nous trouvions en face du golfe qui forme le beau port de Milo. On voyait dans le lointain, l'Argentière, Sériphe, Syphante et Paros.

Le 19, nous étions au milieu des Cyclades; Ténos, Naxos, Délos, et plusieurs écueils sans nom. On prendrait l'Archipel pour un grand fleuve au sein duquel s'élèveraient confusément des monceaux de sable, ou des roches arides.

Le soir, nous avons assisté à un châtiment bizarre infligé par la discipline maritime. Un matelot ayant passé dans son hamac le temps de son service, a été livré à la vengeance de ses camarades, qui l'ont promené, barbouillé de lie et de noir de fumée, sur un palanquin; lui faisant faire ainsi trois fois le tour de la frégate; l'exécution s'est terminée par un bal où tout le monde a pris part de bon cœur; bourreaux et victime.

J'étais appuyé sur les haubans, je considérais ces jeux qu'animait la plus bruyante gaieté, puis les ondes que le vaisseau sillonnait, enfin les îles, dont les ombres, au coucher du soleil, se projetaient au loin. Ces mêmes mers, me disais-je, ont vu de plus nobles fêtes; elles ont retenti d'une plus douce harmonie : jadis des Théories nombreuses parties de Mégare, de Corinthe et d'Athènes s'avançaient de front, frappant les flots en cadence, et répétant au son des lyres les hymnes consacrés au dieu de Délos. Maintenant, tout est muet; on voit à peine blanchir une voile sur ces grands lacs abandonnés; et *nul mortel ne paraît sur les algues de ces rivages déserts.* [1]

---

[1] *Nec quisquam apparet vacuâ mortalis in algâ.*

CATULLE, Thétis et Pélée, v. 108.

Et cependant, dans ma poétique imagination de vingt ans, je repeuplais ces solitudes; je sautais de joie de me voir au sein des Cyclades; rappelant tous mes souvenirs des poëtes, j'appliquais à chaque écueil des épithètes antiques; *là, point de rocher qui n'ait sa renommée*[1]; je me plaçais près du pilote, je lui demandais le nom de ces îles l'une après l'autre, comme Priam, du haut des remparts de Troie, interrogeait Hélène.

« C'est ici Tine, me disait-il, — Quoi? Ténos dont les vins étaient si célèbres, et qu'on nommait aussi *Hydrussa* à cause de ses nombreuses fontaines? — « Plus loin, c'est *Miconi*, ajoutait-il sans me répondre — Ah! Myconos que Virgile appelle la haute Mycone, qu'Ovide appelle la basse Mycone, et qui ne me paraît mériter ni l'une ni l'autre de ces épithètes. — « Là, Paros, continuait le pilote, — Paros, Paros! m'écriais-je; et pendant que mon interlocuteur poursuivait

---

[1] *Nullum est sine nomine saxum.*
　　　　　　LUCAIN, Pharsale, liv. IX, v. 973.

sa nomenclature, je disais plus haut que lui :

Hinc humilem Myconon, Cretosaque rura Cimoli,
Florentemque Cythnon, Scyron, planamque Seriphon,
Marmoreamque Paron [1].

Je souris aujourd'hui au souvenir de cet enthousiasme d'écolier, de ce bonheur d'une citation appliquée sur les lieux mêmes. Mais, retrancher de ma vie ces époques toutes classiques, c'eût été alors me priver de bien vives jouissances; aujourd'hui, effacer de mon récit ces puériles exultations, ce serait lui ôter son caractère originel et sa vérité.

Le 20, nous nous trouvions à la hauteur de Naxos, l'une des plus belles îles de l'Archipel. Je cherchais des yeux les ruines du temple de Bacchus, et je croyais, près du portique encore debout, voir Ariadne telle que nous la représente Catulle, *saxea ut effigies ;* rappelant en vain son volage amant.

Nous avons aperçu le cap Sunium, de très-loin; toutes les lunettes d'approche étaient dirigées vers le temple de Minerve, et je me flatte d'avoir distingué quelques-unes des colonnes

---

[1] Ovide, Métamorphoses, liv. VII, v. 463.

qui donnent son nom moderne à cette pointe de l'Attique. J'espère un jour en passer plus près. Le mont Hymette bordait l'horizon, et en avant, plus rapprochée de nous, paraissait Salamine. Le soir, nous étions à l'entrée de l'Euripe, sur la côte de l'Eubée, entourés de bâtiments faisant voile de Trieste et de Smyrne.

Le 21, nous fûmes retenus par un calme obstiné sous le cap d'*Oro*, l'ancien Capharée. Là, recommencèrent mes chimères. Je m'imaginais voir, partant d'Aulis, (port situé à quelques lieues de nous dans le détroit de l'Euripe) la flotte d'Agamemnon cingler vers Troie, et couvrir ces mers de trirèmes que représentaient assez bien à mes yeux les barques grecques dont nous étions entourés : mais nous fûmes salués par une goëlette marchande, et le bruit du canon me ramena vers mon siècle. Il grondait dans les montagnes de l'Attique, et j'entendis les échos d'Andros et de l'Eubée le répéter longtemps. On apercevait Skiros, séjour d'Achille enfant, aujourd'hui, repaire de pirates.

Le 22, nous étions devant Strati, Psara, et Antipsara; derrière nous Lemnos, et en face la patrie de Sapho et d'Alcée. Vers midi, le matelot en vigie dans la grande hune découvrit Ténédos et la côte de Troie; nous la saluâmes, comme M. de Châteaubriand, de tous les beaux vers qu'elle nous rappelait; mais plus heureux que lui, nous devions visiter le tombeau d'Hector et les rives du Scamandre. Nous éprouvâmes dans la journée tout le malaise qu'amène le *Sirocco* si fréquent dans ces parages : ce vent humide et lourd n'a fini que par une tempête.

Le 23, quand le soleil parut, nous étions à une lieue de Mytilène : l'aspect en est triste et désert comme celui de presque toutes les îles européennes de l'Archipel; et cependant Lesbos est une île asiatique; mais je n'en apercevais alors que les plages septentrionales. Bientôt le cap Lecton, qui sépare l'Éolie de la Troade, l'un des plus beaux promontoires de la mer Égée, attira toute notre attention. Nous avons louvoyé longtemps pour dépasser la forteresse construite sur ce rivage; la côte est couverte de bocages et de moissons. Une caravane de nombreux chameaux cheminait auprès d'un pont en ruine ombragé de quelques peupliers. Chaque bordée du vaisseau variait le paysage; on distinguait au fond d'une riante vallée les deux villages de *Corybante*, situés sur deux collines opposées, et séparés par un torrent, fils de la chaîne du mont Ida.

Là commence le golfe Idéen ou Adramytte : Assos et Antandros y sont encore avec leurs ruines. *Corybante* a-t-il été fondé par les prêtres de Cybèle qui élevèrent Jupiter, ou l'Ida de Phrygie a-t-il emprunté ce nom à l'Ida de Crète[1]?

Tout occupé de regarder autour de moi, je ne songeai pas à constater cette origine fabuleuse; ces dômes des mosquées les premières que je voyais, ces minarets surmontant le faîte des maisons et élevant leurs flèches blanches entre les colonnes vertes des peupliers, formaient un spectacle si nouveau pour moi, que je ne pouvais me lasser de le contempler.

---

[1] Les Troyens se vantaient d'être originaires de la Crète, berceau du plus puissant de leurs dieux. La nymphe *Ida*, née en Crète, unie au dieu Scamandre, donna le jour à Teucrus, fondateur d'Ilion, et son nom à la montagne qui lui rappelait celles de sa patrie.

« Mons Idæus ubi, et gentis cunabula nostræ. »
Virgile, Énéide, l. III, v. 105.

Enfin un nuage noir nous porta l'orage et la pluie : la mer blanchissait sous l'écume ; des nuées sombres nous couvraient, et semblaient peser sur le vaisseau. Le mugissement des vagues et les vents, sifflant dans les voiles, empêchaient les matelots de s'entendre; tout était désordre et confusion. Attristé de ce spectacle, je m'appuyai contre un mât, et, cherchant dans mes souvenirs des images plus douces, je rappelai ces soirées si solitaires, ces longues veillées d'hiver, quand, assis près de mon foyer, j'entendais avec délices la pluie battre les murs, et les vents ébranler mes volets. Je m'amusais de ces contrastes ; n'est-ce pas au milieu des convulsions de la nature que les scènes de repos, et la mémoire d'un bonheur passé, s'offrent à l'âme, et lui plaisent comme l'espérance?

Mes réflexions cessèrent avec l'orage. Nous avions été ballottés pendant trois heures entre la Troade et Ténédos; enfin, à huit heures du soir nous jetâmes l'ancre, et le capitaine vint annoncer à l'ambassadeur [1] que nous étions mouillés sur la côte de Ténédos, à cent toises

---

[1] M. le marquis de Rivière.

du rivage. La mission de la frégate *la Galathée*, chargée de nous transporter à Constantinople, venait de finir, puisqu'un vaisseau de guerre ne pouvait passer outre sans violer les *capitulations turques*, et s'exposer aux boulets de marbre des châteaux d'Europe et d'Asie. La gabarre *l'Émulation*, réputée bâtiment marchand, devait nous servir pour le reste du trajet, qui pouvait devenir très-long, à cause des courants contraires.

Le 24, malgré la tempête qui durait encore, nous obtînmes la permission de voir Ténédos. Ce ne fut pas sans peine qu'un des canots de la frégate parvint à nous déposer sur le sable du rivage. Comme les Troyens de Virgile, nous reposâmes quelque temps nos membres fatigués sur une terre si longtemps désirée, et quelle terre! L'île qu'Achille avait conquise la première, et qui n'avait pu *arrêter la course de ce torrent* : l'île témoin des grands combats livrés autour de Troie : les flammes du vaste incendie qui consuma Pergame, s'étaient réfléchies jusque dans son port. *Sigea igni freta lata relucent*[1]. Là se cachèrent

---

[1] Virgile, Énéide, liv. II, v. 312.

les Grecs: *classibus hic locus*[1]; c'est d'ici que sont partis les deux serpents si funestes à Laocoon....

Nous nous avançâmes dans les terres, où nous trouvâmes un marais couvert d'oiseaux blancs. Je cherchai vainement les traces du temple d'Apollon; il n'en reste plus une seule ruine. Je cueillis une fleur bleue et parfumée dans les prairies que nous traversions. Un des Grecs du pays, qui nous accompagnait, la nomma *Anyctomati*.

La ville de Ténédos est jolie; on n'y voit qu'un minaret; il y a peu de Turcs, et une faible garnison; le château domine entièrement les faubourgs dont il est séparé par une vaste place publique. Les ruines du fort attestent les ravages de la guerre de 1770; on en retrouve aussi les traces dans l'intérieur de l'île. J'achetai du vin de Ténédos, si renommé; il ne me parut guère digne de sa réputation. J'en rapportai au vaisseau une amphore; on pouvait dire une cruche, mais tout doit être poétique dans le pays de la fable et des divins mensonges.

---

[1] Virgile; Énéide, liv. II, v. 30.

De la hauteur des moulins nos regards dévoraient la plaine de Troie : pour en mieux jouir, notre impatience nous dirigea vers la montagne la plus élevée de l'île; nous y parvînmes après une heure d'une marche pénible, à travers les rocs et le lit des torrents. Nous troublâmes, chemin faisant, la paix de quelques ménages de perdrix que les insulaires n'inquiètent jamais. Je recueillis plusieurs bouquets de fleurs sauvages dans ma promenade, en faveur du joli nom de *Loulousia*, qu'on leur donne en grec moderne; et je ne quittai pas les sommets de Ténédos sans lire, en face de l'Ida, quelques-uns des plus beaux vers d'Homère.

Tout nous préparait aux grands souvenirs ; j'appelais de mes vœux ardents le jour qui allait me montrer Ilion. Je rêvais le Simoïs : Troie m'apparut en songe, et j'errais sur la colline de l'*Érineos*, quand une barque, ou, pour mieux dire, un caïque, puisque nous sommes en Turquie maintenant, vint nous réveiller à bord de la frégate. Je l'avais choisi la veille dans le port de Ténédos, pour nous déposer sur le continent.

Ce fut le 25 mai que, pour la première fois,

mon pied toucha l'Asie; la barque avançait encore quand je me jette sur la rive :

J'aurais trop de regret si quelque autre guerrier
Au rivage troyen descendait le premier [1].

et sans craindre le sort de Protésilas [2], je saute le premier sur la grève. Le soleil se levant derrière l'Ida, se dégageait lentement des brouillards qui règnent sans cesse autour de ces cimes neigeuses; l'astre répandait sur les flancs blanchis de la montagne une teinte rose qui formait une admirable ceinture aux vertes plaines de la Troade.

« Ilion! ton nom seul a des charmes pour moi [3], » m'écriai-je en courant sur la plage, et en cô-

---

[1] RACINE, Iphigénie, acte I, sc. 2.

[2] Un oracle avait condamné à périr le premier Grec qui toucherait le rivage de Troie; ce fut Protésilas. « Un Troyen « le tua, au moment où, bien en avant de tous les Grecs, il « s'élançait de son vaisseau. »

Τὸν δ' ἔκτανε Δάρδανος ἀνὴρ,
Νηὸς ἀποθρώσκοντα πολὺ πρώτιστον Ἀχαιῶν.

HOMÈRE. Iliad., liv. II, v. 701.

[3] « Ilion et Tenedos, Simoïsque et Xanthus, et Ida,
« Nomina sunt ipso pæne timenda sono. »

OVIDE, Hér. XIII, v. 54.

toyant les bords du petit fleuve presque toujours sans eau que les Turcs appellent *Sudluson*. Après avoir passé un pont à demi ruiné, nous nous enfonçâmes dans un bois épais de chênes en taillis; des tortues se retiraient lentement devant nous; nous tuâmes quelques *bleuets;* ces oiseaux, très-communs dans la plaine, se font remarquer par leurs vives couleurs : les Grecs les nomment χλώριον.

Sans nous arrêter longtemps au village turc de *Boskeui*, sous l'ombrage des énormes figuiers qui couvrent la route, j'y achetai des médailles de peu de valeur, et toutes du temps du Bas-Empire. Enfin, après avoir traversé le lit à sec d'un torrent, au milieu des roches traînées par les avalanches de l'Ida, nous pénétrâmes dans l'enceinte de Troie du côté où devaient être les portes *Scées*, laissant à gauche la colline de l'*Érineos*, que nous devions visiter le soir.

Me voici à Troie! j'étais donc destiné à voir s'accomplir ce rêve de ma jeunesse! je devais contempler les ruines d'Ilion. Tout brûlant encore d'un feu classique, je voyais partout Achille, Hector, Ulysse, Énée, et la grande image d'Homère, dominant cette foule de héros, fils de son puissant génie.

Nous avons charmé notre pèlerinage de tous les vers que nous savions en l'honneur de Troie. J'avais avec moi l'Iliade, l'Odyssée, Virgile, entassés dans ma gibecière, avec l'abrégé du voyage en Troade de M. *Lechevalier*, présent que m'avait fait l'auteur à mon départ de Paris. Nul observateur n'est plus exact, nul guide n'est plus fidèle que ce savant écrivain. Aidé de ses lumières, je retraçai facilement l'enceinte de Pergame où paissaient alors de nombreux chameaux. « A quoi reconnaîtrai-je le véritable em-
« placement de Troie ? » avais-je demandé à M. Lechevalier en le quittant. « Quel signe me
« l'indiquera ? — Mes descriptions, me ré-
« pondit-il, vous laisseront peu d'incertitude ;
« mais si vous résistez à mes démonstrations,
« allez, jugez vous-même, mettez la main sur
« votre cœur, et là où il battra le plus vite, ne
« doutez plus, ce sera Troie. »

Et ces élans poétiques, ces palpitations inspirées, je les ressentis sur les ruines que M. Lechevalier nomme le tombeau d'Hector. Avant d'y arriver, il fallut traverser une prairie que je regrettais de fouler aux pieds ; les liserons dont elle était émaillée en formaient un tapis rose sur lequel la vue se reposait délicieusement. Bientôt, debout sur la tombe de l'époux d'Andromaque, je m'écriai comme elle, *Hector, ubi est ?* Mais l'écho du Simoïs désert répondit seul à ma voix. Je lus alors les divins adieux, et je sentis mes yeux se remplir de larmes, quand le défenseur de Troie s'écrie :

« Je ne le sais que trop dans le fond de mon
« cœur ; le jour approche où doivent périr Ilion
« la sainte, et Priam, et son peuple : mais ni le
« triste avenir de ce peuple, ni celui du roi Priam,
« ni le sort de mes frères si braves et si nombreux
« qui tomberont dans la poussière, sous le fer de
« l'ennemi, ni même celui de ma mère Hélène, ne
« me causent autant de douleur que ta propre
« destinée, chère Andromaque : quelque soldat
« grec, te faisant son esclave, t'emmènera pleu-
« rante et désolée dans les murs d'Argos. Là, sous
« les lois d'une étrangère, tu tisseras la toile, et
« tu iras en gémissant puiser l'eau aux fontaines
« Messéide ou Hypérée : ainsi l'exigera la cruelle

« nécessité : peut-être en te voyant pleurer, un
« passant dira : Voilà la femme de cet Hector qui
« fut le premier des guerriers troyens, quand
« on assiégeait Ilion; et ces paroles renouvelleront
« ta douleur comme tes regrets de cet époux, qui
« seul pouvait te sauver de la servitude. Ah! que
« les abîmes de la terre m'engloutissent, et que
« je meure plutôt que de voir cet outrage, et
« d'entendre tes plaintes [1] ! »

Quelle poésie divine! l'oreille de l'homme peut-elle s'ouvrir à des accents plus douloureux et plus vrais ?

Le *tumulus* voisin ne serait-il pas le tombeau du vieux Priam? Ce roi, le plus malheureux roi, le plus infortuné père, tomba sous le fer de Pyrrhus, à peu près à cet endroit qui devait se trouver au milieu de son palais, *ædibus in mediis!* Les lauriers que j'écartais pour me frayer un passage seraient-ils les rejetons de cet arbre antique, *veterrima laurus* [2], qui embrassait de ses rameaux l'autel intérieur?

---

[1] Ἔσσεται ἦμαρ, ὅτ' ἄν ποτ' ὀλώλῃ Ἴλιος ἱρὴ
Καὶ Πρίαμος.   κ. τ. λ.
HOMÈRE, Il. liv. vi, v. 448.
[2] VIRGILE, Énéide, liv. ii, v. 522.

Nous descendîmes rapidement et au travers des précipices jusque sur les bords du fleuve appelé par les Turcs *Mendéré sou, Eau de la vallée.* Un de mes compagnons de voyage s'empara d'un aiglon qu'il trouva dans une fente de rocher. L'eau du fleuve, froide et trouble, était ombragée de vignes en fleur qui répandaient le plus doux parfum, et de platanes, dont la feuille, plus découpée que les nôtres, était aussi d'un vert plus tendre : ce fleuve, c'était le Simoïs grossi des neiges de l'Ida ; ce Simoïs qui cacha les amours de Vénus et d'Anchise ; ce Simoïs qui, bientôt témoin de scènes de carnage, roula dans *ses flots épouvantés les casques et les boucliers des héros.*

« Nous nous arrêtâmes plusieurs jours à
« Troie, dit l'orateur Eschine, sans pouvoir
« nous rassasier de la vue de Pergame. J'avais
« l'intention d'y rester jusqu'à ce que j'eusse
« rapproché tous les vers de l'Iliade, des lieux
« qu'ils décrivent et qui les ont inspirés [1]. » Moins

---

[1] Ἦν δὲ μοι γνώμη μένειν, ἕως ἅπαντα διεξέλθω τὰ ἐν τῇ Ἰλιάδι ἔπη πρὸς αὐτοῖς ἑκάστοις, ὑπὲρ ὧν τὰ ἔπη ἐστὶ γεγενημένα.

ESCHINE, Lettre 10.

heureux qu'Eschine, nous ne passâmes que peu d'instants à *Bounarbachi* (ainsi se nomme le village turc le plus voisin de Troie) : après avoir vu sur un marbre, enchâssé dans le mur d'une mosquée, des caractères grecs anté-homériques, et sur un tombeau quelques inscriptions nouvellement découvertes, nous nous précipitâmes vers les sources chaudes du Scamandre.

J'en ai reconnu dix :

La première dont j'avais vu un dessin fort exact entre les mains de M. Lechevalier, est celle dont parle Homère; elle fume encore quelquefois, dit-on, en hiver au lever du soleil. Il était midi, nous étions à la fin de mai; un thermomètre, que nous plongeâmes à diverses reprises dans le bassin de la source, nous aida fort peu dans nos expériences si incomplètes : je garde un caillou d'une blancheur éblouissante que roulaient les jets de cette fontaine.

La seconde source, cachée presque entièrement par un chêne touffu, ressemble à une vaste citerne, sa forme est ovale; elle se réunit à la première.

La troisième sort d'un terrain fangeux, et s'écoule par un lit de sable, où vont la joindre la quatrième qu'on entend bouillonner sourdement sous terre, et qui ne donne pas toujours le même volume d'eau; et la cinquième qui s'échappe entre les racines d'un figuier.

La sixième coule longtemps entre les touffes de jonc auprès du canal formé par les sources précédentes, et s'y jette enfin avec la septième, qui tombe en cascade.

Dès lors, le lit du Scamandre est déterminé, et s'accroît des tributs de la huitième source qui jaillit avec force comme si elle était comprimée sous terre; de la neuvième, la plus abondante de toutes, partant du pied d'un vieux saule; et de la dixième enfin, qui fertilise le jardin d'une petite chaumière habitée par un Turc.

Ces nombreuses fontaines accélèrent singulièrement la végétation de la petite vallée, berceau du Scamandre, et j'y ai vu, le 25 mai, des tiges nouvelles d'althéa, s'élever à neuf ou dix pieds de hauteur.

Si je retrace si scrupuleusement ici mes observations presque mathématiques, sur les eaux froides et chaudes qui s'échappent de l'Ida, c'est que, loin de comprendre la monotonie de ce récit, j'y attachais alors un prix véritable; j'allais jusqu'à m'imaginer que nul des nombreux investigateurs de la plaine de Troie n'avait si fidèlement décrit les sources mères du fleuve divin, et je poursuivais ce travail prosaïque, soutenu et encouragé par la pensée d'Homère.

Il nous restait à voir les sources froides fort peu éloignées de celles-ci, mais coulant plus bas dans la vallée; j'en ai compté quatre toutes voisines, sortant d'une espèce de construction recouverte d'un ciment plus dur que le marbre. Ces eaux, plus rapprochées de la ville et plus accessibles, étaient celles où les filles de Priam venaient laver leurs voiles, et les tuniques de leurs époux.

Je suivis longtemps les bords du fleuve, qui serait ruisseau si Homère ne l'eût chanté; un arbre jeté d'une rive à l'autre servait de pont aux rares passants. Est-il donc invraisemblable qu'Achille ait ainsi traversé ce même Scamandre malgré le courroux de ses ondes? Homère explique que l'arbre d'Achille était un orme d'une haute tige, εὐφυέα, μεγάλην [1]. Le poëte parle aussi des anguilles et des poissons du fleuve; ils sont encore renommés aujourd'hui; et on en envoie souvent à la ville voisine, *Soultanié Kalessi*.

Les campagnes que je parcourais, témoins de dix années d'une guerre sanglante, étaient en ce moment couvertes des plus riches moissons. Nous les traversâmes ainsi que plusieurs marais sans pouvoir atteindre les canards sauvages et les bécassines qui les habitent en grand nombre. Après deux heures de marche, nous parvînmes au haut du tombeau d'*Æsiéthés*, le point le plus élevé de la plaine.

De là, s'étend une vue immense.

A ma gauche, la pointe de Lesbos s'avançant presque à la hauteur du cap *Lecton*.

Derrière moi, la chaîne de l'Ida et ses neiges régnant jusqu'au sommet du mont Gargare.

En face, les îles d'Imbros, de Samothrace et de Lemnos; plus loin, à l'horizon, le mont Athos, portant sa double cime jusqu'aux cieux.

A mes pieds, *Bounarbachi* et le tombeau

---

[1] Homère, Iliade, liv. XXI, v. 243.

d'Hector; le Simoïs et le Scamandre, d'abord séparés, puis réunis, traçant une ligne blanche dans la plaine.

Les tombeaux d'Antiloque, de Pénélée, d'Achille, de Patrocle et d'Ajax s'élevant vers le cap Sigée.

Puis, la Chersonèse de Thrace, et l'entrée de l'Hellespont.

Enfin, sur un plan plus rapproché, l'île de Ténédos et le cap de la Troade.

Je demeurai seul avec un de mes compagnons de voyage, en arrière de la caravane, pour contempler lentement ce vaste amphithéâtre. Plongé dans une poétique rêverie, je me livrais aux souvenirs des temps antiques; et, comme je ne savais pas exprimer ces souvenirs mieux que ne l'avait fait Racine, je m'écriais :

Je songe quelle était autrefois cette ville,
Si superbe en remparts, en héros si fertile,
Maîtresse de l'Asie; et je regarde enfin
Quel fut le sort de Troie, et quel est son destin :
Je ne vois que des tours que la cendre a couvertes,
Un fleuve teint de sang, des campagnes désertes [1].

---

[1] RACINE, Andromaque, act. 1, sc. 2.

Nous avions dans nos bagages de voyageurs, une bouteille qui, le matin remplie de l'eau du Simoïs, nous désaltérait sur les rochers de Pergame; l'idée nous vint de l'enfouir au tombeau d'Æsiéthès, en y plaçant quelques lignes en souvenir de notre passage. Le nom du roi de France qui nous envoyait vers ces célèbres contrées fut le premier inscrit sur ce billet adressé à la postérité; puis, j'osai y ajouter ces vers, où comme le poëte Regnard au pôle nord, et dans la même langue, j'essayais de retracer mon enthousiasme.

Nos quoque Priamidum campos, arcemque videntes,
Hîc stetimus; cupidis hîc mentibus irruit ingens
Laudis amor; magnamque diù spectavimus urbem,
Mirati variasque vices, sortemque, deasque.

Voyageurs inconnus, du Nord tristes enfants,
Nous passâmes aussi sur ces nobles ruines.
Nous vîmes d'Ilion les désertes collines,
Les jeux de la fortune, et l'ouvrage du temps [1].

Loin de passer aux siècles futurs, nos écrits n'iront pas sans doute jusqu'à la première géné-

---

[1] Imitation des vers latins.

ration; je craignis même qu'un berger, que je vis à notre départ se diriger vers le sommet du *tumulus*, ne s'emparât du fragile trophée que nous venions d'élever en l'honneur de l'antique Troie.

Il était tard; nous avions à parcourir jusqu'à la mer une plaine si unie que nous apercevions, à deux lieues de nous, le grand mât de la frégate; il nous apparaissait par intervalles à travers les buissons et les chênes comme un phare vers lequel nous dirigions notre course; nous marchâmes ainsi près de deux heures, sans rencontrer village, cabane, ni pâtre; de temps en temps, des *kans* abandonnés dont les enceintes nous obligeaient à de longs circuits et quelques chameaux errants dans ces solitudes. Arrivés les premiers au cap *Bouroun*, nous y attendîmes nos compagnons de voyage qui ne tardèrent pas à nous rejoindre, et, tous ensemble, nous abordâmes la frégate vers l'entrée de la nuit, après treize heures de marche, enthousiasmés de nos explorations poétiques, que nous devions poursuivre d'un autre côté le lendemain.

Cette seconde promenade eut pour but les

ruines d'*Alexandria Troas*; nos fusils ne nous servirent qu'à effrayer inutilement quelques tourterelles jaunes à collier bleu; l'air était lourd, et annonçait l'orage; nous cheminâmes longtemps au milieu des chênes valoniers dont le gland, comme l'enveloppe des châtaignes, est hérissé de petits dards. Enfin, après avoir traversé quelques débris de fortifications, nous nous trouvâmes dans l'enceinte d'une ville qui a dû être immense.

Je heurtais à chaque pas des tronçons de colonnes, des piliers à demi couchés, des chapiteaux en éclats : ce granit brisé, ce marbre éblouissant fournissent les énormes boulets qu'on retrouve dans toutes les batteries turques sur les deux rives du Bosphore. L'aqueduc d'Hérode, le cirque, les thermes, le temple et le théâtre passèrent tour à tour sous nos yeux; mais nous trouvions je ne sais quoi de moderne aux ruines de cette ville d'Alexandre; le voisinage de la ville de Priam lui nuisait dans notre esprit. Après les émotions de la veille il ne nous restait que de l'indifférence pour les noms de quelques proconsuls romains. Quant à moi, mon cœur semblait me dire que je ne foulais plus les cendres d'Ilion, et hier il battait plus vite.

Nous déterrâmes cependant quelques lignes d'une inscription latine, que depuis quinze jours les canonniers turcs avaient commencé à dégager. Elle était gravée sur une espèce de fronton qui paraissait avoir appartenu à un arc de triomphe. Les caractères en étaient beaux et bien conservés; quelque voyageur plus opiniâtre et moins pressé parviendra sans doute à la lire tout entière si le ciseau turc ne le prévient; mais elle n'ajoutera qu'un nom romain de plus à tous ceux que les antiquaires ont exhumés l'un après l'autre des décombres d'Alexandria Troas, sans grand profit pour la science historique [1].

---

[1] Voici le commencement de cette inscription :

    Sex. Quinctilio
    Sex Fani Valerio
    Maximo latoclavo
    Exornato a div Aug
    Nerva quæstori ponti
    Et bytiniæ patrono
    Coloniæ pontificium.
    Viro præf Fabrum
    . . . .
    . . . .

Le vent du nord, dont nous avions été accueillis à notre arrivée au mouillage de Ténédos, soufflait toujours aussi violemment, et s'opposait au départ du vaisseau qui devait nous porter à Constantinople. Je formai le projet de m'y rendre par terre, autant pour préparer la réception de l'ambassadeur que pour parcourir les rivages de la Propontide. On me permit d'entreprendre ce voyage, et, le 29 mai, je partis à quatre heures du matin, armé de mon fusil, et chargé d'une gibecière où j'avais quelques livres, une carte géographique ainsi que des munitions. Après plusieurs bordées de la chaloupe, la brise étant contraire, je ne pus débarquer que fort tard sur la rive d'Asie, d'où je pris ma route vers le tombeau de Pénélée, lequel me servait de boussole et m'indiquait le nord.

J'étais accompagné du médecin de l'ambassade et de M. Ambroise Didot, fils et neveu des célèbres imprimeurs de ce nom. Ce dernier était aussi jeune que moi, et tout aussi zélé investigateur des souvenirs antiques. Tous trois, seuls en Asie, au milieu d'une population dont nous ne connaissions ni les mœurs ni la langue, cherchant à pied notre chemin, nous suivions par instinct le rivage de la mer qui devait nous amener, mais bien lentement, aux Dardanelles. Notre enthousiasme pour Troie, notre bonheur d'admirer l'Hellespont et la Propontide soutenaient nos courages et nous empêchaient de voir dans notre entreprise une véritable étourderie. J'ai dû depuis la juger ainsi, et trois ans plus tard je ne l'aurais pas renouvelée.

Nous nous arrêtâmes, après trois heures de marche, auprès d'un moulin où l'abondance des eaux et la verdure des arbres formaient le plus riant paysage. Le ruisseau qui coulait à nos pieds fournit à notre frugal repas une onde pure et fraîche. C'était un bras du Scamandre qui coule dans un canal construit en pierres de taille, alimente des bains, des moulins; fertilise quelques vergers; puis va se perdre dans des marais voisins de la mer. Les grands travaux hydrauliques de la plaine de Troie sont l'ouvrage du fameux amiral Hassan-Pacha, dont le combat de Tschesmé, si fatal au pavillon ottoman, fit la gloire et la fortune.

Près du cap Sigée, je visitai successivement

les tombeaux d'Antiloque, de Patrocle et d'Achille, le premier assez éloigné des deux autres fort voisins. Nous n'y arrivâmes qu'après avoir traversé l'ancien lit du Scamandre et vu son embouchure auprès du tertre appelé le tombeau d'Ilus. Sur le tumulus de Patrocle, je lus ces paroles si touchantes de Briséis, *semblable aux déesses :*

O Patrocle, toi l'ami le plus cher de la malheureuse Briséis : hélas ! je te laissai plein de vie quand je dus quitter les tentes d'Achille ; et lorsque j'y reviens aujourd'hui, je te retrouve mort, prince des peuples : ainsi toujours pour moi les douleurs succèdent aux douleurs [1].

Debout sur la tombe d'Achille, nous fîmes des libations du vin qui nous restait encore aux mânes du plus vaillant des Grecs, et nous interrogeâmes trois fois sa grande ombre : nos voix ne réveillèrent que quelques oiseaux cachés sous les buissons du rivage.

---

[1] Εἶπε δ' ἄρα κλαίουσα γυνὴ, εἰκυῖα θεῇσι·
Πάτροκλε, μοὶ δειλῇ πλεῖστον κεχαρισμένε θυμῷ,
Ζωὸν μέν σε ἔλειπον ἐγὼ, κλισίηθεν ἰοῦσα,
Νῦν δέ σε τεθνηῶτα κιχάνομαι, ὄρχαμε λαῶν,
Ἂψ ἀνιοῦσ'· ὥς μοι δέχεται κακὸν ἐκ κακοῦ αἰεί.

Homère; Iliade, ch. XIX, v. 287.

Au village de Koum-Kalé, après nous être rafraîchis de cerises sauvages qu'on vendait à chaque porte, je demandai par signes et avec tout ce que je savais de grec vulgaire, un guide pour nous conduire aux Dardanelles. Un Turc déguenillé, accroupi au soleil, s'offrit à nous aussitôt; et, sans armes, sa pipe à la main, il se mit à courir en nous précédant.

Nous passâmes le Simoïs, grossi des flots du Xanthe, sur un pont de bois fort peu solide, long de cent vingt-trois pas. Plus loin, traversant la vallée de Thymbra dans sa prolongation, et le ruisseau qui l'arrose l'hiver, mais dont les eaux étaient déjà taries, nous suivîmes la route tracée jusqu'à un pont en pierre. Là, nous quittions la plaine de Troie pour pénétrer dans les montagnes qui la bornent au septentrion; l'approche de la nuit nous empêcha de visiter le tombeau d'Ajax que nous apercevions au loin; bientôt nous laissâmes derrière nous les ruines d'une forteresse construite par les Gênois, et qu'on nomme encore, sans la mieux désigner, *Palaio Castro, le vieux château*. C'était à peu près là, le cap Rhétée, où Énée, près de la tombe d'Ajax, dressa un cénotaphe à Déiphobe, le troisième et le plus malheureux mari de la belle Hélène [1].

Mon dessein était de me rendre le soir même chez le vice-consul français aux Dardanelles, afin d'y combiner avec lui les moyens d'arriver le plus promptement possible à Constantinople; nous n'étions encore qu'au village de *Kala-Darlikeui*, distant de quatre lieues de la ville. Malgré la longueur de la route qui nous restait à parcourir, nous nous oubliâmes dans un café turc, où nous nous étions assis quelques instants. Je ne sais si nous devons accuser de ce retard notre lassitude, plutôt que le plaisir de causer avec un Grec nommé *Stamati*, né à Scio, et établi par hasard dans ce village, dont la population était presque exclusivement turque; il nous lut quelques vers de l'Odyssée que je mis entre ses mains; il les prononçait avec l'accent moderne, et les comprenait en partie, autant que nous en pouvions juger par sa mauvaise traduction italienne. Il tenait en main un petit luth dont il jouait à la

---

[1] *Tunc egomet tumulum Rhœteo in littore inanem Constitui.*

VIRG. Én. liv. VI, v. 505.

façon espagnole; cet instrument, familier aux marins grecs, n'a que trois cordes de laiton montées par tierces.

Au moment où nous partions, on nous arrêta dans l'unique rue du village pour nous apprendre qu'un des moins pauvres habitants, un Turc, était dangereusement malade; et comme en Orient les Européens sont tous estimés fort habiles en médecine, on nous pria de le guérir; nous étions en état de résister à cette épreuve. Le docteur, après avoir écouté attentivement le patient lui expliquer mille détails, sans doute très-significatifs dans la langue turque à laquelle aucun de nous ne comprenait rien, crut enfin deviner qu'il s'agissait d'obstructions au foie, et il réfléchit un moment avec un sérieux qui nous déconcerta. Ensuite il prit une fleur de mauve qui par hasard se trouvait à nos pieds, car la consultation se passait en plein air, puis une feuille d'olivier, qu'il froissa ensemble, et montrant le soleil, il chercha à faire entendre au malade, par ce langage muet accompagné de mille gestes, qu'il fallait appliquer sur la partie douloureuse un cataplasme ainsi composé, matin et soir. Le rire me gagnait; mais, pour ne pas discréditer notre Esculape, j'imitai son flegme et je me remis gravement en route tandis que les bénédictions des Turcs l'accompagnaient encore.

Nous traversâmes longtemps un taillis fort épais, où le sentier se reconnaissait à peine; parvenu dans la vallée, j'allais boire à quelques pas de la route, sur le bord d'une de ces fontaines où les Turcs, par une charitable prévoyance, ont soin de placer un vase de bois, et quelquefois d'étain; lorsque mon guide, qui jusque-là chantait une chanson aigre et sauvage, ou plutôt poussait des cris irréguliers, se tut tout à coup, me saisit par le bras, m'entraîna fortement, et me montra, avec les marques de la plus vive frayeur, quatre ou cinq hommes qui descendaient précipitamment la montagne; il me fit comprendre, par un geste significatif, que c'étaient des bandits turcomans faisant métier de couper la tête aux voyageurs avant de les dépouiller. Cependant ils étaient loin de nous; ils se désaltérèrent à la même fontaine que je venais de quitter en courant, et ils paraissaient n'avoir que des intentions pacifiques. J'accusai intérieurement notre guide de calomnier de pauvres bergers de l'Ida, et je ne crois pas lui faire tort en le soupçonnant d'avoir voulu, par cette ruse, s'emparer de mon fusil, qu'il me demandait avec instance pour nous défendre contre ces prétendus agresseurs. Je n'eus garde de le lui donner.

La nuit devenait obscure; la lune, faible encore, en diminuait fort peu les ténèbres. Nous étions sur le bord du détroit, là où il commence, en face du tombeau d'Hécube, et du promontoire de Thrace; on y voit maintenant la première batterie des châteaux de la côte d'Europe.

Nous nous trouvâmes insensiblement engagés dans des marais qu'aucun sentier n'interrompait : de temps en temps des feux allumés par quelques pêcheurs nous montraient le point vers lequel nous devions nous diriger. Enfin, nous parvînmes, au milieu des joncs et des marécages, à l'embouchure du Rhodius, qu'un bateau turc nous fit traverser, en nous débarquant auprès de la citadelle de *Soultaniè Kalessi*. Nous étions très-las de notre longue marche; et ce fut fort à propos que nous trouvâmes chez le vice-consul de France du repos et la plus obligeante hospitalité.

Une pluie continue me retint toute la journée suivante aux Dardanelles. Je devais y voir *Hussein-Bey*, gouverneur des quatre châteaux d'Asie, après avoir préalablement fait régler le cérémonial de la visite par le drogman destiné à m'accompagner. Cet interprète était le petit-fils du juif Gormezano dont parlent le célèbre helléniste d'Ansse de Villoison et M. de Choiseul-Gouffier. Établie aux Dardanelles, cette famille est dès longtemps attachée à la France; elle y sert les intérêts de notre commerce, et se livre encore à des investigations quelquefois heureuses dans les plaines et les ruines de Troie.

Dès qu'il me fut prouvé que je pouvais me rendre chez le gouverneur sans compromettre ma dignité, je m'acheminai vers la maison du bey, entouré de toutes les précautions qu'exigeait mon importance. Je trouvai la garde sous les armes; c'est-à-dire, chaque janissaire avec son bâton blanc dans une main et sa pipe dans l'autre; arrivé au grand salon d'audience, longue chambre basse et sans meubles, je saluai le gouverneur d'une inclination à laquelle il répondit en mettant la main sur son cœur; puis, restant accroupi sur son divan, il me fit signe de m'asseoir à côté de lui.

Le drogman vint se placer à genoux entre nous deux pour transmettre les paroles : ce furent d'abord quelques compliments mutuels, pendant lesquels on me donna du café bourbeux sans sucre, une pipe de six pieds de long et d'excellente limonade; ensuite un esclave noir porta à ma bouche, dans une cuiller d'argent, des confitures à la rose, et un second essuya respectueusement mes lèvres avec un tissu de soie. Après une conversation assez insignifiante, je demandai une lettre de recommandation pour les chefs des divers districts que je devais traverser jusqu'à Constantinople, ce qui me fut accordé de très-bonne grâce; puis je me levai, et je dis au bey que l'ambassadeur ferait remercier la sublime Porte de l'accueil qu'il avait fait aux Français, et des facilités qu'il avait apportées quelques jours auparavant à nos excursions vers Troie, que j'appelai Bounar-Bachi, afin d'être intelligible; il répondit à mes politesses en me souhaitant de vieillir; et cette visite à un Turc, semblable à mille autres que je rendis dans la suite, n'a laissé de traces dans ma mémoire, et dans ce journal, que parce qu'elle avait alors pour moi tout le charme de la nouveauté.

Le 31 mai, la barque que j'avais nolisée en Europe au village de Maïto, l'ancienne Maditos, pour me transporter à Constantinople, se rendit de bonne heure à *Soultaniè-Kalessi*. Je m'embarquai avec quelques vivres consistant en mouton cuit au four (*kébab*, mets favori des Turcs), des raisins secs, du vin des Dardanelles très-justement renommé, et du pain du pays, c'est-à-dire, une pâte noire, aigre et rance. Le temps était superbe; nous faisions à la rame plus d'une lieue par heure, entourés de légions innombrables d'oiseaux marins, qui volent en suivant les courants, rasant l'onde, et dont on ne rencontre les troupes voyageuses qu'entre Lesbos et la mer Noire. Les deux rives de l'Hellespont présentaient un aspect enchanteur. Les collines couvertes d'arbustes reverdis, le fond des vallées, les bords du détroit tapissés de vastes prairies et de grands champs de blé, attestaient le plus riche printemps. Je crois voir encore ce délicieux couvent de derviches (*Téké*), ombragé des plus beaux platanes que baigne la mer dans un vallon de la côte d'Asie.

Un peu plus loin, je mis pied à terre au même rivage où Xercès, assis sur un trône d'or, vit passer d'Asie en Europe cinq millions de guerriers. Quel général de notre siècle si militaire peut se flatter d'avoir assisté à une telle revue? Mais toute cette pompe meurtrière cédait dans ma mémoire à d'autres souvenirs. Abydos! Héro! quels noms pour faire battre un cœur de vingt ans!

> Je te supply, lecteur,
> Quand par la mer seras navigateur,
> Fay moi ce bien (si passes là autour)
> De t'enquérir d'une certaine tour,
> Là où Hero (ung tems feut) demouroit
> Et des créneaux à Léandre esclairoit :
> De demander mesmement te soubvienne
> La mer bruyant d'Abyde l'ancienne,
> Qui en son bruit plainct encores bien fort
> De Leander et l'amour et la mort [1].

---

[1] C'est ainsi que Marot traduit les vers suivants de Musée :
Σὺ δὲ, εἴ ποτε κεῖθι περήσεις,
Δίζεό μοι τινὰ πύργον, ὅπῃ ποτὲ Σηστιὰς Ἡρὼ

Abydos et Sestos n'ont plus même de ruines; jadis ces deux villes se présentaient tellement unies aux yeux du navigateur remontant l'Hellespont, qu'elles semblaient ne faire qu'une seule cité; et l'illusion durait jusqu'à ce que le vaisseau voyageur élevât ses voiles entre leurs remparts, séparés par une mer large de trois cents toises environ [1]. Abydos joint à son antique renommée une célébrité moderne; lord Byron s'y place à côté de Léandre; et je ne pouvais oublier que si le héros grec trouva la mort dans ses flots, le poëte anglais y gagna la fièvre [2].

Nous avions huit rameurs grecs; l'un se nommait Lascaris, un autre Achille, un troisième Constantin; le patron était Turc, et propriétaire

---

Ἵστατο λύχνον ἔχουσα, καὶ ἡγεμόνευε Λεάνδρῳ.
Δίζεο δ' ἀρχαίης ἁλιηγέα πορθμὸν Ἀβύδου,
Εἰς ἔτι που κλαίοντα μόρον, καὶ ἔρωτα Λεάνδρου.

    Musée, Héro et Léandre, vers. 23.

[1] ... *Dirimique procul non æquore visa*
Cœperat à geminâ discedere Sestos Abydo.

    Val. Flac. Argonautiques, liv. 1, v. 285.

[2] He lost his labour, I my jest,
For he was drown'd, and I've the ague.

    Lord Byron, Miscell. Poems.

de la barque, qu'il dirigeait assis nonchalamment à la poupe. Les vents nous furent favorables, et nous firent côtoyer assez rapidement les sinuosités de la Propontide.

Pendant toute notre navigation, nous fûmes escortés par de nombreux dauphins qui jouaient à la surface des ondes. Nous vîmes le soleil se coucher derrière les plaines d'Andrinople, et au crépuscule, nous adressâmes, comme nos matelots, notre hommage à la Vierge toute sainte, *Panagia*, dont l'image était suspendue à notre proue, ornée de chapelets de verre et de fleurs. Le Turc agenouillé sur son tapis, et tourné vers la Mecque, fit aussi sa prière du soir.

Il fut résolu entre nous que nous ferions alternativement sentinelle, tant pour hâter nos matelots, que parce qu'il n'y avait place que pour deux dormeurs sur la paille étendue dans la barque. A minuit, nous étions en face de Péristasis, petit village habité par des pêcheurs grecs. Il faisait une de ces nuits si communes dans ces belles contrées. La lune éclairait au loin la mer qui réfléchissait ses rayons pâles et tremblants. On n'entendait que le souffle de la brise dans nos voiles, et le bruit de la barque qui sillonnait les flots. Un de nos jeunes rameurs interrompit ce calme universel; sa voix lente et mélancolique commença une chanson dont le refrain cadencé, et la mélodie irrégulière avaient quelque chose de triste et de doux. Je ne compris rien d'abord à cette poésie grecque moderne; je crus seulement deviner ces mots : *tes yeux noirs, mon cœur brûlant.* J'écrivis cependant le lendemain cette chanson sous la dictée de mon matelot; et plus tard j'essayai de la traduire ainsi :

O ma blanche tourterelle,
Si je manquais à ma foi;
Si ton esclave infidèle
Brûlait pour d'autres que toi ;

Si j'oubliais ton image;
Satellites du pacha,
Jetez-moi loin du rivage
Aux ondes de Marmara.

Mais, ma douce colombelle,
Si tes yeux noirs dans mon cœur
Ont d'une flamme éternelle
Allumé la vive ardeur ;

> Si je meurs en ton absence,
> Et t'aime plus que le jour ;
> Dis-moi, quelle récompense
> Gardes-tu pour mon amour [1] ?

Pendant le temps de ma veillée il fallut s'arrêter à Combas, petit port à quelques lieues de Rodosto ; le soleil se levait et éclairait la cime du mont Ganée, quand nous étions au pied du promontoire de ce nom ; j'abordai dans une vallée profonde, où je m'avançai en suivant un faible ruisseau. Les parfums d'une végétation printanière embaumaient ces montagnes, et dans les exhalaisons que les premiers feux du jour détachent du sein des fleurs, je croyais reconnaître les plantes aromatiques dont se composent les pastilles tant vantées du sérail.

---

[1] Εἰς τὸ Μαρμαρὰ, καὶ εἰς τὸ νήση
Καὶ εἰς τὸ χαρτὰ λιμᾶνι,
Νὰ ῥίψουν τὸ κορμακίμου
Ἂν ἀγαπήσω ἄλλην.

Ἄσπρο παχεῖα τριγονέμου,
Διὰ σὲ ἕνα κινδυνεύω,
Καὶ ἀπὸ τὰ μάνρα ματιάσου
Ἐλεήνην γυρένω.
κτλ.

Nous reprîmes notre navigation; nous passâmes assez près d'Héraclée, autrefois Périnthe, pour y distinguer quelques ruines de l'amphithéâtre élevé par l'empereur Sévère; nous avions laissé loin derrière nous Rodosto, ses coteaux couverts de vignes, et son port si étroit.

En face du couvent de Saint-Georges, bâti sur les ruines d'un ancien château génois, près d'Héraclée, un de nos matelots fit la quête destinée aux moines grecs qui habitent ce roc isolé : le patron turc lui-même ajouta quelques pièces de monnaie à nos offrandes.

Bientôt un orage s'annonça dans toute son horreur. Des nuages sombres, partis de l'Asie, couvraient la côte d'Europe. La mer était noire; le tonnerre grondait au loin, l'air devenait pesant; les dauphins pressentant la tempête, s'arrondissaient au-dessus des flots [1]; nous serrâmes

---

[1] Οἱ δελφῖνες ἀνασκιρτῶντες καὶ τῆς θαλάττης ἀνοιδουμένης λείως ἐφαλλόμενοι, χειμῶνα καὶ τάραχον ἐπίοντα μηνύουσι.

ALCIPHRON, liv. 1, lettre 10.

« Quand les dauphins sautent, glissent, et folâtrent sur la
« mer qui s'enfle, ils présagent le tumulte imminent des
« flots, et la tempête. »

nos voiles, et, à l'aide des rames, nous abordâmes à Sélivri, l'antique Sélimbria.

Pendant que les énormes nuages qui menaçaient la Propontide fuyaient vers les montagnes de Thrace, j'allai visiter l'aga, chef de la ville, puis quelques rues à demi désertes et des promenades très-longues et très-ombragées. J'aurais voulu voir l'église grecque et ce portrait de la vierge Marie, peint par saint Luc, dont parle *Lady Montague*; mais il était tard, et l'on m'assura que rien de ce que je pouvais rechercher à Sélivri n'était digne de ma curiosité.

Je forçai mon équipage à se remettre en route vers l'entrée de la nuit. La mer, houleuse encore, nous fatigua jusqu'au crépuscule; bientôt le jour plus grand me fit distinguer *les deux Ponts* ou plutôt les vastes chaussées, ouvrage de Sélim; peu à peu les îles des Princes parurent comme des ombres, se confondant à l'horizon avec les montagnes qui resserrent le golfe de Nicomédie.

Enfin le soleil dora de ses premiers rayons le dôme de Sainte-Sophie, et me montra dans toute sa splendeur la grande ville que je venais habiter. L'Europe et ses minarets élégants, l'Asie et ses riches ombrages, les mille bruits qui retentissent au sein d'une cité populeuse et d'un port immense, cet ensemble d'aspects, le plus complet qui soit au monde, et le grand nom de Constantinople dominant ce pompeux spectacle, tout me jetait dans une profonde extase; on ne décrit plus alors, on médite.

Je débarquai près des Sept-Tours, et, quittant notre barque grecque, nous nous fîmes transporter à Topanhé par un de ces caïques turcs si élégants qui assiégent les échelles de la ville; à six heures du matin, le 2 juin, jour de la Pentecôte, je débarquai sur le sol de Constantinople; deux jours après j'y vis arriver l'ambassadeur envoyé par le successeur légitime de François Ier, pour rétablir l'antique amitié de la France avec la Sublime Porte.

CHAPITRE SECOND.

AUDIENCE

DU GRAND SEIGNEUR.

(16 juillet 1816)

> Pourquoi n'adores-tu pas l'homme?
> dit l'Éternel. — Me prosternerai-je,
> répondit Eblis, devant un être formé
> de boue? — Sors de ce séjour, continua le Très-Haut, tu seras réprouvé.
>
> Le Coran, ch. 15.

Je devance l'aurore, le jour s'annonce radieux. Constantinople s'éveille; les mille bruits du port se mêlent aux chants du Muezzim qui signale l'instant de la prière; les cris des milans familiers, perchés sur la cime des cyprès, s'unissent aux accents plaintifs des tourterelles cachées dans *le champ des morts.* Le soleil paraît au-dessus du mont Olympe, et illumine à la fois de ses premiers rayons la Propontide, la pointe du Sérail, et le palais de France. J'essaye de retracer ici cette grande pompe des audiences si nouvelle à mes yeux, et si bizarre.

Quatre cents janissaires à pied, armés de bâtons blancs que l'ambassade leur a distribués, ouvrent la marche sur deux lignes. Ils portent leur casque d'apparat; un long feutre blanc tombe sur leurs épaules, et figure la manche du saint derviche qui consacra jadis leur institution naissante.

Leur colonel (*Tschorbadgi*) les suit à cheval, accompagné d'un officier subalterne le chef des porteurs d'eau (*Saka*) dont l'uniforme en cuir, orné de clous d'argent, résonne comme un harnois chargé de grelots.

Puis viennent :

Trente-six valets de pied en costume oriental, ou pour mieux dire polonais. Ces *Tschokadars* sont vêtus d'une longue robe rouge serrée autour

CHAPITRE II.

des reins, et coiffés d'un bonnet de fourrure noire.

Le suisse du palais de France, armé de sa hallebarde, à la tête de douze estaffiers, portant des livrées or et écarlate.

La maison de l'ambassadeur, précédée d'une musique militaire française empruntée à notre flotte du Levant.

Le chambellan de l'Empire, envoyé au-devant de l'ambassadeur jusqu'aux Dardanelles (*Meïhmandar*), est à cheval, revêtu d'une pelisse brochée en or, garnie de renard noir. Il est suivi de six gardes du corps (*Bostandgis*) aux bonnets rouges et recourbés; cet honneur est dû à son titre d'écuyer de Sa Hautesse.

Les élèves interprètes, les drogmans français, et les secrétaires paraissent ensuite; le premier des secrétaires d'ambassade porte dans une bourse brodée d'or la lettre du roi de France au sultan; cette lettre a été ordinairement communiquée au grand vizir dans une audience solennelle qui a précédé celle-ci, et dont les cérémonies préliminaires sont les mêmes.

L'ambassadeur s'avance à cheval, suivi de deux aides de camp à pied.

Puis à droite, les officiers de la marine française; à gauche, les attachés à l'ambassade; enfin, les négocians français établis à Constantinople, précédés de leur premier député.

Après avoir traversé dans cet ordre le faubourg de Péra, au milieu d'une foule immense de spectateurs, le cortége est arrivé à la fontaine de *Topanhé*, sur le bord de la mer. Le bateau du *Tschaouch-Bachi* attendait l'ambassadeur qui s'y est aussitôt placé. Le colonel des janissaires se tenait derrière le représentant du roi de France, et faisait les fonctions de capitaine des gardes.

Le bateau de l'ambassade à quatorze rames s'avança le premier, déployant à sa proue (antique et honorable privilége) le pavillon blanc qui fut salué de trois cris de *vive le roi!* par l'équipage de tous les bâtimens français mouillés dans la rade, et pavoisés en son honneur.

Le trajet maritime de Péra à Constantinople fut court; à peine débarqué sur l'autre rive, l'ambassadeur fut reçu par le *Tschaouch-Bachi*, réunissant les fonctions de grand-maître des cérémonies avec celles de ministre du pouvoir exécutif. Ce dignitaire conduisit une partie du cortége dans un kiosk voisin, où les honneurs du café, de la pipe et des confitures nous furent prodigués et renouvelés, jusqu'à ce qu'on eût distribué les cent vingt chevaux venus des écuries du Grand Seigneur, et réglé l'ordre de la marche.

Alors, on s'est dirigé à cheval vers le sérail; le Tschaouch-Bachi a fait remarquer lui-même qu'il ne se tenait point sur la même ligne que l'ambassadeur, désirant lui céder cette place d'honneur si longtemps disputée; et, si je n'interromps pas tout de suite mon récit pour faire valoir cette politesse d'étiquette, c'est que je me réserve de l'expliquer plus tard.

En avant du *Tschaouch-Bachi* marchaient douze chevaux superbement caparaçonnés que douze palefreniers du Grand Seigneur conduisaient en laisse; puis, venaient les pages du ministre, l'un chargé de son bâton de justice, l'autre de son manteau, un troisième de son tabouret. Une nombreuse garde à cheval précédait tout le cortége.

Arrivés devant le palais du grand vizir, nous

fîmes halte un moment pour laisser passer ce lieutenant de l'Empire; et nous entrâmes à sa suite dans la première cour du sérail par la porte impériale. Cette cour est immense; elle est ombragée des plus beaux arbres, et renferme la mosquée qui fut autrefois l'église de Sainte-Irène, un hôtel des monnaies, et un arsenal d'armures antiques; la seconde cour n'est guère moins vaste. L'ambassadeur y fut reçu par un des grands officiers de l'Empire, et par le prince grec, drogman de la Porte. Puis on nous conduisit en face de longues lignes de janissaires pour assister à leur repas.

A un signal donné, ces soldats avides se sont précipités sur les plats de *pilaw* dont on avait couvert le gazon; en un clin d'œil, tous les monceaux de riz ont disparu, et l'ambassade a été introduite dans la salle du divan, afin qu'après avoir remarqué la largesse avec laquelle la Sublime Porte nourrit son armée, on vît aussi comment elle la solde et rend la justice à ses sujets.

Dans cette salle, le grand vizir était assis sur un sopha placé dans le fond, sous une petite fenêtre grillée d'où le Grand Seigneur, présent et invisible, est venu observer longtemps et attentivement l'assemblée. A la gauche du vizir étaient les deux *Cadileshers* ou grands juges d'Anatolie et de Romélie ; plus loin le ministre des finances (*Defterdar-Effendi*). Le vice-chancelier de l'Empire (*Beyliktchi-Effendi*) ; à droite, le garde des sceaux (*Nischandgi*), ce même Halett-Effendi, ancien ambassadeur à Paris et maintenant favori de Sa Hautesse, puis l'ambassadeur de France assis, et toute sa suite debout.

Alors, un procès a été exposé, discuté, plaidé par les plaignants eux-mêmes, et jugé par le grand vizir en quelques minutes. Je ne pouvais m'empêcher de répéter avec *la Fontaine* :

Plût à Dieu qu'on réglât ainsi tous les procès !
Que des Turcs en cela l'on suivît la méthode !
Le simple sens commun nous tiendrait lieu de code [1].

Passant aussitôt de la justice aux finances, on a commencé la cérémonie de la paie.

Quatorze millions de piastres turques, environ

---

[1] LA FONTAINE, Fable XXI, liv. 1.

douze millions de francs, ont été comptés et divisés en bourses de cuir contenant chacune cinq cents piastres. Ce travail a duré près de cinq heures. Le grand vizir et l'ambassadeur n'ont pas désemparé, mais quelques autres assistants ont cru pouvoir, sans manquer à l'étiquette, se distraire de cette monotone cérémonie, et je m'accuse de m'être esquivé plus d'une fois du divan, pour aller chercher la fraîcheur et le repos sous l'ombre des cyprès du sérail.

Dès que la solde d'une *orta* de janissaires avait été dûment supputée, la chambrée était désignée à haute voix par son numéro dans le corps entier composé de 196 *ortas* [1]. Aussitôt on voyait accourir à toutes jambes la compagnie s'élançant sans ordre vers la salle du divan; chaque janissaire, une bourse sur le dos, passait ensuite lentement devant nous, comme pour nous faire

---

[1] Les *ortas* (régiments) de janissaires étaient eux-mêmes séparés en *odas* (chambrées); et cette division, connue jadis de tous les Levantins, n'est rapportée ici que *pour mémoire*, et parce qu'il n'y a plus aujourd'hui ni odas, ni ortas, ni janissaires. Les choses turques en vont-elles mieux?

remarquer les immenses richesses de l'empire ottoman.

La soixante-cinquième *oda* ne fut point appelée au partage; elle n'existe plus, et son numéro est resté vacant, depuis qu'un soldat de cette chambrée porta la main sur la personne du sultan Osman II dans l'émeute de 1623. Il est enjoint à chaque janissaire d'anathématiser cette *oda* dans sa prière du soir.

La solde bruyamment finie, le dîner commença plus tumultueux encore. On servit sur de petites tables. A la première s'assirent l'ambassadeur, le grand visir, et le drogman de la Porte qui devait traduire leurs paroles. On nous présenta un à un une grande quantité de mets très-variés dans des plats d'étain. L'absence des fourchettes nous déconcerta d'abord. Nous avions ri le matin de la gaucherie avec laquelle s'en servaient le chambellan et le colonel des janissaires, admis à la table de l'ambassadeur. C'était leur tour de rire de notre maladresse à user de nos doigts. Tout avait été préparé dans les cuisines impériales, et tout nous parut cependant d'un goût détestable. Pour boisson, des sorbets et de l'eau ; on présenta aussi aux nombreux domestiques qui nous suivaient, et aux étrangers dont la salle était remplie, quelques vivres sur lesquels on se ruait de toutes parts. Le désordre et la confusion régnaient sous les voûtes du divan impérial.

Le repas dura vingt minutes. Nous fûmes conduits ensuite dans une chambre où se distribuaient les pelisses qu'il nous fallait revêtir pour être admis en la présence du Grand Seigneur. De longues robes fourrées de renard noir et d'hermine, des casaques rouges (*kérékès*) nous furent délivrées, et devinrent nos propriétés respectives.

Couverts de ces habits orientaux qui déguisaient nos tournures européennes, nous passâmes dans la troisième enceinte du sérail où deux chambellans (*capidgi bachi*) s'emparèrent de chacun de nous, en passant leurs bras autour des nôtres : est-ce par crainte d'une trahison, est-ce en signe d'honneur? je n'ose le dire; mais je n'eus pas à me plaindre de mes deux acolytes; ils semblaient ne me tenir que pour la forme, et ne vouloir gêner en rien mes mouvements.

Ils comprirent même, en apercevant un papier écrit dans le fond de mon chapeau, que j'étais destiné à secourir la mémoire de l'ambassadeur, si, par hasard, elle se troublait quand il réciterait sa harangue; et ils me conduisirent en souriant derrière lui.

Nous passâmes lentement la troisième cour et le péristyle du palais, entre deux haies de pages et de muets noirs et blancs vêtus de longues robes de soie rose et jaune. On apercevait au fond de cette cour les jalousies du harem, les bains et le quartier des femmes du sérail; des eunuques blancs, armés de bâtons, défendaient l'entrée de l'appartement impérial à la foule, et dominaient le tumulte par leurs cris féminins.

La salle d'audience est petite et sombre; le respect commande cette mystérieuse obscurité. Mahmoud était assis sous un baldaquin porté par quatre colonnes incrustées de perles. Il écouta le discours français de l'ambassadeur, en caressant de sa main droite sa barbe noire; puis il prononça lui-même avec assurance et rapidité sa réponse; dérogeant ainsi à l'étiquette qui veut que le Grand Seigneur ne parle pas. Cette réponse fut transmise en turc par le grand visir au drogman, lequel la traduisit en français.

Après les deux discours, et quelques questions polies du sultan sur la santé du *padischah*, Empereur de France, nous nous retirâmes à reculons.

Il fallut voir défiler de nouveau, dans les cours du sérail, les vingt mille janissaires chargés de leurs bourses, le grand visir et son cortége; puis nous défilâmes nous-mêmes sous les yeux de la foule se pressant sur la grande place de Sainte-Sophie, et dans la rue qui longe les murs du sérail. Des femmes turques en grand nombre, montées sur des bancs ou remplissant des litières grillées (*arabas*), se rencontraient partout sur notre passage.

On retourna au port, à la fontaine de *Topanhé*, et au palais de France dans le même ordre que le matin, mais sous un autre costume : nos pelisses fourrées couvraient nos uniformes, et ne laissaient apercevoir de nous que le pied de nos bottes, et notre chapeau français à trois cornes. Nous avions peine à nous regarder sans rire. La pelisse de l'ambassadeur était d'une très-riche fourrure. Trois des plus jolis chevaux qui nous avaient portés à l'audience lui furent amenés en présent, parés de leurs longues housses brodées d'or, de la part du Grand Seigneur.

Ainsi finit une représentation théâtrale qui avait duré près de douze heures.

Je m'aperçois ici qu'en faisant valoir la munificence ottomane, j'ai oublié de parler de la nôtre. Bien avant l'audience, nous avions envoyé au sérail les présents que nous apportions de France; c'étaient de riches produits de notre industrie. Des armes de la manufacture de Versailles, des porcelaines de Sèvres, de larges glaces, des ornements de cristal, des draps précieux; le tout avait obtenu les suffrages et les remercîments de Mahmoud, qui voulut bien voir dans notre offrande moins un tribut qu'un gage d'amitié.

Quelques ambassadrices, à diverses époques depuis un demi-siècle, ont désiré assister à cette audience du Grand Seigneur; et plusieurs maris, cédant à ce caprice, ont permis à leurs femmes de les suivre, revêtues d'un costume militaire. On cite plus d'une occasion où le sultan et ses ministres, avertis par quelque indiscrétion, ou par leur police secrète, de la présence d'une femme dans le cortége de l'ambassadeur, ont redoublé de prévenance pour cet aide de camp d'un nouveau genre, et préparé pour lui des fourrures plus élégantes et plus riches. Mais la rigidité des mœurs turques répugne à ces innovations; et je conçois qu'une femme à pied et à cheval, resserrée dans un étroit uniforme, seule sous les yeux de tant d'hommes, ait éprouvé plus d'un embarras jusqu'au moment où, revêtant comme les autres les pelisses fourrées, elle retrouvait à peu près les habits de son sexe, et riait à son tour de voir son mari caché sous une robe ample et traînante.

Plus d'une fois, dans ce récit, j'ai supprimé les réflexions que m'inspiraient ces cérémonies. J'y trouvais d'humiliantes coutumes, là où de plus expérimentés diplomates ne verront peut-être que d'insignifiantes formalités; je cherchais à m'en consoler, en rappelant les efforts inutiles tentés depuis deux siècles pour modifier cette insultante étiquette.

M. de Ferréol, ambassadeur de France sous Louis XIV, refusa de quitter son épée suivant l'usage avant d'être admis en présence du Grand Seigneur, et partit de Constantinople sans avoir reçu ses audiences. Depuis, d'autres envoyés européens n'ont pas eu plus de succès dans leurs tentatives : un langage énergique et menaçant a pu seul dans des temps extraordinaires obtenir quelque concession momentanée que l'antique formule revenait ensuite effacer.

A ce propos, voici ce que fit, en 1797, M. Aubert Dubayet ambassadeur de la république française.

Sélim III régnait : ce prince, pour son malheur trop avide de nouveautés, attendait avec curiosité et impatience le représentant d'une république naissante et victorieuse. Le jour de l'audience était fixé, quand tout à coup l'ambassadeur articula des prétentions inattendues. Il déclara qu'à son audience solennelle il ne voulait pas être reçu au bord de la mer dans un kiosk en ruine qu'il appelait, par dérision, un pigeonnier; secondement, il n'entendait pas que le *Tschaouch-Bachi* parût dans le cortége au même rang que lui; enfin, il se refusait à être tenu par deux chambellans en présence du Grand Seigneur.

Grande rumeur au divan à la nouvelle de ces exigences. On presse, on supplie l'ambassadeur de retirer de si étranges prétentions; mais il insiste, que faire? Le prince Ypsilanti, drogman de la Porte, s'adresse à M. Ruffin, interprète français. On invoque le témoignage de son expérience; mieux que personne il doit connaître l'inviolabilité du cérémonial, l'horreur du gouvernement turc pour toute innovation; le prince grec tremble lui-même d'être l'intermédiaire d'une négociation qui excitera la colère du sultan; il ne peut qu'accompagner le drogman de France chez le reis-effendi, pour y débattre ces propositions inouïes.

On se rend chez le ministre. — « Eh bien!
« chef des drogmans de France, dit le reis-effendi,
« votre ambassadeur vient-il blesser nos usages?
« Que pensez-vous de ses exigences, vous qui
« avez vieilli dans nos coutumes? — Mais, vous-
« même, seigneur, répond l'habile interprète,
« que pensez-vous du titre de pigeonnier dont
« mon chef qualifie la masure où vous voudriez
« le recevoir sur la rive de Constantinople? L'ex-
« pression n'est-elle pas aussi juste que pittores-

« que? Est-ce dans une pareille chaumière que
« vous avez été accueilli pendant votre ambas-
« sade à Pétersbourg? Et croyez-vous que la vue
« de ce taudis donne au général français une
« idée bien favorable des pompes de votre cour?
« — Mais, c'est l'usage. — Quand l'usage n'est
« pas bon, il faut le changer. — Soit. Mais ne
« veut-il pas aussi que le tschaouch-bachi lui
« cède le pas? — Sans doute; il est inébranlable
« sur ce point; il prétend qu'un représentant de
« la république française doit marcher seul et
« hors de ligne : en effet, qu'importe que le
« tschaouch-bachi ne soit pas à côté, pourvu
« qu'il soit devant ou derrière?

« — Passe encore, » dit le reis-effendi, déterminé à accueillir toutes les mauvaises raisons
que son interlocuteur débitait d'un ton ferme
et résolu; « mais il refuse d'être tenu par deux
« *capidgi-bachis* pendant l'audience de l'empe-
« reur, et sur cet article je serai inflexible. —
« Prenez garde, seigneur, la république française
« est l'ère de la liberté; or, qu'y a-t-il de plus
« voisin de l'esclavage que cette coutume? Être saisi
« et traîné en quelque sorte devant le *padischah*,

« comme si la présence du souverain, loin d'être
« une faveur, était devenue un châtiment : rien
« de plus choquant pour la fierté républicaine !
« — Mais, vous n'y pensez pas ! Que diraient,
« grand Dieu ! les officiers du sérail, s'ils voyaient
« un étranger libre devant leur maître? — Ces of-
« ficiers, seigneur, qui sont-ils? — Les eunuques
« noirs et blancs. — Ah! seigneur, j'en rougis;
« des eunuques ! des moitiés d'hommes ! Qu'a de
« commun un eunuque avec un général de
« France? — Non, vous l'entendez mal; ceci n'est
« ni une précaution, ni un acte de défiance; c'est
« un honneur. — A cela, seigneur, un dernier
« mot. Si c'est un honneur, me disait il y a quel-
« ques heures l'ambassadeur, j'en dispense la Su-
« blime Porte; si c'est un affront, je ne le souf-
« frirai pas. »

Le reis-effendi, sans trouver ou sans vouloir chercher d'autre objection, se leva pour aller consulter le grand-visir, et revint bientôt annonçant que les trois points étaient accordés.

Le jour de l'audience, en effet, tout fut exécuté ponctuellement comme l'avait désiré l'ambassadeur, qui dressa lui-même un protocole de ce nouveau cérémonial. Ce protocole, imprimé et distribué à Péra, fut aussi répandu en Europe. Mais depuis, loin de suivre un tel exemple, d'autres ambassadeurs européens furent reçus au pigeonnier, alignés dans la marche avec le *Tschaouch-bachi* et saisis étroitement par les capidgis en présence de Sa Hautesse.

De tous les sentiments qui dominent les hommes, dit un Grec auteur d'une histoire ottomane, la crainte est le plus fort; et le gouvernement turc y est particulièrement accessible, bien qu'il régisse un peuple individuellement brave.

CHAPITRE TROISIÈME.

DE LA LITTÉRATURE GRECQUE

ET DE SA DÉCADENCE.

MANUSCRIT D'UN PRÊTRE GREC.

(Octobre 1816).

> Οἱ ποιηταὶ δὲ, ὁπόσα μὲν ἂν ἐκ
> τῶν Μουσῶν κατεχόμενοι ἄδουσιν,
> ἀληθῆ ταῦτά ἐστιν· ὁπόταν δὲ ἀφῶσιν
> αὐτοὺς αἱ θεαὶ ... τότε δὴ καὶ σφάλ-
> λονται ... καὶ συγγνώμη, ... ἄνθρωποι
> ὄντες, ἀπελθόντος ἐκείνου, ὃ τέως
> παρὸν, ἐῤῥαψῴδει δι' αὐτῶν.
>
> Lucien, Dialogues.

Les poëtes que les Muses inspirent sont les seuls vrais poëtes ; ceux que ces déesses abandonnent, s'égarent, et sont bien dignes de pardon, puisqu'ils ne sont plus que des hommes quand l'esprit divin, qui chantait en eux, s'est envolé.

J'habitais pendant la belle saison à Thérapia, au milieu des Grecs, dans le palais de bois où flottait l'étendard de France. Cette vaste maison, dressée sur la mer plutôt comme un vaisseau à trois ponts que comme un édifice régulier et durable, touche aux plus délicieux jardins du Bosphore, et à cette magnifique terrasse ombragée de pins d'Italie, qui fait de Thérapia le point le plus pittoresque du détroit. Une grande porte sur la colline termine les longs murs du parc; et là, près du rivage le plus animé et le plus bruyant, le désert commence, et règne si despotiquement sur les campagnes abandonnées, qu'entre ces murs et la forêt de Belgrade, espace de quatre à cinq lieues, on n'aperçoit ni un kiosque, ni un enclos, pas même la cabane d'un pâtre.

J'aimais ces bruyères isolées; et souvent, le soir, après les ardeurs du jour, traversant les allées du parc, je m'échappais par la grande porte, pour errer, seul, dans les taillis d'arbousiers et de petits chênes qui couronnent le sommet des collines. Je trouvais à cette végétation sauvage, à cette solitude inanimée un charme que les bruits du village, le passage des barques, les mille fleurs de nos élégantes terrasses ne pouvaient me faire oublier; c'est surtout sur un tertre aride au-dessus des jardins de l'archevêque d'Éphèse, et de la dernière batterie turque de Thérapia, que je m'arrêtais de préférence; je m'asseyais, appuyé contre un rocher près du bord où la montagne, tombant à plomb sur la mer, devient un effrayant précipice. Mes regards plongeaient sur ce lac si profond et si bleu qu'entourent la montagne du Géant, l'échelle du Grand Seigneur, les antiques platanes de la prairie (*Zaïri*), et le vaste croissant des palais de Buyuk-Déré. Je voyais sur le rivage voisin la jolie fontaine de Kéretch-Bournou, avec ses arbres d'un feuillage si touffu : l'embouchure de la mer Noire s'ouvrait devant moi, et une ligne de nuages lointains figurait à l'horizon les cimes du Caucase et de la Colchide; je comptais les voiles des nombreux vaisseaux échappés de l'Euxin que le courant amenait à l'ombre de ma colline; puis, quand mes yeux se lassaient de contempler le brillant spectacle, je lisais Homère, le dieu des grandes images et des beaux vers. Mon chien, après avoir bondi dans les bruyères, et mis en fuite ces oiseaux aux ailes d'azur que les Grecs nomment *syrènes*, ou quelques tourterelles blanches, nourries par le derviche de Kéretch-Bournou, venait se coucher près de moi; reposant sa tête sur ses pattes allongées, il fixait ses yeux sur les miens, cherchait à deviner mes projets, et semblait solliciter le signal d'une course plus lointaine.

Un soir, je regardais à des centaines de toises sous mes pieds les manœuvres de quelques pêcheurs, et leurs bateaux ligués pour entourer de filets circulaires les poissons amis des courants, lorsque je fus interrompu dans ma rêveuse contemplation par un prêtre grec, seul aussi, dont j'avais souvent remarqué la robe brune, la longue barbe un peu blanchie, et la toque noire au milieu de ces solitudes; il marchait à pas lents, et, quand il fut près de moi, il s'arrêta et me dit : « Excusez la brusquerie de ma question ;
« comprenez-vous le grec? — Un peu, répon-
« dis-je, — je l'avais deviné, reprit le prêtre avec
« une sorte de joie; je ne sais quel instinct me
« portait vers le rival de mes promenades soli-
« taires ; mais vos vêtements européens m'annon-
« cent que, si vous parlez notre grec moderne,

« vous devez avoir été initié dans votre patrie
« aux mystères de notre antique langage. » —
En effet, lui dis-je, j'en sais tout juste assez pour
lire Homère, celui de vos poëtes qu'il est le plus
facile de comprendre. — « Eh bien! ajouta le
« Pappas, faites-moi place près du rocher qui vous
« abrite. Ce poëte que vous lisez dit que *les esprits*
« *des jeunes hommes sont toujours inconstants et*
« *mobiles, mais quand un vieillard intervient*
« *parmi eux, il considère à la fois le passé et l'a-*
« *venir* [1]. »

Le Pappas s'assit à côté de moi. Il signalait, dans
cette moitié du Bosphore que nous dominions,
les souvenirs des rives asiatique et européenne.
Il me montrait l'emplacement du temple détruit
de Jupiter Urius, les promontoires Simas et An-
cyrée cachés aujourd'hui sous le nom des forte-
resses turques. Bientôt le canonnier (*Topchi*), de
la batterie de Thérapia dont nous apercevions
les derniers créneaux, fit retentir le cri de *senti-*

---

[1] Αἰεὶ δ' ὁπλατέρων ἀνδρῶν φρένες ἠερέθονται·
Οἷς δ' ὁ γέρων μετέῃσιν, ἅμα πρόσσω καὶ ὀπίσσω
Λεύσσει.

HOMÈRE, Iliade, ch. III, v. 110.

nelle, ne dors pas, et la voix sonore, vibrant sur les ondes, fut répétée par l'écho de l'Asie et par la sentinelle de *Mezar-Bouroun*. « Ce pauvre « Topchi, me dit le prêtre, ne sait pas, que *si* « *le Seigneur ne garde lui-même la Cité, c'est en* « *vain que veille celui qui la garde* [1]. Il ne sait « pas que l'heure de Dieu approche, et que par « cette embouchure qui touche aux royaumes du « Nord, doivent bientôt arriver, malgré ses cris, « la force et la délivrance. Mais, il est tard; souf- « frez que, pour regagner votre palais où j'allais « voir jadis le vieux prince Ipsilanti, je vous « enseigne une route plus courte et plus agréable « que celle de ces désertes bruyères. »

A ces mots, le Pappas se leva et me conduisit vers les jardins de l'archevêque d'Éphèse; là, il ouvrit une petite porte; et, descendant de terrasse en terrasse, au milieu des fleurs, jusque sur les quais si étroits de Thérapia : « Je demeure tout « près de l'archevêque Denis Kalliarchi, me dit-il; « il est mon chef spirituel; si vous en avez le « loisir, entrez un moment chez votre esclave. » Je le suivis, il me reçut d'abord dans un petit

---

[1] Psaume; CXXVI.

salon où régnait un de ces divans larges et épais, si favorables à la conversation orientale. « C'est « là que je loge; mais c'est ici que je vis, ajouta « le prêtre en soulevant un rideau qui nous « laissa voir un réduit étroit dans lequel nous « entrâmes; c'est ici que je serais tout à fait « heureux, si chaque regard jeté de cette fenêtre « sur le Bosphore ne me rappelait la honte et les « malheurs de ma patrie. J'ai réuni sous mes « yeux, comme par une sorte de compensation, « tous nos titres d'orgueil national. Pardonnez à « mon goût exclusif; cette bibliothèque ne con- « tient que des livres grecs; j'ai quelques tablet- « tes ailleurs pour les chefs-d'œuvre des autres « littératures; mais ces quatre ou cinq cents vo- « lumes sont toute la nôtre. »

J'étais trop ami des anciens livres pour ne pas écouter avec un vif intérêt le prêtre grec, lorsque, feuilletant ces précieux ouvrages, il peignait en quelques traits d'une saine critique le caractère et le génie de l'auteur. Ainsi s'établit aussitôt entre nous, sous les auspices des grands écrivains de l'antique Grèce, une réelle intimité : et quand je le quittai, après une exacte revue de

sa bibliothèque hellénique : « Je ne me borne
« pas à lire, me dit-il timidement; il faut bien
« que je vous l'avoue, j'écris aussi; et je donne
« mon temps aux études que je crois le plus
« utiles à mon pays, et à sa prochaine régénéra-
« tion. Voici quelques pages en guise d'intro-
« duction à un traité de la littérature grecque
« que je prépare : emportez-les; et dites si vous
« les croyez dignes de voir le jour. »

Le Pappas me remit un manuscrit que je ca-
chai sous mon habit de peur qu'un Ulema, me
rencontrant sur le rivage, ne m'accusât de tra-
mer quelque traité secret entre le Synode et la
France; et, comme dans la première année de
mon séjour à Constantinople, je n'étais pas assez
grand grec pour déchiffrer rapidement l'écriture
cursive des Hellènes, ce manuscrit me suivit
dans mes quartiers d'hiver à Péra, d'où je le renvoyai à l'auteur; j'en avais traduit et extrait les
pages suivantes, précis un peu confus peut-être,
mais assez complet de la littérature grecque.

MANUSCRIT

D'UN PRÊTRE GREC.

« La poésie fut toute la science et la sagesse des premiers temps : image de la nature, mélodie des âmes grandes et nobles, c'est elle surtout qui sut adoucir les mœurs, éclairer l'intelligence, épurer les passions, inspirer l'honneur et le penchant à la vertu. Le charme de l'invention, l'harmonie du mètre, la grâce du style, apaisent le langage tumultueux de l'âme, amollissent les cœurs farouches et instruisent l'inexpérience. Nos poëmes, pleins d'un chant magique, tels que des instruments doux et sonores, aident au travail et reposent l'esprit fatigué. Il y a des livres qui conseillent et enseignent; il en faut qui puissent distraire et amuser. Les grandes épopées grecques font l'un et l'autre; et si quelques autres de nos poésies plus légères, sans être utiles ne sont qu'agréables, souvenons-nous qu'après le profit, et quelquefois avant, l'homme ne cherche rien tant que le plaisir. Parce qu'on estime la vigne et l'olivier, doit-on mépriser le myrte et les roses?

« Les tristes misanthropes qui vont calomniant la poésie et veulent la bannir des occupations et des études de la jeunesse sont semblables à ce sauvage Lycurgue, fils de Dryas, qui, pour combattre les excès de Bacchus, arrachait les vignes [1]. « Si Lycurgue craignait l'ivresse, dit l'excellent « Plutarque, que n'amenait-il des ruisseaux au « milieu de ses vignobles? Il eût appris ainsi à « tempérer la fougue du dieu du vin par la so- « ciété des sobres nymphes des eaux. » Eh quoi! nos nouveaux Lycurgues, moralistes hypocrites, s'ils avaient à régir l'univers, ne voudraient-ils pas aussi bannir le printemps du cours de l'année et retrancher la jeunesse de notre rapide existence!

« Sérieusement, et sans nous occuper des Zoïles, voyons quelle fut l'origine de la poésie, et

---

[1] Hom. Iliade, ch. vi, v. 134.

disons d'abord qu'elle est née avec la société. Dès que la nécessité et le plaisir eurent réuni les hommes, leurs âmes vertueuses comprirent et célébrèrent les douceurs de la vie commune et civilisée. Dans cette heureuse simplicité, ces hommes rassemblés pour sacrifier aux dieux ou pour traiter de leurs intérêts sociaux racontèrent le bonheur de leur vie abondante et frugale, leurs amours si pures, leurs rares infortunes, leurs courts voyages, et les triomphes de leurs héros : de là les premiers récits poétiques.

« Dès sa naissance, l'idiome de la poésie se distingua du langage vulgaire par le choix des mots, les inversions, l'hyperbole et la composition. Quand l'enthousiasme s'allume, les objets ne s'offrent plus à l'imagination tels que la nature les montre, mais tels que la passion les représente. Le poëte les agrandit, les détache du sol, les lance vers les cieux; il les anime, leur parle; et toutes ces grandes figures du style que nous nommons catachrèse, apostrophe, prosopopée, ne sont que la langue originelle de la poésie.

« L'enthousiasme, en élevant la pensée, créa aussi une certaine mélodie, écho de la joie, de l'admiration, de la douleur. Les deux sources de la poésie, dit Aristote, furent l'imitation de la nature et la musique. Les premiers poëtes chantaient leurs vers; d'où suit l'arrangement des mots d'après les mesures et les rhythmes. Le rapport des vers avec les sons fut d'abord imparfait et irrégulier; mais, chaque jour plus sensibles au charme de la mélodie, les hommes établirent la règle des temps, la symétrie des paroles, et fixèrent ainsi l'art de la versification.

« La poésie fut encore toute l'éloquence primitive. Des raisonnements, des discours sans art n'auraient eu aucun effet sur des hommes farouches épris seulement des combats et de l'agriculture. La musique et l'inspiration seules purent attirer des peuples avides d'écouter. C'est à la poésie aidée de la musique que durent recourir les prêtres, les rois, les législateurs pour instruire et soumettre *des pâtres, des laboureurs, des chasseurs d'oiseaux et ceux que nourrit la mer,* comme dit Pindare [1]. La persuasion et l'o-

---

[1] Μαλοβότᾳ τ' ἀρότᾳ τ' ὀρνι-
χολόχῳ τε καὶ ὃν πόντος τρέφει.

PINDARE, Isthmiques, Od. 1, v. 67.

béissance naissaient de la poésie, et l'art du style n'existait encore qu'imparfaitement; la mélodie y suppléait : le rhythme et l'harmonie, d'ailleurs, venaient au secours de la mémoire; nos ancêtres racontaient les beaux vers à leurs enfants comme une pieuse tradition. Les chants devinrent les chroniques de l'histoire, et les premiers enseignements de la politique.

« Quels furent donc les fondateurs et les plus parfaits créateurs de l'art poétique? O Hellènes, ô mes chers compatriotes, répondez; et, laissant à part les livres inspirés de Dieu, au-dessus de toute comparaison comme de tout éloge; dites si cette flamme qui éclaire encore le monde fut allumée par d'autres que par nos aïeux : l'antique Égypte, proclamée mère de tout savoir, eut quelques auteurs d'hymnes ignorés aujourd'hui; d'ailleurs les Égyptiens, si l'on en croit le sage Dion, ne faisaient aucun cas de la poésie : « Celui qui a de l'eau à boire, disaient-ils, « peut se passer de vin; et quand on peut apprendre la vérité en prose, qu'importent les « vers? » Les Arabes se vantent de leurs vieux poëmes divisés en deux genres sentencieux et fatigants : les premiers décousus, sans liaison, morcelés, qu'ils comparent à une chaîne de perles; les seconds, à phrases continues, sans arrêt, chargés d'une suite incessante de pensées, semblables encore, disent-ils, à des perles fondues. Les Persans parlent aussi de leurs anciennes chroniques en vers; et l'on n'y trouve que cette pesanteur asiatique au goût des Satrapes, lesquels veulent toujours être appelés Lunes et Soleils; enfin, au Nord, les Scandinaves eurent leurs scaldes; les Celtes, les Galates, leurs druides; les Bretons et les Germains leurs bardes : mais Homère domine tous ces chantres des premiers temps par son antiquité comme par la hauteur de son génie.

« Oui, la Grèce est la source de toute poésie et de toute science; c'est sur l'Olympe, c'est sur le Parnasse, nos montagnes, que retentit d'abord la voix des Muses; c'est sur notre Hélicon qu'Apollon fit entendre les premiers sons de sa lyre; le climat doux et tempéré de la Grèce, son ciel toujours si pur et si bleu furent désignés par la nature pour être le temple des Grâces; et les Grâces, selon Pindare, ne sont autre chose que la poésie. Qu'étaient les poëmes enflés et vides des Asiatiques, les cris sanglants et rauques des nations du pôle, auprès des chants si nobles, si simples et si sonores des Grecs? Eux seuls ont su, dès l'origine, orner leurs pensées d'un rhythme cadencé, et embellir la nature des fleurs du dialecte le plus riche et le plus harmonieux.

« Dans son principe la poésie fut le langage universel. Minos chantait ses lois en s'accompagnant de sa lyre. Après l'invention de l'écriture, Hésiode, Thalès, Eudoxe, chantèrent leurs préceptes et leurs découvertes en agriculture et en astronomie : l'histoire, jusques aux temps de Cadmus et de Phérécide de Scyros, rechercha la parure des vers et le charme des allégories. Mais quand les esprits se lassèrent de la fable, et demandèrent de plus graves enseignements, la sévère philosophie descendit du char de la poésie sa mère; et, rejetant les voiles brillants et pompeux qui devenaient son héritage, elle emprunta à la grammaire le plus simple manteau : dès lors les lettres furent divisées, et chaque branche de l'arbre poétique porta son fruit séparé : l'historien soumit à la prose les récits des événements; le moraliste ses préceptes; le rhéteur l'art de convaincre et d'émouvoir; la poésie, donnant autour d'elle ses plus naturelles beautés, ne garda que l'art de plaire.

« Sans doute, ainsi agrandie et s'aidant de ces secours heureux que les beaux-arts se prêtent l'un à l'autre, la littérature fit quelques pas vers une sorte de perfection; les vers furent plus réguliers, plus finis; les pensées plus choisies; mais le génie des premiers poëtes volait plus haut : une étincelle suffisait pour embraser leurs grandes âmes et exciter leurs nobles passions. Élevant alors une voix harmonieuse, frémissant sous le dieu qui les agitait, ils remplissaient leurs assemblées de chants religieux et inspirés; les écrivains modernes ont cherché à compenser par la correction, par l'urbanité, par les gracieuses minuties de leur style, ce qui leur manque en verve, en génie, en puissance de création. Dans le repos du cabinet ils travaillent longtemps à échauffer leur esprit; plus souvent encore ils s'agenouillent devant la statue de l'art pour la supplier de remplacer la nature; et leurs écrits froids, sans enthousiasme, brillent toujours comme une lampe, mais jamais comme un soleil.

« Après ces considérations théoriques, revenons sur nos pas, et essayons de tracer rapidement l'histoire de la littérature grecque.

« Zéthus et Amphion, inventeurs de la musique, ne chantèrent que des hymnes. Phémonoé, prêtresse d'Apollon, fut la première à exprimer ses oracles en vers. Manto, Boïo, et les autres sibylles l'imitèrent. Musée d'Athènes, son disciple Orphée, Eumolpe, fils d'Orphée, et Linus, le maître d'Hercule, célébrèrent la généalogie des dieux, les combats des titans, le chaos, la création du *grand tout*. Rien n'est resté de ces hiérophantes de la poésie que leurs noms consacrés par la reconnaissance des peuples : bientôt l'Asie Mineure devint le temple des muses ; l'Ionie surtout : soit que le plus brillant climat, la simplicité des mœurs, la pureté, l'harmonie du dialecte, et la vive imagination des Ioniens ; soit que la paix et la longue tranquillité de ces heureuses provinces y aient formé et perfectionné la belle littérature. C'est dans l'Ionie que naquit le divin Homère, créateur de l'art poétique. Après lui, ses disciples, les homérides, essayèrent, à son exemple, une sorte de poésie historique; Hésiode instruisit l'Éolie à l'aide de ses harmonieux préceptes; Thalès, de Milet, fondateur de la philosophie, astronome, naturaliste, législateur, fut poëte aussi. Anacréon, le cygne de Téos, charma de ses amoureuses chansons les jeunes filles d'Érythrée et de Clazomène. La plus petite ville de cette voluptueuse Ionie peut se vanter d'un illustre poëte; Callinus était d'Éphèse; Timothée, de Milet; Mimnerme, de Colophon : ces prêtres des Grâces faisaient répéter leurs touchantes élégies aux échos du Méandre et de l'Hermus.

« De l'Ionie le feu poétique gagna presque toutes les îles grecques; il n'est aucun de ces écueils, déserts et sans nom aujourd'hui, qui n'ait donné la naissance à un poëte justement célèbre. Sapho, Terpandre et Alcée enchantèrent Lesbos. Archiloque, de Paros, y aiguisa ses sanglants ïambes; Simonide et Bacchylide, son neveu, adoucirent les mœurs des sauvages habitants de Zéa; Pythagore, de Samos, fit entendre ses vers d'or, le plus beau modèle de la poésie didactique; la Crète eut ses Dictys, ses Épiménide; plus tard, la grande Grèce s'éclaira des mêmes lumières, et vit naître Empédocle à la fois philosophe, poëte et rhéteur, le lyrique Stésichore, la gloire d'Himère en Sicile, et Ibycus, l'honneur de la ville de Reggio, en Calabre.

« Cependant le continent de la Grèce rivalisait avec les îles. Athènes, mère des colonies ioniennes, en reçut à son tour le flambeau des lettres; mais il fallut toute la gravité des préceptes et des lois de Solon pour donner aux Athéniens une consistance politique qui servît de contrepoids à leur humeur légère et volage. Alors Thespis jeta les fondements du théâtre. Théognis illustra Mégare; la rigide Lacédémone elle-même s'animait aux chants des Tyrtée, des Thalès; l'ignorante Béotie eut aussi ses poëtes; l'inimitable Pindare, prince des lyriques, naquit à Thèbes, et reçut les leçons de la Béotienne Corinne.

« Ce fut là l'époque la plus éclatante de la littérature grecque; Athènes en était le centre. La liberté si heureusement pondérée, l'honneur et la générosité des Athéniens, les trophées de Marathon et de Salamine, les prix accordés dans les nobles luttes de l'éloquence, et, avant tout, les séduisantes rêveries d'une mythologie si vivifiante et si poétique, enflammèrent l'imagination de ce peuple le plus ingénieux des peuples, et portèrent à son apogée le dialecte attique, qui devint la langue classique des écrivains grecs. Eschyle, Sophocle, Euripide, perfectionnèrent la scène tragique, cette heureuse école de la civilisation et de l'humanité. Homère avait ouvert les sources du drame. Les Athéniens seuls surent en former un art, et placer sous les yeux du peuple, vivants et actifs, les hommes célèbres et les grands événements de l'histoire nationale. Les règles inventées pour la tragédie ne tardèrent pas à s'étendre à l'art comique; l'esprit, la vivacité, la liberté du langage amenèrent chez les Athéniens les essais satiriques de ces premiers poëtes dont Aristophane fut l'immortel modèle : Agathon et Hégémon succédèrent à Euripide ; Eubulus et Théopompe à Aristophane. Pisandre, Panyasis, Antimaque, imitateurs d'Homère, chantèrent les combats devant Thèbes et les exploits des Héraclides, non sans quelque gloire pour l'épopée historique.

« Enfin la poésie, après avoir volé jusqu'aux

cieux, replia ses ailes, et s'abaissa insensiblement. Telle est l'invincible destinée de la beauté humaine, briller et mourir : et cependant, avant de s'asseoir dans la tombe, la poésie vit régner ses filles, l'histoire, la philosophie et l'éloquence. Elle entendit retentir autour d'elle la voix de Platon, de Démosthènes, d'Hérodote, de Thucydide, de Xénophon; et, après avoir écouté un dernier chant de Pindare, elle s'endormit pour ne plus se réveiller.

« Bientôt le grand Alexandre et plus encore ses successeurs, brûlant d'une frénétique ambition, semèrent le trouble, la révolte et l'effroi dans le paisible royaume des Muses : d'un autre côté, l'ignorance et l'apathie, tristes effets de la servitude, altérèrent le goût et le sentiment du beau. La littérature s'enfuit avec la liberté. Démétrius de Phalère et l'admirable Ménandre, contemporains, tentèrent vainement de relever les trônes de la comédie et de l'éloquence; la gloire des lettres s'éteignit dans sa vraie patrie; et les cendres du feu sacré, chassées de l'Attique au bruit des chaînes, furent portées par le vent de la tempête sur les rives du Nil.

« Là, sous le sceptre des Ptolémées, à l'ombre

de la célèbre bibliothèque d'Alexandrie, vinrent s'asseoir les Muses effrayées. L'idylle, née à Syracuse, et dans les campagnes que domine l'Etna, parut avec Théocrite pour charmer l'oreille des rois et des bergers. Puis vinrent les poëtes de l'école égyptienne, l'épique Apollonius, l'élégant Callimaque, l'obscur Lycophron, Aratus l'astronome, Nicandre le médecin; mais les poëtes de ce siècle ne furent que de maigres et stériles rejets du grand arbre tombé; la liberté, en mourant, avait commencé la décadence des lettres; la philosophie creuse et insaisissable des stoïciens, la morale trompeuse d'Épicure, ennemi déclaré de la poésie et de la musique, firent le reste. En vain du milieu de tant de sophistes s'élance comme un géant, luttant contre les fausses doctrines, le génie d'Aristote. En vain, après avoir tracé les règles immuables de la logique, du calcul, de la physique, ce puissant législateur définit, dirige et encourage l'éloquence et la poésie; ses immortels efforts ne purent ressusciter ni des Sophocle ni des Démosthènes.

« Avouons-le, l'école d'Alexandrie, en séparant et en multipliant les connaissances humaines, nuisit au progrès des belles-lettres. *L'enseignement trop divisé n'apprend rien*, dit Héraclite ; de cette école sortirent d'abord un grand nombre d'hommes érudits qui professèrent à la fois tous les arts et toutes les sciences ; ensuite, des rêveurs, s'écartant des routes établies par la vraie critique, et torturant leur esprit pour inventer ces nouveaux poëmes en forme de *hache*, de *flûte*, d'*autel* ; en anagrammes, en mille jeux de paroles, tels que peuvent les produire le mauvais goût et l'oubli du vrai beau ; on ne s'occupa plus que de problèmes, d'énigmes et d'obscurités ; enfin l'école d'Alexandrie dégénérée, étouffant la pureté primitive du langage sous la pompe et le luxe des mots, effaça ce qui restait encore de l'atticisme, et vint se fondre elle-même dans un dialecte macédonien, trivial et incorrect.

« Toutefois, de sages écrivains honorèrent les siècles de la décadence. Polybe, Diodore, Lucien, Pausanias, surtout le bon Plutarque, furent encore de nobles soutiens de la gloire attique. Après eux, les pères immortels de notre sainte Église firent autant par leurs éloquents écrits pour l'affermissement de notre inébranlable foi, que pour le salut des lettres menacées de plus en plus par les troubles politiques. Les poëmes de saint Grégoire et de Synèse recèlent de véritables beautés. Le célèbre Photius, habile critique, jugea avec un goût sévère et sûr les écrivains de sa patrie; et le profond Eustathe, modèle des commentateurs, fit briller comme un astre éclatant le plus grand des poëtes, quand la barbarie ombrageait encore le monde de ses ailes obscures. Les Psellus, les Tzetzès, les Philé s'efforcèrent, dans ces siècles d'ignorance universelle, de nous conserver les précieux manuscrits de l'antiquité. Des savants en petit nombre à Constantinople, et dans les villes de la Grèce, fidèles au culte de leurs ancêtres, gardèrent dans l'ombre le dépôt sacré des lettres, tandis que l'Europe oubliait jusqu'au nom des Cicéron et des Virgile ensevelis sous les ruines de Rome; et ces restes d'un feu mourant ne devaient s'éteindre tout à fait sur la terre des Hellènes, qu'après avoir éclairé de leurs rayons régénérés les rives les plus occidentales.

« Bientôt une fatale obscurité couvrit la patrie des Muses : les armes et les mœurs des cruels dévastateurs de la Grèce portèrent partout la misère, l'ignorance et l'effroi. La langue des vainqueurs se mêlant à celle des vaincus, on n'entendit plus qu'un écho affaibli de ce bel idiome qui dominait du Pont-Euxin à la Libye, et des colonnes d'Hercule aux déserts de la Perse.

« Et cependant quelques voix solitaires retrouvèrent des accents dignes de notre noble origine; la Crète vit naître les Érophile, les Érotocrite; et maintenant l'Épire vante ses Bellara et ses Christopule; la Thessalie, ses Sakellario et ses Perdikari; Constantinople, ses drogmans littérateurs et son spirituel Rizo. Les princesses de ces maisons, qui règnent l'une après l'autre en Valachie et en Moldavie, n'ont pas dédaigné de mêler à leurs cheveux les fleurs et les couronnes de la poésie; enfin, les amis de la Grèce reconnaissent encore dans les chants de ses fils, des inspirations d'amour, de mélancolie, de valeur, dignes de Callimaque, de Tyrtée et d'Anacréon.

« O Hellènes! infortunée postérité du peuple que ses lois, ses armes, et surtout les lettres firent la plus célèbre des nations! gardons fidèlement cette tradition de notre antique famille.

N'oublions pas que le goût de la belle littérature est le commencement de la sagesse. Tandis que *le noir nuage de la mort nous cache et nous environne* [1], étudions dans l'ombre les grandes actions, comme les chefs-d'œuvre de nos aïeux; et quand le jour prochain de la régénération brillera, sachons imiter de tels modèles. »

Ici se terminait la préface d'un cours de la littérature grecque complet, que je lus en entier, et dont j'admirai le goût et le ton didactiques. J'y trouvai d'excellents préceptes, et un style toujours noble et pur; tous les genres de poésie et d'éloquence y étaient expliqués par des exemples choisis uniquement chez les meilleurs écrivains de la langue d'Homère et de Platon.

Quand le printemps me ramena sur les rives du Bosphore, je me hâtai de chercher dans sa retraite le savant bibliophile; mais il était parti pour l'Asie Mineure; les ordres de ses chefs spirituels l'avaient appelé à la direction du collége de Cydonie; et je ne devais plus le revoir.

---

[1] ... ὅτε δὴ θανάτοιο μέλαν νέφος ἀμφεκάλυψεν.
HOMÈRE, Odyssée, ch. IV, v. 180.

CHAPITRE QUATRIÈME.

VOYAGE

AUX ILES DES PRINCES,

AU TOMBEAU D'ANNIBAL,

A NICOMÉDIE ET A NICÉE.

(Mai 1819.)

Αἰὼν πάντα φέρει· δολιχὸς χρόνος οἶδεν ἀμείβειν
Οὔνομα, καὶ μορφὴν, καὶ φύσιν, ἠδὲ τύχην.

ANTHOLOGIE, Épigramme de Platon.

Les siècles emportent tout; le temps est habile à changer les noms, les formes, la nature et la fortune.

Je méditais depuis longtemps un court voyage à Nicomédie, et à Nicée; des occupations régulières m'avaient constamment retenu à Constantinople : je les fis céder, une fois, à mes loisirs. Le printemps venait de donner le signal des longues promenades, et de rouvrir le cours de la navigation. Les beaux jours me semblaient n'être revenus que pour me montrer l'Asie, et en aplanir le chemin.

Je ne partais pas seul : un jeune Russe, échappé à l'incendie de Moscou; un Espagnol, éloigné de Cadix sa patrie, depuis l'invasion de 1808; un de mes collègues, acteur à Wagram et au passage de la Bérésina; un interprète levantin compagnon de nos armées en Égypte; tels étaient mes camarades de voyage. Réunis, et liés par le bienfait d'une paix si désirée, ces témoins des révolutions européennes venaient avec moi, jeune élève d'une nouvelle France, fouler le sol que tant de révolutions asiatiques avaient engraissé de sang, et couvert de ruines. Nous allions, oublieux de nos propres revers, explorer le théâtre des longues luttes, et des malheurs des générations d'autrefois, comme si la fortune ne réservait pas à nos propres destinées d'aussi tristes vicissitudes.

Le 2 mai 1819, nous partîmes de l'échelle de

Top-Khané, à huit heures du matin, dans un de ces caïques à quatre paires de rames qui servent à la communication des îles voisines avec Constantinople. Rien de plus varié que les formes et les dénominations des chaloupes turques; elles diffèrent presque toutes de capacité et de longueur, en proportion de la distance des ports qui les envoient. Elles sont construites en grande partie sur les plages de la Bithynie que nous allions parcourir, aux pieds du mont Olympe, dont les sapins sont exclusivement destinés à braver l'inconstance des mers [1]. Chaque classe de ces voitures maritimes a son nom; et notre bateau pouvait être rangé parmi les *Piadets*. Il était comme presque tous ces caïques, monté par des Grecs.

Nous passâmes entre la tour de Léandre et le nouveau Kiosque, récent témoignage de la magnificence du sultan Mahmoud; les courants nous rapprochèrent d'abord de cette partie du sérail où s'élève la belle colonne qu'une victoire sur

---

[1] *Et casus abies visura marinos.*

VIRG., Géorg., liv. II, v. 68.

les Goths fit consacrer à la Fortune [1]; sa base se détachait par sa teinte antique sur la verdure à peine développée des jardins impériaux; et son chapiteau corinthien se dessinait sur les cimes pyramidales des cyprès.

Une brise de nord-ouest nous entraîna loin du sérail et de sa vaste enceinte; nous fûmes portés rapidement sur Chalcédoine, dont le nom illustre et les débris se cachent sous les maisons de bois, peintes en rouge de *Cadi-Keui* : nous côtoyâmes le petit cap que domine la tour du Fanal. De là, quittant la rive, nous nous dirigeâmes vers les îles des Princes, dont nous distinguions déjà les blancs monastères et les riches ombrages. L'antiquité les avait nommées *Démonèses*, *Iles fortunées*.

Ces îles sont au nombre de neuf. Car on ne peut compter les trois écueils situés à la pointe du cap Philocrène.

1° *Proti* (*la première*) est la plus rapprochée de Constantinople et doit son nom à cette si-

---

[1] *Fortunæ reduci ob devictos Gothos.*
Inscription de la colonne.

tuation. On y trouve un couvent grec consacré à saint Georges, et quelques ruines, mais rien de pittoresque.

2° *Antigoni* (*île d'Antigone*), un peu moins stérile que Proti, renferme un village presque désert, et un monastère grec sous l'invocation de la sainte Vierge. Quel est celui des *Antigones* si nombreux dans l'histoire, dont le nom est resté à cette île? rien n'a pu me l'apprendre.

3° *Kalki* (*île d'Airain*) l'emporte sur toutes ses sœurs par ses beaux ombrages, ses sites pittoresques, et sa fertilité. Sa ville contient près de huit cents âmes, et ses monastères montrent au loin, sur le sommet des plus vertes collines, leurs blanches arcades. Les couvents de la *Triada* et de la *Panagia* sont dans l'intérieur de l'île; mais celui d'*Agios Georgios*, situé au bout de l'esplanade des cyprès, domine la rade et le port. Y avait-il autrefois à Calki des mines d'airain, ou ce métal y était-il plus habilement mis en œuvre? nouvelle énigme.

Ici commence l'usage des cloches, interdit aux Grecs dans l'enceinte, et aux alentours de la capitale; ces cloches sont suspendues aux vieux troncs de quelques cyprès d'une prodigieuse grosseur, qui dressent leurs têtes sombres près des églises ou dans les champs des morts. On voit au couvent de la Trinité des tableaux médiocres, entre autres un *Jugement dernier*, copie de celui qui se trouve à Constantinople sous le péristyle de l'église patriarcale du Fanal. Ce tableau exécuté sur un large mur reproduit confusément les peintures du *campo santo* de Pise : Le paradis, le purgatoire et l'enfer y montrent ensemble leurs milliers d'habitants. Dans l'enfer, auprès de Judas, on voit les premiers persécuteurs de l'Église, les Dèce, les Maximin, chacun avec son nom écrit en grec à côté de lui; et le peintre, par une malice que les caloyers me firent remarquer, a placé parmi les damnés plusieurs princes grecs, deux archevêques et un patriarche, que leur costume ne permet pas de méconnaître.

4° *Prinkipo*, la plus grande des îles des Princes, servait d'asile aux Grecs bannis de Constantinople, sous la domination des empereurs; ce triste privilége s'est perpétué avec son nom. Elle a deux lieues et demie de circonférence, douze cents habitants et trois monastères sous l'invocation du Christ, de saint Nicolas et de saint Georges. Ce dernier couvent a été transformé en hospice pour les aliénés. Il est placé sur le point le plus élevé de toutes ces îles, entouré de jardins et de grands arbres. Le clergé grec, à qui l'on doit cette bienfaisante institution, avait pensé que l'air vif dont on jouit sur ces hautes collines, l'aspect de la mer sillonnée de mille barques, et du continent si chargé d'ombrages, pouvaient guérir de la folie, ou en adoucir les souffrances. C'est encore là que cherchent à se consoler plus qu'à guérir d'autres insensés plus malheureux et moins à plaindre, ces princes grecs, victimes politiques d'une incorrigible ambition. Ils ont presque toujours payé quelques heures d'une ombre de pouvoir par de longues années d'exil; et là, dans la solitude, des fils de Léonidas et de Miltiade, les yeux tournés vers le sérail, attendent, soit le retour d'une faveur éphémère, ou la chute d'un rival puissant, soit un exil plus lointain ou même un arrêt de mort.

Cependant quelques Grecs plus sages, renonçant aux sanglants honneurs de Constantinople, ont choisi volontairement ce séjour isolé, et en ont fait l'asile des muses et des lettres. Ainsi, le prince *Kandgerli*, vaincu après de longs combats par les intrigues de ses compatriotes, est venu demander au désert d'*Antigoni* de meilleurs jours. J'avais vu quelquefois une des filles de ce prince, aussi distinguée par sa beauté que par son talent pour la poésie; la jeune *Domnitza* Euphrosine a composé de charmants poëmes que la presse grecque du Fanal a fait connaître; et elle continue à rédiger quelques articles du dictionnaire national intitulé, *Kibotos;* grand monument que les Grecs essayent d'ériger en l'honneur du plus beau langage humain. Aujourd'hui, la princesse Euphrosine a dit adieu aux palais du Bosphore, aux promenades sur le rivage de Thérapia, enfin aux plaisirs de la vie élégante; elle partage la solitude de son père et console sa vieillesse.

Ces quatre premières îles, habitées exclusivement par les Grecs, sont sous l'autorité de l'aga de *Carta Limni*, village turc dont nous apercevions le minaret, sur la côte d'Asie; les cinq autres, comprises sous la dénomination générale d'*îles des Princes*, avaient toutes autrefois un fort, dont on rencontre encore en les parcourant les informes ruines; maintenant elles sont désertes. Ce sont :

5° *Oxia* (*aiguë*). Ainsi nommée de son rocher qui s'élève en pointe acérée et forme le pic le plus avancé dans la mer de Marmara; c'est en quelque sorte une haute pyramide destinée à signaler les écueils et les nombreux récifs qui la séparent du continent.

6° *Plati* (*Large*), qui se trouve vis-à-vis d'Oxia, prend son nom, par contraste, de sa forme plane et sans collines. J'avais déjà, en traversant la Propontide pour me rendre à Brousse, abordé à *Plati*. On n'y voit que quelques chétifs arbrisseaux et aucune trace de culture.

7° *Nicandro* (*vainqueur des hommes*). Cette petite île se cache à l'ombre de *Prinkipo* comme un obscur satellite, et doit sans doute à une tradition, qui ne m'a point été révélée, le nom glorieux qu'elle porte.

8° *Pitys* (*île des Pins*) n'est proprement

qu'une langue de terre jetée entre Antigone et Calki; on y distingue quelques pins élevés qui croissent d'eux-mêmes sur ce sol abandonné, et lui ont sans doute donné leur nom.

9° Enfin *Ankirovissa* (bon mouillage), qu'on appelle vulgairement *Ile des Lapins* comme tant d'autres écueils dans l'Archipel. J'y ai, en effet, plus d'une fois chassé, vers le point du jour, ces hôtes timides qui se blottissent, ainsi que les cailles voyageuses, sous les arbustes nains dont le sol est couvert; mais, dès que le soleil frappait de ses rayons ces rocs arides, il fallait fuir une insupportable chaleur que ni arbre ni source ne tempérait.

A onze heures nous débarquâmes à *Calki*. J'entendis alors, pour la première fois, le fameux air patriotique de l'infortuné Riga; on n'oserait, à Constantinople, faire retentir ce cri de liberté. Mais ces paroles, que ne rediront jamais les rives esclaves du Bosphore, pouvaient être répétées sans danger par les échos de Calki; et un vieil insulaire, assis sur le rivage en vue du sérail, chantait ces vers célèbres : « Prenons les armes,

« soyons dignes d'être Grecs, et que le sang de « nos ennemis coule par torrents à nos pieds[1]. »

Après quelques heures d'un repos nécessaire à notre équipage, nous nous remîmes en mer; nous laissâmes à gauche, sur la côte d'Asie, la colline de *Maltépé* et le village de *Touzlès*, où la fontaine *Azaritie* nourrissait, dit Strabon, de petits crocodiles. Les crocodiles et la fontaine ont disparu ensemble; on ne retrouve pas davantage les ruines des palais que les empereurs grecs habitaient sur ce rivage. Vers quatre heures, après avoir doublé le promontoire Acritas, qu'Orphée appelle *le Cap Noir*, nous abordâmes à la petite île nommée *Agricolaki*; c'est un de ces trois écueils inhabités, désignés dans plusieurs cartes sous le nom générique de *Nissa*. Nous y poursuivîmes des ramiers, des mouettes; nous trouvâmes au milieu des tiges d'anis, et,

---

[1] Τὰ ὅπλα λάβωμεν,
 Ἕλληνες ἄγωμεν·
 Ποταμιδὸν ἐχθρῶν τὸ αἷμα
 Ἅς τρέξῃ πρὸ ποδῶν.

Chanson patriotique de Riga.

parmi les arbousiers, des œufs de goëlands et de corneilles marines; ces derniers oiseaux s'échappaient des buissons et se reposaient à quelques pas de nous; puis, à chaque coup de fusil, ils s'élevaient en troupe innombrable et nous assourdissaient de leurs cris et des battements de leurs ailes. Nous dépassâmes bientôt le cap Philocrène, et jetâmes l'ancre dans le port d'*Aritziou* vers le soir.

Le village d'*Aritziou* est l'ancien *Tsarion;* c'est là que commence le golfe d'Astacie, ainsi nommé d'*Astakos*, ville fondée par le chef d'une colonie d'Athéniens et de Mégariens, qui portait ce nom lui-même et vint s'établir dans cette riche contrée. *Astakos* signifie en grec *écrevisse de mer*. Nulle part la pêche des homards et des langoustes n'est aussi abondante que dans ces parages. *Aritziou* s'étend en amphithéâtre du haut de la colline, que couronnent ses dernières maisons, jusque sur le bord du golfe : on y remarque une vieille tour à demi détruite, reste d'un château construit par les Génois. Les poissons et les artichauts enrichissent exclusivement cette population de deux mille âmes, dont un tiers est turc

CHAPITRE IV.

et le reste grec; la pêche des sardines, des maquereaux et des anchois y est extrêmement productive; on les fait sécher au soleil, suspendus à des cordes sur le rivage, et on les expédie à Constantinople, où ils servent d'approvisionnement pour la marine. Ici ce ne sont pas seulement les jardins, mais encore les campagnes qui se couvrent d'artichauts. Les champs autour de la ville en étaient hérissés à une grande distance, et plusieurs bateaux surchargés de cette verte récolte partaient pour la capitale.

Nous entrâmes dans une taverne près du rivage; on nous entassa dans une seule chambre étroite et sale, où l'on nous servit un souper consistant en je ne sais combien de ragoûts dont les artichauts, les poissons et le homard national faisaient tous les frais.

Le lendemain nous montâmes à cheval de bonne heure pour nous rendre à Libyssa. Nos yeux, accoutumés à l'aridité des bruyères qui entourent Constantinople, ne pouvaient se lasser de contempler cette riche végétation des champs asiatiques, ces belles plaines arrosées de tant de ruisseaux, peuplées d'arbres robustes, semées des plus vertes moissons. Quel contraste avec les landes stériles et inanimées qui séparent Byzance des vieilles forêts de la Romélie! Ainsi, de vastes solitudes, des campagnes désolées ceignent aujourd'hui les deux plus belles villes du monde, Rome et Constantinople.

Nous nous arrêtâmes un moment à l'ombre de l'élégante mosquée de Gébissé. En voici la légende :

Un pâtre obscur, inspiré par Mahomet, voulut à lui seul construire de ses mains une mosquée à Gébissé. Il se mit à l'œuvre; et la nuit le surprit quand à peine il avait posé la première pierre, auprès de laquelle il se coucha, comptant poursuivre le lendemain. Mais, ô prodige! à son réveil ses premiers regards tombèrent sur la mosquée, telle qu'elle existe aujourd'hui, avec son minaret, sa cour, sa fontaine et ses grands cyprès : ainsi fut récompensée sa piété; et depuis, sa célébrité et ses vertus l'appelèrent aux premiers honneurs de l'empire.

Après cette miraculeuse origine, comment avouer que les chapiteaux massifs qui semblent écraser sous leur poids les colonnes en marbre du péristyle me parurent du plus mauvais effet en architecture ?

Nous traversâmes les rues étroites de Libyssa et le lit desséché du Libyssus pour atteindre le tombeau d'Annibal, unique but de notre longue promenade. On désigne ainsi une colline ovale, plus haute que les *tumulus* de la plaine de Troie ; peu de minutes suffisent pour en gagner à pied le sommet. Quelques marbres brisés, et deux colonnes couchées sur des cistes en fleur, c'est tout ce qu'on retrouve de la tombe d'Annibal ; mais de cette élévation la vue est immense.

On distingue encore à l'est les murs blanchissants du sérail et les longs minarets des mosquées impériales. Les îles des Princes se dessinent ensuite et se prolongent sur la Propontide, dont l'étendue se développe en entier. Puis les îles de Marmara, de Kalo-Limné, la pointe de Cysique. Plus près, l'anse resserrée entre les caps Acritas et Philocrène ; les montagnes qui séparent Nicée de Nicomédie ; derrière elles, l'Olympe et ses neiges éternelles ; voilà l'horizon ; là tout est pompe et harmonie. Au nord de Libyssa, au contraire, loin du golfe, on ne voit que terres déchirées, ravins profonds, collines croulant sur leurs bases, et on reconnaît les traces des tremblements de terre qui ont si longtemps ravagé ces régions intérieures.

A midi nous étions de retour à *Aritziou*, et chacun de nous avait repris sa place sur le banc de notre léger caïque. Nous déployâmes nos deux voiles à une brise favorable qui nous fit avancer rapidement dans le golfe de Nicomédie; sa largeur entre le cap Philocrène et la chaîne du mont Arganthon est à peu près de quatre lieues; mais cet espace diminue auprès d'une fortification génoise ruinée : là, une langue de terre, partie de la rive orientale, empiète sur le golfe et y forme comme un détroit. Bientôt après le continent se retire et laisse à la mer tout son domaine.

La Bithynie me paraît être, dans l'empire ottoman, la province la plus riche d'aspects pittoresques. Des murs de Cysique, que Mithridate nommait *la porte de l'Asie*[1], jusqu'aux limites

---

[1] *Cysicenorum mœnia... Asiæ januam, quâ effractâ et revulsâ, tota pateret provincia.*

Cicéron, *Or. pro Murœna*, c. 33.

du royaume de Pont, l'Olympe et ses cimes s'inclinant vers le Bosphore, garantissent l'heureuse contrée des souffles glacés de l'Euxin; les lacs de Nicée et d'Apollonie, les campagnes arrosées de mille ruisseaux et couvertes de mûriers et d'olives, les grands chênes et les énormes châtaigniers des collines, les forêts de sapins des sommets neigeux, enfin la douce température des rivages de la Propontide en font un séjour d'abondance et de plaisirs; mais, parmi ses golfes, aucun n'égale en beauté le grand lac de Nicomédie entouré des montagnes les plus bleues, et baignant des rives chargées des plus épais ombrages. Quatre heures d'une navigation toujours secondée par le vent du sud nous amenèrent à Nicomédie.

Après quelques formalités de douane, qui se prolongèrent jusqu'à ce qu'on eût instruit de notre arrivée le gouverneur turc et reçu de lui l'ordre de nous bien accueillir, le réis ou chef de la marine nous conduisit au quartier grec. J'avais appris que l'archevêque de Nicomédie était depuis peu de jours dans sa résidence, et mes relations avec plusieurs évêques membres du synode, me faisaient désirer de le voir. Il nous reçut avec une grande bienveillance et avec tous les honneurs de la pipe et de la confiture. Il était septuagénaire et archevêque de Nicomédie depuis trente-quatre ans. Il mit quelque affectation à m'assurer que son retour dans son diocèse n'était dû qu'à sa santé altérée sous le climat de Constantinople; et, me montrant de la fenêtre où nous étions assis la rive opposée du golfe déjà revêtue du plus riche feuillage : « Nicomédie, me disait-il, « n'est-elle pas plus favorisée du printemps que « la froide Byzance? Et la température dont nous « jouissons en ce moment ne vaut-elle pas celle « du Bosphore, avec les vents et les brumes que « la mer Noire y jette? Vous savez que Dioclétien « préférait Nicomédie à Rome. » J'aurais pu aisément contester en faveur de Rome ou du beau canal de Thrace. Mais pourquoi ne pas laisser au vieil archevêque ses tristes consolations? Je savais que l'autorité du nouveau patriarche avait déterminé son retour à Nicomédie : le rigide Grégoire, que ses deux longues détentions dans la solitude du mont Athos avaient habitué à une vie sévère, rappelé pour la troisième fois à la tête du synode grec par la volonté du sultan Mahmoud, avait enjoint aux indolents archevêques du Fanal une stricte résidence.

Le *despote* de Nicomédie (c'est le nom que donnent les Grecs à leurs chefs spirituels) tient le cinquième rang dans le synode et marche après les archevêques de Césarée, d'Éphèse, d'Héraclée et de Cysique. Il perçoit pour son compte les contributions d'environ cinquante villages voisins; l'impôt personnel (*Karatch*), dont aucun sujet de la Sublime Porte ne peut être dispensé, est réservé seul, dans ces fiefs, au gouvernement turc. Le palais archiépiscopal de Nicomédie est une maison de bois, de chétive apparence, sur le bord de la mer; l'intendant laïque de l'archevêque y réside sous le titre d'*Épitropos*, et il est, en outre, le primat des deux cents Grecs qui habitent la ville.

Nicomédie fut fondée environ 278 ans avant J. C., par Nicomède, fils de Zéla, et devint bientôt capitale de la Bythinie. Endommagée par plusieurs tremblements de terre, elle fut successivement réparée par Adrien et Marc-Aurèle [1];

---

[1] Eusèbe; Chronique.

après eux, les Scythes la pillèrent d'abord, puis la brûlèrent. Dioclétien la reconstruisit en entier : il en fit sa ville impériale, voulut l'égaler à Rome, et poussa si loin cette prétention de créer une rivale à la capitale du monde (prétention que son successeur devait réaliser en faveur de Byzance), qu'il eut recours, pour embellir son séjour favori, aux exactions les plus tyranniques [1]. On voyait alors dans les faubourgs, dit Pausanias, un temple d'Esculape, où se conservaient l'épée et le baudrier de Memnon, fils de l'Aurore.

La ville était traversée par deux rangs de vastes portiques [2]. Le palais des empereurs s'élevait sur le penchant de la colline : les thermes, le théâtre, l'hippodrome, les temples étaient d'une merveilleuse architecture; ces grands édifices subirent une destruction totale le 24 août 358 vers la seconde heure du jour [3]. La terre trembla quelques minutes; et tout périt. Depuis,

---

[1] Lactance.
[2] Libanius.
[3] Sosomène.

Nicomédie ne s'est jamais relevée qu'à demi de ses décombres. Vainement l'empereur Julien essaya-t-il de la rebâtir : quatre ans plus tard le même fléau l'abattit encore. Dans sa longue décadence, elle résista cependant encore à Osman Ier qui s'était emparé de Pruse en 1350; elle devint enfin la conquête du belliqueux Orchan.

Les sultans aidèrent d'abord à sa renaissance; et les fils d'Osman y accouraient, attirés par sa situation et son beau climat. Mais en 1719, un tremblement de terre l'agita pendant trois jours et la détruisit totalement. Peu d'années après, de nouveaux habitants, cherchant encore à braver tant de désastres, dressèrent des maisons de bois, à côté de ces imposantes ruines.

C'est la Nicomédie telle que les âges l'ont faite; plus heureuse dans les secousses sanglantes du pouvoir, au milieu du choc des Empires, que dans sa lutte contre les convulsions intestines du sol. Voilà ce qu'elle fut; voyons ce qu'elle est aujourd'hui.

La population d'*Iz-Nimid* est de seize mille Turcs et deux mille Arméniens. Le pacha de Brousse y commande et y délègue un *moutselim* (gouverneur). On voit encore dans ses jardins quelques traces des anciens remparts; dans les rues et enchâssés dans les murs, des tronçons de colonne, des débris d'inscriptions, des blocs de jaspe et de porphyre; puis des bazars vastes, bruyants et sales, où résident de nombreux marchands, et où s'entasse presque toute la population. Plus loin, les ruines du palais de Dioclétien: ce qu'on désigne ainsi n'est qu'un grand pavillon percé de quatre arcades, et un pan de mur encore debout, dont la cime dégradée atteint la hauteur des plus grands cyprès. J'admirai beaucoup plus que ces dépouilles les beaux points de vue dont jouissaient les anciennes demeures des empereurs, la mer qui a presque encore une lieue de largeur en face de la ville, les vertes montagnes de la rive opposée, et, dans le fond du golfe, les prairies et les champs arrosés par le fleuve des *eaux-douces*.

Nicomédie, située sur le versant d'une haute colline et baignée par les eaux du golfe, ressemble tout à fait par sa position à la jolie ville d'*Arona* sur le lac Majeur; mais ici, ces champs des morts couverts de cyprès au noir feuillage, et de cippes funèbres d'un marbre éblouissant; ces ruines que ne peuvent dérober aux regards quelques maisons modernes; ces minarets effilés, et les dômes des mosquées dressés à côté des vieux murs qui virent mourir Constantin; tout cet ensemble d'aspects donne à Nicomédie un caractère de grandeur, et inspire une tristesse qui s'empare profondément de l'âme.

L'archevêque avait chargé son *Épitropos* de nous conduire partout où notre curiosité devait trouver à se satisfaire. Notre guide nous mena d'abord à la chapelle de Saint-Pantaléon, médecin de Nicomédie, martyrisé sous Dioclétien. C'est un des *grands martyrs* que l'Église grecque vénère.

Il nous fallut sortir de l'ancienne et de la nouvelle enceinte de la ville, et suivre sur le penchant de la colline une large route bordée des plus beaux jardins et des eaux les plus abondantes; nous longeâmes le cimetière arménien, dont les arbres projetaient leur ombre jusque sur le chemin. « Vous le voyez, me dit notre guide, il « y a ici, comme à Constantinople, et partout, « *des champs de morts.* » Je ne sais pourquoi ce peu de mots retentit longtemps à mon oreille; serait-ce que cette image de la mort, effroi des vieillards, a pour la jeunesse quelque chose d'attendrissant et de vague qui n'est pas de la tristesse? J'ai ouï-dire à un orateur sacré, remarquable par ses talents et par une étude profonde du cœur humain, que *mort et amour* étaient deux mots magiques dont l'effet était toujours certain sur un jeune auditoire.

Ma rêverie finissait quand nous arrivâmes à l'église de Saint-Pantaléon; cet ancien monument avait été déjà détruit à moitié par les soldats d'*Amurat* Ier, quand le saint lui-même apparut en songe au farouche sultan, et le menaça de son courroux, si la chapelle n'était respectée : le lendemain, Amurat effrayé arrêta la démolition, ordonna que ce qu'on venait d'abattre fût reconstruit, entoura l'édifice de murs élevés et lui assigna un espace considérable de terrain pour revenu et dépendance. L'église de Saint-Pantaléon conserve encore aujourd'hui cette dotation faite à une chapelle chrétienne par un Musulman; et l'archevêque de Nicomédie en est le curateur-né. L'*Épitropos* en m'instruisant à voix basse de tous ces détails, jetait des regards méfiants et timides sur le janissaire qui m'accompagnait, chaque fois que le nom d'Amurat revenait dans son récit.

On ne voit dans l'intérieur de la chapelle rien de remarquable; l'autel et les stalles du chœur sont d'un bois artistement ciselé; sous le vestibule, au milieu de quelques marbres mutilés, était un bas-relief de deux pieds de haut sur onze pouces de large; ce cippe funéraire représentait un homme et une femme assis, attentifs aux paroles d'un messager debout, tandis que dans un coin une autre femme cachant son visage semblait pleurer au récit qu'elle écoutait de loin. Voici l'inscription de cette touchante sculpture qui m'a paru l'œuvre d'un habile ciseau.

ΜΕΝΑΝΔΡΟΣ
ΑΡΙΣΤΟΥ
ΑΡΤΕΜΙΔΟΡΑ
ΜΕΝΑΝΔΡΟΥ

Revenu à Nicomédie, après quelques heures de repos sous le toit hospitalier de l'archevêque, je désirai visiter le fond du golfe; mon bateau me porta lentement sur tous les points de ces beaux rivages; — là, de ces rochers avançant sur la profondeur des flots, furent précipités les enfants, les femmes et les vieux pères de vingt mille Esclavons qui trahirent l'empereur Justinien II, dans une de ses malheureuses campagnes contre les Sarrasins. — Ici, Pline le jeune voulut creuser un canal entre Nicomédie et l'Euxin. Il serait sans doute facile de réunir pour cet effet la rivière nommée par les Turs *Baskelé*, dont je voyais l'embouchure au fond du golfe, et les eaux plus abondantes du fleuve qui se jette dans la mer Noire à Riva; dans mes excursions de chasse, ma barque en avait remonté le cours pendant plus de trois heures. Mais si le gouverneur romain de la Bithynie trouvait quelque avantage à cette communication intérieure, je ne vois guère ce que pourrait y gagner l'Empire ottoman. Le commerce de l'ancien royaume de Pont, tel qu'il est aujourd'hui, ne comprend que le charbon et le bois qui viennent approvisionner Constantinople; et les grands radeaux entraînés par les courants du Bosphore et par le vent du nord qui règne presque toujours à la hauteur des Cyanées, arrivent avec autant de sûreté que de promptitude dans les mille ports de la capitale.

Un de nos rameurs me raconta que dans la montagne, à trois lieues de Nicomédie, coulait une source miraculeuse qui guérissait de tous les maux. C'était sans doute la fontaine d'eau minérale indiquée par Mélétius; elle attire encore aujourd'hui un grand nombre d'infirmes dans les vallées de *Dzeni-Dag*, nom turc des hautes collines qu'on aperçoit à l'ouest de la mer.

Il était tard; la lune se levait derrière l'Olympe, et frappait de ses premières lueurs les ruines du palais de Constantin; je jetai un dernier regard sur Nicomédie, brillant des mille lumières de ses maisons et de ses bazars; enfin, ma barque me ramena au port que je devais quitter le lendemain.

En effet, dès le point du jour, aidé de la brise matinale qui souffle périodiquement du fond du golfe, notre caïque dépassa le joli village de *Nicori*, et se dirigea sur Héraclée. Cette ville, dont le nom se retrouve si souvent dans l'Asie Mineure et dans la Propontide, est coupée en deux quartiers séparés par des jardins et des bois, l'un sur les bords de la mer, uniquement habité par les Turcs; l'autre sur le sommet d'une colline, séjour exclusif des Grecs. Les champs qui bordent cette humble Héraclée, oubliée et perdue sous le grand nom des autres Héraclées, portent l'empreinte de la plus vigoureuse végétation; et partout, cette rive droite du golfe, exposée à l'ardent soleil du midi et aux pluies bienfaisantes de l'ouest, étale une culture active et une surprenante fertilité. Des forêts d'oliviers, de grands enclos de vigne couvrent le penchant des coteaux; et leur verdure vient se fondre dans les eaux azurées d'une mer presque toujours calme, tandis que les noirs sapins de l'Arganthon forment dans le lointain un horizon triste et sauvage.

Vers midi, nous étions à *Kara-Moussala*, village turc, où nous devions quitter notre caïque. Après avoir eu bien de la peine à recruter de mauvais chevaux, nous partîmes pour Nicée. La chaleur était extrême; nous nous arrêtâmes près de *Jeni-Keni*, bourg arménien, *dans une verte prairie, au penchant de la vallée* [1]. Deux ruisseaux la baignent de deux côtés, et vont ensemble se perdre dans le lac Ascagne.

J'avais quitté l'histoire et ses sévères enseignements à Nicomédie; avant de les retrouver à Nicée, j'occupais mon esprit des gracieux mensonges des temps héroïques, et je prononçais le nom d'Hylas à ces mêmes rochers qui l'avaient redit sous les cris puissants d'Hercule [2]; car c'est ici que disparut Hylas : voilà les sapins et les ormes *aux citadelles ombreuses* [3], qu'Hercule abattait de ses bras robustes, quand le *blond Hylas alla chercher l'eau pour le repas du soir* [4], et ne revint

---

[1] Ἡμένῳ ἐν χώρῳ, περὶ δὲ θρύα πολλὰ πεφύκει.
THÉOCRITE, Hylas. id. 13.

[2] *Ut littus, Hyla, Hyla, omne sonaret.*
VIRGILE, Écl. 6.

Rursùs Hylan, et rursùs Hylan per longa reclamat
Avia, responsant sylvæ, et vaga certat imago.
VALER. FLACC. *Arg. lib.* 3.

[3] *Umbrosis arcibus ornos.*
VAL. FLACC. *Loc. cit.*

[4] Κ' ᾤχεθ' Ὕλας ὁ ξανθὸς ὕδωρ ἐπιδόρπιον οἰσῶν.
THEOCR. *Loc. cit.*

plus ; cette prairie nous offre en ce moment, comme jadis aux héros argonautes, son herbe épaisse, *grande ressource pour le repos de la nuit;* (μέγα στιβάδεσσιν ὄνειαρ). Tout pénétré des malheurs d'Hylas et des fureurs d'Hercule, au milieu des précipices de l'Arganthon, je me souvenais encore de cette jeune chasseresse de Cios, Argathona, que rendit folle l'amour de Rhésus et son départ pour Ilion. Errant au sein de ces montagnes à qui elle a laissé son nom, elle y mourut de douleur, même avant d'apprendre que Rhésus avait péri sous le fer de Diomède. L'amour est de toutes les histoires.

Nous arrivions cependant sur la crête de cette longue chaîne. Nous fîmes halte pour y contempler à notre aise le lac Ascagne, dont nos regards embrassaient toute l'étendue, et la vaste plaine de Nicée, couverte d'oliviers, de vignes, de moissons et de pâturages. Cette plaine me parut avoir environ six lieues de long sur deux de large. Nous la traversâmes lentement à la lueur de la lune, et quand nous fîmes notre entrée à Nicée, ses rares et paisibles habitants dormaient tous; le *pappas* grec que nous avions réveillé pour lui faire lire une lettre où l'archevêque de Nicomédie nous recommandait à son obligeance, eut quelque peine à nous procurer un asile; enfin il trouva chez un de ses amis une chambre plus vaste que commode, où un peu de paille nous servit de lit; puis il vint dans la nuit partager familièrement notre modeste repas, et nous nous donnâmes rendez-vous pour le lendemain.

Le prêtre grec étant revenu dès le point du jour exciter notre zèle, nous nous mîmes en marche sous sa conduite. Sur son visage éclatait une joie extraordinaire qu'il ne tarda pas à m'expliquer. La lettre de l'archevêque de Nicomédie qui le chargeait de nous accueillir comme *d'illustres hôtes* et des *amis particuliers du Grand Seigneur*, lui annonçait en outre qu'il allait être nommé pappas d'Héraclée; il allait donc quitter le poste peu lucratif d'*is-nik*, où on ne compte pas plus de cinquante Grecs, pour un village de cinq cents habitants : il n'était pas, il est vrai, tout a fait assuré de sa promotion; c'était passer du diocèse de Nicée dans celui de Nicomédie, et cette mutation n'était encore approuvée que par un des deux évêques; néanmoins ses espérances dominaient ses craintes; et il cheminait, souriant à l'avenir.

J'avais, avant mon départ de Constantinople, réuni quelques notes sur l'histoire de Nicée, comme si j'avais prévu que notre guide, tout pappas qu'il était, n'aurait rien à m'apprendre; ces notes, les voici.

Nicée dut ses premiers murs à une colonie de Mégare et d'Athènes, qui, sous la conduite d'un chef thébain, s'établit sur les bords de la Propontide, vers la dix-septième olympiade. On l'appela d'abord *Antigonie*, du nom d'Antigone, fils de Philippe, roi de Macédoine; puis *Élicori*, enfin *Nicée*, dernière dénomination que lui donna le roi de Thrace, Lysimaque, en l'honneur de sa femme Nicée, fille d'Antipater. Quelques auteurs la nomment aussi *Olbia*, heureuse. Peut-être ont-ils confondu Nicée avec une ville du nom d'Olbia, située entre Astaque et Nicomédie, laquelle s'appelle aujourd'hui *Berbia*, corruption de son nom primitif.

Une grande haine régna longtemps entre Nicomédie et Nicée, trop voisines pour n'être pas jalouses. Nicée avait d'abord été particulièrement affectionnée de Trajan, qui la reconstruisit sur un plan nouveau, et l'orna de somptueux édifices; elle partagea ensuite les désastres de sa rivale et les libéralités d'Adrien et de Marc-Aurèle. En 325, Constantin y convoqua le premier concile œcuménique où siégèrent trois cent dix-huit évêques. C'est là que fut réprouvée l'hérésie d'Arius, et rédigé le *symbole* de Nicée, base irrévocable de la foi chrétienne, que l'Église récite encore aujourd'hui.

Le 11 octobre 368, un violent tremblement de terre renversa Nicée presque en entier; elle se releva de ses ruines, et, en 727, attaquée soudainement par une armée de cent mille Sarrasins, quoique mal pourvue de troupes et de munitions, elle résista à un long siége, et dissipa ses ennemis.

L'impératrice Irène, en 787, y convoqua de nouveau un concile, qui fut le septième concile œcuménique: trois cent soixante-dix-sept évêques y assistèrent, et y confondirent les hérésies des Iconoclastes. Plus tard, les sultans d'Iconium, après s'être emparés de la Cilicie, poussèrent leurs conquêtes jusque sous les murs de Constantinople, et prirent Nicée en passant. Soliman y régnait, quand l'armée des croisés l'emporta d'assaut le 15 mai 1097, et la remit entre les mains de l'empereur Alexis : enfin elle fut conquise par Orchan, et passa pour toujours sous la domination de la Sublime Porte.

Aucune ville d'Orient, Tyr et Jérusalem exceptées, n'a, plus que Nicée, subi des siéges nombreux et mémorables. Ces grandes convulsions répétées devaient finir par une complète ruine; et si Nicomédie, avec sa population de vingt mille âmes et sa position géographique [1], peut encore jouer quelques rôles dans les révolutions futures des peuples; il faut dire que Nicée avec ses quatre cents habitants, effacée pour jamais de l'histoire, a réellement cessé d'exister.

Avant de commencer le cours de nos recherches archéologiques, je jetai un coup d'œil sur l'ensemble de ces vastes ruines que le soleil,

---

[1] Les Turcs appellent le golfe de Nicomédie, *Ismid-Giechid* (*passage d'Ismid*), parce qu'on traverse cette ville pour se rendre de Constantinople en Asie et à la Mecque.

CANTEMIR, Hist. turq. liv. 4.

se levant derrière l'Olympe, dorait de ses premiers rayons : les gouttes de rosée brillaient sur les herbes des rues abandonnées, et sur les cyprès des cimetières. Au lieu des bruits qui s'élèvent, au jour naissant, d'une grande cité, le silence régnait dans cette ville déserte, dans ses places solitaires, sur ses antiques remparts; et la brise du matin ne soulevait pas encore les eaux muettes du lac Ascagne.

Je rêvais à ces flots de peuple écoulés, à cette gloire oubliée, à tant de nobles monuments détruits, quand notre guide nous fit entrer dans l'église du monastère grec; il nous y montra une pierre sépulcrale, à laquelle de grands philosophes, disait-il, passant récemment par Nicée, avaient assigné une haute antiquité; je n'étais pas sans doute assez philosophe pour partager cette opinion. Il nous fit voir ensuite le tombeau de Nicéphore, qu'il appelait naïvement le *grand vizir de Constantin*. Ce monument renfermait bien plus probablement la dépouille mortelle de Nicéphore, évêque d'Éphèse, qui fut patriarche de Nicée vers l'an 1200. Le marbre en est beau, et habilement sculpté.

A l'exemple du pappas, et pour lui complaire, nous bûmes d'une eau sainte renfermée dans un bassin creusé sous une voûte obscure ; c'était, disait-il, un infaillible remède à toutes les douleurs physiques ; cette eau était plus fraîche que pure ; elle nous désaltéra tant bien que mal, en attendant les flots du lac Ascagne.

Nous arrivâmes au palais de Trajan, construit sur la seule élévation qui soit dans l'enceinte de Nicée. Ces immenses voûtes souterraines encombrées de débris nous frappèrent d'étonnement ; voilà bien les Romains et leurs travaux gigantesques! C'étaient d'énormes masses de pierres que l'on pouvait croire entassées d'elles-mêmes l'une sur l'autre par une symétrique agrégation, plutôt que mises en œuvre par la main des hommes. Ces blocs colossaux sont-ils seulement superposés, ou le temps dont l'effort glisse sur ces rocs indestructibles a-t-il consumé le ciment qui les unissait? Je ne saurais résoudre ce problème. *Un plus savant le fasse!*

Quoi qu'il en soit, ces restes inamovibles des grands édifices se sont défendus par leur propre poids contre les Sarrasins qui voulurent s'en servir pour rebâtir la nouvelle circonvallation, et qui, après bien des tentatives inutiles, durent renoncer tout à fait à les déplacer.

Auprès de l'ancien palais de Trajan et dans la partie sud-est de la ville, sur la rive du lac Ascagne, les remparts de construction sarrasine se montrent presque sans dégradation ; c'est là que notre guide nous les fit gravir. J'y marchai d'une tour à l'autre, sur des pierres croulantes, sautant les intervalles des créneaux, où croissaient ensemble des ronces, du lierre et quelques arbustes amis des vieux murs.

De beaux arbres au large feuillage nous annoncèrent de loin, sur la grève du lac, la grande salle du fameux concile ; quelques colonnes à ses angles en déterminent la forme. C'était un vaste carré long ; l'autel est indiqué par plusieurs pièces de marbre revêtant le seul mur encore debout. Je m'arrêtai sous l'ombre de deux platanes qui couvrent l'endroit où fut jadis le sanctuaire ; et je priai le pappas de nous dire le symbole composé à cette même place, sous le grand Constantin. Il le récita en grec littéral d'une voix lente et cadencée, sans oublier le mot ὁμοούσιον, *con-*

substantiel, qui foudroyait l'hérésie d'Arius. Il y avait quelque chose de grave et de touchant dans cette réunion de quelques chrétiens d'Asie et d'Europe, de cultes divers, qui tous, la tête nue et le genou en terre, écoutaient dans un religieux silence les paroles simples et sublimes, consacrées par l'Église dans cette même enceinte, il y a quinze cents ans; paroles qui constituent ce que Bossuet appelle *la foi de Nicée* [1].

Nous étions à quelques pas du lac Ascagne; l'eau, s'il faut en croire Pline, est fortement empreinte de nitre; elle est, au reste, très-douce et très-pure; je ne me contentai pas d'en boire, j'y plongeai la tête et les bras, imitant en cela les ablutions musulmanes; nos heures comptées et rapides ne me permettaient pas un bain plus complet. — Le lac est tout à fait désert; point de barque sur ses eaux calmes et azurées; pas de village sur ses bords; au loin, là où la vue confond les objets, quelques débris qu'on dit être les ruines de l'ancienne *Mythépolis*; plus loin encore, le fleuve Ascagne qui s'échappe vers le

---

[1] Bossuet, Histoire universelle, onzième époque.

sud, et porte à la Propontide les eaux surabondantes du lac. C'est le fleuve nommé par Virgile quand il représente ces impétueuses cavales *excitées par l'amour, qui franchissent les sommets du Gargare, et les flots de l'Ascagne retentissant* [1]. Ce beau lac aux rives solitaires, dont j'avais peine à me séparer, a environ douze lieues de tour.

Nous repassâmes les remparts, et le prêtre grec nous conduisit à l'ancienne église de Sainte-Sophie. Les Turcs, nous dit-il, ont à plusieurs reprises, essayé d'en faire une mosquée; mais chaque fois, le minaret élevé à peine aux deux tiers de sa hauteur a été miraculeusement renversé. Dans le quartier nord de la ville, sont trois mosquées, une seule ouverte et fréquentée aujourd'hui. On y voit trois belles colonnes corinthiennes dont le chapiteau original est parfaitement conservé; circonstance assez rare à Nicée; les nombreuses colonnes de jaspe, de granit,

---

[1] *Illas ducit amor trans Gargara, transque sonantem Ascanium, superant montes, et flumina tranant.*
VIRG., Géorg., liv. III., v. 269.

de vert antique et de porphyre qui décorent les temples musulmans, sont plus ou moins entachées d'ornements dans le goût turc. Ce dernier *dgiami* (mosquée), qui est tout entier de marbre, se distingue au loin par son minaret plaqué de faïence et par son dôme recouvert en lames de plomb.

Deux grandes rues traversaient autrefois Nicée du nord au midi et de l'est à l'ouest; elles aboutissaient à quatre portes élevées sous Trajan; on trouve encore sur la porte nommée *Lefté Capoussi*, le nom de cet empereur que Constantin surnomma le *Pariétaire*, pour ridiculiser sa manie d'inscriptions. Les portes étaient de l'ordre dorique; il n'en existe plus que trois, *Yenitcheri*, *Lefté* et *Stambol Capoussi*; la quatrième, donnant sur le rivage du lac, a été complétement détruite.

Les remparts et les tours qui forment aujourd'hui la ceinture de Nicée sont, sans aucun doute, l'ouvrage des Sarrasins; ces murs grossiers sont faits de débris de marbre, et de grosses pierres liées entre elles par une grande quantité de briques; dans leur nouvelle circonscription, les

Barbares avaient négligé l'église du concile, qui se trouve hors de la ville maintenant. La porte de construction sarrasine, *Stambol Capoussi*, se compose de trois grosses colonnes placées en forme de potence Π. Un long marbre, enchâssé dans le mur extérieur, porte quelques statues mutilées appartenant au tombeau du Romain *Paulinus*, mort à l'âge de 17 ans. C'est tout ce que peut apprendre l'inscription gravée au-dessus de ce bas-relief; les parois intérieures sont ornées de deux têtes de Méduse monstrueuses.

Pour retracer les diverses origines de toutes ces constructions de Nicée, depuis Trajan jusqu'à Sélim, pour en reconnaître le caractère et l'époque, nous n'avions d'autre secours que notre propre sagacité. J'avais espéré d'abord que notre guide aurait assez de mémoire pour nous éclairer, en citant les opinions de nos prédécesseurs; mais il ne répondait à toutes mes questions que par ces mots accompagnés d'un geste admiratif: Ποῖος ἠξεύρη; *Qui le sait?*

Nicée n'est plus aujourd'hui qu'une misérable bourgade du nom d'*Is-Nik*. On y compte quatre cents habitants, un tiers arménien et grec, le reste turc : ces familles ont trouvé autour d'elles assez d'espace pour tracer chacune de grands vergers et cultiver des champs dans l'enceinte des murs. Un Aga, sous les ordres du pacha de Brousse, y commande et occupe une superbe caserne construite récemment par Sélim III à l'époque du *Nizam-Dgedid*. Depuis la destruction, ou pour mieux dire depuis l'ajournement de ce nouveau système de milice, la caserne et ses jardins sont le séjour de l'Aga et d'une douzaine de janissaires sous ses ordres.

Les campagnes de Nicée produisent les plus beaux fruits. Des grenadiers d'une hauteur prodigieuse, adossés aux remparts, y mûrissent pour tout le monde; la vigne y est cultivée d'une façon toute particulière; on laisse à longs intervalles croître une seule tige qui s'élève à la hauteur de sept ou huit pieds; là, on étend en ombrelle les pampres soutenus à de grandes distances par des perches placées en rond. Ces kiosques de verdure couvrent la plaine; je n'y ai pas vu d'autre vignoble.

Nos courses terminées, nous prîmes congé de notre guide qui fit quelques efforts pour nous retenir près de lui; il nous parla du lac *Sapendjé*, éloigné de six heures seulement. Il désirait nous y conduire, bien que les ruines en fussent plus désertes encore que celles du lac Ascagne; un Grec qui ne nous avait pas quittés, et qui s'était toujours tenu à l'ombre du pappas, ajouta, pour piquer notre curiosité, qu'on trouvait dans la montagne sur la rive du lac *Sapendjé* une fontaine de lait; mais ici, le prêtre grec, dépassé dans sa crédulité, nous engagea lui-même à rejeter cette tradition mensongère, et nous expliqua que les nombreux troupeaux de ces collines couvertes de pâturages, avaient donné lieu à une telle fable; c'est la seule indication raisonnable qu'il nous donna dans le cours de nos entretiens.

Nous remontâmes à cheval pour gagner, à travers la plaine, l'obélisque indiqué dans la grande carte de Riga; c'est, dit-on, le seul obélisque qui soit en Asie; il se compose de cinq énormes pierres taillées en triangle, assises les unes sur les autres au-dessus d'une première base ou d'un piédestal qui fait face au lac. Les Turcs donnent à ce monument le nom de *Besch-*

Tasch (cinq pierres). Sa hauteur est de quarante-cinq pieds; en voici l'inscription.

Γ. ΚΑΣΣΙΟΣ ΦΙΛΙΣ
ΚΟΣΓ ΚΑΣΣΙΟΥ ΑΣ
ΚΛΙΠΠΟΛΟΤΟΥ ΥΙΟΣ
ΖΗΣΑΣ ΕΤΗ ΠΓ.

Plus loin, je dis adieu à la plaine de Nicée, et, remontant un des torrents qui se jettent dans le lac, je m'enfonçai de nouveau dans la montagne; la chaleur rendait notre marche très-lente, nous nous arrêtions à chaque source et sous les bois les plus épais. Parvenus au dernier sommet de l'Arganthon, nous revîmes Caramoussala, dont les jardins étendaient leur verdure à nos pieds, tandis que la rive opposée du golfe, les îles et Constantinople nous apparaissaient dans le lointain.

Le soleil était couché; il nous fallut beaucoup d'éloquence et un peu d'or pour persuader à notre équipage de se mettre en mer. Les insulaires de l'Archipel et de la Propontide ont de vieux proverbes qui forment leur expérience, et président à la navigation : ils craignent de s'embarquer dans les ténèbres; on dirait qu'ils se souviennent des observations d'Ulysse : *c'est la nuit,* dit le roi d'Ithaque, *que naissent les vents difficiles et funestes aux vaisseaux* [1]. Cependant une brise favorable nous guida sur les ondes du golfe de Nicomédie, et notre course, *per amica silentia lunœ,* fut rapide et délicieuse; nous abordâmes à *Aritziou* vers onze heures; le rivage était couvert de feux et retentissait de cris de joie; les habitants célébraient la fête de Saint-Georges, une des plus grandes solennités du calendrier grec.

Le lendemain, 6 mai, nous allâmes coucher à l'île de Prinkipo, en revoyant *Ankirovissa* et *Kalki.* — Le 7, nous étions de retour à Constantinople, après une absence de six jours et un des plus agréables voyages qu'il m'ait été donné d'accomplir.

---

[1] Ἐκ νυκτῶν δ' ἄνεμοι χαλεποὶ, δηλήματα νηῶν,
Γίνονται.

HOMÈRE, Odyssée, liv. XII, v. 286.

CHAPITRE CINQUIÈME.

DÉPART DE CONSTANTINOPLE.

PROPONTIDE. HELLESPONT.

(1820)

—

Ad claras Asiæ volemus urbes,
Jam mens prœtrepidans avet vagari.

CATULLE, *Carm.* 46.

Volons aux villes célèbres de l'Asie. Déjà mon cœur impatient palpite d'avance du plaisir de voyager.

Mon voyage à Jérusalem était décidé depuis longtemps. La goëlette sur laquelle je devais m'embarquer venait d'arriver à Constantinople; elle était spécialement affectée au service de l'ambassade de France en Turquie et faisait partie de la division stationnaire du Levant. En me transportant vers les diverses échelles de la Méditerranée, que j'avais ordre de visiter, elle remplissait envers le commerce européen les devoirs de protection et de secours prescrits à la marine française. *L'Estafette* avait dix canons, cinquante hommes d'équipage et cinq officiers d'état-major. Ce bâtiment était commandé par M. Robert, lieutenant de vaisseau, chez qui je trouvai l'accueil le plus prévenant et une constante obligeance. La goëlette était fort petite; mais la vitesse de sa marche faisait oublier l'exiguïté du logement. Je m'habituai bientôt à ce séjour que mes compatriotes me rendaient agréable par leur franche cordialité comme par leurs attentions pour mon inexpérience de la mer. Je passai, à diverses reprises, environ trois mois dans cette maison flottante, et son souvenir se rattachera toujours, dans ma pensée, à cette époque de ma vie où j'ai joui du bonheur le plus complet et le plus pur.

J'étais accompagné de M. Rottier, élève interprète des langues orientales, que je devais déposer dans un consulat où l'appelaient ses fonctions; son zèle et son assistance dans l'exécution de mes devoirs me furent souvent d'une grande utilité.

Un domestique français, fidèle et actif, m'avait suivi; habitué aux longs voyages, il ne lui manquait que la connaissance des langues vulgaires de l'Orient; je me chargeai de cette partie du service, et quand ses gestes et son mauvais italien n'arrivaient pas jusqu'à l'intelligence des insulaires et des Turcs, il avait recours à ma faible science. Faut-il dire encore, par scrupule d'exactitude, que mon chien de chasse, Pluton, ne voulut point quitter son maître, et, me pardonnera-t-on ce souvenir reconnaissant de sa fidélité?

Puis, vient mon bagage archéologique. J'emportais une Bible et un Homère complets. J'avais Hérodote, Thucydide, Xénophon, Virgile, Horace, Tacite, le Tasse, toutes petites éditions de poche, un tome stéréotypé de Racine, contenant ses dernières tragédies; et, en guise de dictionnaire mythologique, Hésiode et Ovide; ensuite, les poëmes de lord Byron sur la Grèce, l'itinéraire de M. de Châteaubriand; Strabon,

Pausanias, et Mélétius en grec; enfin, dois-je l'avouer? Un Don Quichotte en espagnol, ma lecture de chaque année, sur lequel je comptais un peu, jeune que j'étais, pour me distraire de mes recherches érudites. Quant aux écrits des mille voyageurs, français et autres, qui se sont succédé depuis trois cents ans en Orient, il en est peu que je n'eusse lus, extraits ou commentés pendant les études préliminaires qui avaient précédé mon propre voyage; et ces études avaient duré quatre ans. J'avais, en outre, une collection assez complète de cartes géographiques anciennes et modernes, générales et particulières, auxquelles les cartes marines de *l'Estafette* prêtaient encore quelque secours.

Après ces détails, qui sont le début obligé de tout voyage et dont je ne pouvais faire grâce à mes amis, je n'ai plus qu'à raconter mon départ.

Le vent qui, depuis huit jours, soufflait du sud, et avait amené de nombreuses voiles dans les ports de Constantinople, passa subitement au nord dans la matinée du 15 mai, et entassa une ligne de nuages noirs sur les minarets de Sainte-Sophie comme sur les grandes casernes de Sélim.

Ces nuages s'étendaient vers le golfe de Nicomédie, dans la direction du mont Olympe, et, couvrant le Bosphore d'une vapeur froide, ils laissaient briller au-dessous de leur voûte obscure les flots de la Propontide que le soleil frappait au loin de ses rayons.

Cet aspect du ciel, si menaçant et si sombre, annonçait une des luttes si fréquentes dans le canal de Thrace entre les deux vents ennemis qui se disputent presque exclusivement ces beaux parages. Le capitaine jugea que le vent du nord, favorable à notre marche, l'emporterait, et il ordonna le départ; *l'Estafette* était mouillée près de la tour de Léandre (*Keus-Skelessi*), sur la côte d'Asie; à six heures du soir on leva l'ancre; les courants et une faible brise nous entraînèrent loin du sérail, dont les dernières tours disparurent bientôt, confondues avec les cyprès du grand champ des morts de *Scutari*.

Je partais, je quittais des amis; mes pensées étaient graves et tristes. Mon cœur s'était attaché à ce pays que j'habitais depuis quatre années et que je n'abandonnais pas sans regrets. Ce que j'y avais vu, la terre que j'y avais foulée, l'air que j'y avais respiré, le palais de Péra que j'avais habité l'hiver, Thérapia qui pendant l'été me cachait sous ses ombrages, mes plaisirs, mes ennuis même, tout me laissait un mélancolique souvenir; et quand je vis l'ombre de Constantinople s'évanouir à l'horizon, je la nommai presque ma seconde patrie.

Bientôt mes regards et mes pensées se tournèrent vers ce vaisseau qui fendait rapidement les ondes et qui devait me montrer la Grèce, la Syrie et l'Égypte. Mon cœur s'enivrait de joie; mon heureuse jeunesse s'élançait vers ces beaux rivages : *C'est pendant qu'on est jeune*, disait Menthès à Homère, *qu'il faut parcourir et voir les villes et les pays* [1]. Je retrouvais ces soupirs impatients, ce brûlant enthousiasme qui avait animé mon début en Orient; les mêmes jouissances embellissaient mon nouveau voyage.

---

[1] Ὅτι χώρας καὶ πόλιας θεήσασθαι ἄξιον εἴη αὐτῷ ἕως νέος ἐστί.

Hérodote, vie d'Homère.

La brise fraîchit dans la nuit; le vent du nord, vainqueur des nuées, régna seul sur la Propontide; aidés de son souffle et du courant, nous parcourions trois lieues par heure.

Je me réveillai en face des monts Crobyles aux flancs déchirés : à ma gauche, était l'île de Marmara, d'un aspect sauvage. Ses montagnes nues et stériles couvrent de vastes carrières de marbre blanc activement exploitées. Ces marbres, transportés à Constantinople, sont ciselés dans les ateliers de Scutari, et recouvrent les tombes musulmanes. Les femmes de l'île de Marmara portent de longues robes à bandes de diverses couleurs, et une haute coiffure chargée de fleurs et de mousseline blanche; elles ont une grande réputation de vertu. J'en ai souvent rencontré dans les promenades publiques à Constantinople; et je m'étonnais que le voisinage de la capitale n'eût altéré ni les vêtements, ni les mœurs de ces belles Grecques.

Nous eûmes bientôt dépassé les montagnes de la Thrace; quelques lignes de neige, restes d'un hiver rigoureux, les sillonnaient encore; nous dirigions tour à tour nos regards sur les rivages de Pactye, en Europe, et les plaines de l'Asie qu'arrosent le Granique et l'OEsèpe : en avançant, les côteaux de Lampsaque se déployèrent devant nous, et nous signalèrent l'embouchure de l'Hellespont. La vigne est aujourd'hui, comme jadis, la principale culture de Lampsaque ; le breuvage qu'elle y produit, fort renommé dans l'antiquité, est encore d'un assez bon goût ; et si l'on pouvait juger des vins de la Grèce d'autrefois, par ceux de la Grèce de nos jours, Thémistocle n'avait pas dû regretter dans son exil, à Lampsaque, le vin piquant et résineux d'Athènes.

Vis-à-vis de la grande ville de Lampsaque, dit Strabon, est un petit village (πολίχνιον) qu'on nomme Callipoli. Callipoli est aujourd'hui la grande ville ; et à peine peut-on nommer Lampsaque un petit village : le temps a tout porté d'une rive à l'autre.

L'aspect de l'Hellespont, du côté de la Propontide, n'est point semblable à celui que le Bosphore de Thrace présente à la mer Noire. L'entrée de ce dernier détroit est brusque, et pour ainsi dire sans préparation. C'est comme le lit qu'un fleuve impétueux se serait creusé entre deux montagnes escarpées [1]. En effet, à peine le vaisseau qui cingle vers la Crimée a-t-il dépassé le Bosphore, que, déjà, il est en pleine mer; les Cyanées se retirent rapidement derrière lui, et laissent apercevoir l'Euxin dans sa vaste étendue. Ici, au contraire, les collines de l'Asie et de l'Europe se rapprochent insensiblement et se courbent vers l'Hellespont; elles gagnent peu à peu sur la mer, et semblent conduire le vaisseau qui vient de Constantinople, de degrés en degrés, jusqu'à Sestos, point le plus resserré du canal [2]. Si l'aspect lointain de l'Hellespont diffère autant de celui du Bosphore, les deux détroits offrent aussi dans leur configuration intérieure une grande diversité. Ainsi, au lieu de ces hautes montagnes taillées à pic, déchirées sur leurs

---

[1] *Quà brevibus furit æstus aquis; Asiamque prementem*
Effugit abruptis Europa immanior oris.

VAL. FLACC., Arg., liv. II, v. 677.

[2] *Non Asiam brevioris aquæ disterminat usquàm*
Fluctus ab Europâ.

LUCAIN, liv. IX, v. 957.

sommets par d'anciens volcans, mais couvertes à leurs pieds de ces beaux arbres qui penchent leur feuillage touffu jusque dans la mer; on ne voit ici que des plaines fertiles et vertes, inclinées vers les eaux : les contours de ces rivages que mes yeux suivaient attentivement sont plus gracieux, peut-être, et plus doux à la vue; mais je leur préférais les hardis escarpements et la forte structure des monts du Bosphore.

Je lisais Xénophon; je cherchais à appliquer, sur la côte d'Europe, les mouvements du combat d'*Aigos-Potamos* tels qu'il les raconte; au simple aspect de la rive, on doit penser que cette célèbre rencontre qui décida du sort d'Athènes, eut lieu dans la petite baie au sud de Callipoli; je l'observai longtemps, et j'y retrouvais assez facilement les indications de l'historien.

La Goëlette détendit ses voiles pour retarder sa marche; et le canot du capitaine me conduisit à la ville des Dardanelles. Une flamme rouge flottait sur la maison consulaire; elle m'apprenait que la peste qui dépeuplait depuis longtemps *Soultanié-Kalessi*, n'avait pas entièrement cessé; je traversai avec précaution le port et les rues;

je n'avais que peu d'intérêts à traiter aux Dardanelles et très-peu d'instants à passer auprès du vice-consul : celui-ci venait de s'établir tout récemment dans sa résidence. Son salon était orné de deux gravures qui me firent battre le cœur : l'une représentait Homère aveugle et mendiant; l'autre, la première entrevue d'Héro et de Léandre : je venais d'Abydos et j'allais à Troie.

Pendant ma visite, les courants avaient entraîné l'Estafette jusque sur le premier cap de la Troade; pour la rejoindre, ma chaloupe longea la rive où fut le tombeau d'Hélène; puis revenant vers l'Asie, elle passa l'embouchure du Rhodius et ses marais que j'avais traversés par une nuit obscure, dans mon premier voyage; je regagnai enfin la Goëlette avant qu'elle eût dépassé la dernière plage du détroit.

Vingt-quatre heures ne s'étaient pas encore écoulées depuis mon départ de Constantinople, et déjà j'étais dans la mer Égée : nous n'avions eu cependant qu'une faible brise; mais les courants sont rapides dans la mer de Marmara, et surtout dans l'Hellespont; on a calculé qu'ils atteignaient, dans les endroits les plus rétrécis, la vitesse de cinq milles à l'heure.

La lune éclairait notre navigation entre les coteaux de Ténédos et les bords troyens. J'avais déjà visité Ilion; mes premiers pas en Orient m'avaient porté vers ses plaines, ses ruines et ses fleuves. Je n'avais pas néanmoins épuisé dans cette excursion toutes mes illusions poétiques : mais, aujourd'hui, Homère et Achille n'occupaient pas seuls ma pensée. Amené à des idées plus positives par quelques études sur les intérêts de la nation turque, je pensais aussi à cette ville fondée sur un cap de la Troade, par Alexandre le Grand, comme un vaste entrepôt pour l'échange des productions de l'Asie Mineure, de la Thessalie et du Péloponèse. Je rapprochais de la naissance de ce nouvel Ilion les immenses halles construites par Justinien dans l'île de Ténédos, pour servir de dépôt au commerce de l'Égypte et de la Syrie. Ce grand homme, achevant la pensée d'Alexandre, avait créé un système régulier pour la circulation des denrées et des approvisionnements que des barques, longeant les côtes, apportaient à Constantinople ou déposaient sur la pointe de la Thrace; et il affranchissait ainsi la capitale de son empire de la disette que les courants de l'Hellespont et la constance des vents du nord y avaient trop souvent fait naître. Que ne gagnerait-on pas à rétablir aujourd'hui cette institution précieuse, si le gouvernement ottoman ne s'éloignait de toute innovation par un principe qu'il croit rigoureusement attaché à son existence?

J'étais sur le pont du vaisseau, dans cette obscurité douteuse d'une belle nuit; mes yeux se portaient tantôt vers l'Asie où je n'apercevais plus que l'Ida et le Gargare bordant d'une ombre noire et ondulée un ciel étincelant d'étoiles; tantôt vers Ténédos où quelques lumières brillaient dans une petite rade presque déserte [1]. On jeta l'ancre, et nous mouillâmes au-dessus de l'ancien port d'Alexandrias Troas.

Le lendemain, pendant qu'une partie de l'équipage renouvelait notre provision de bois dans les plaines de la Troade, et que l'autre errait à la recherche d'une eau pure; armé de mon fusil,

---

[1] *Nunc tantùm sinus, et statio malè fida carinis.*
VIRGILE, Énéide, ch. II, v. 23.

je m'avançai jusqu'aux pieds de l'Ida; la chaleur était extrême dans les vastes forêts de chênes-valoniers que je parcourais lentement : j'y trouvais de l'ombre sans fraîcheur. Je venais de quitter à Constantinople une végétation retardée et les froids des derniers jours de l'hiver; ici je ressentais déjà toutes les ardeurs de l'été : cette brusque transition m'a privé d'un printemps, car, dans tout le reste de mon voyage, je n'éprouvai plus que des chaleurs violentes.

Je marchais sans guide dans ces solitudes, et je me dirigeais sur le soleil : de temps en temps je rencontrais quelques chameaux et leurs farouches gardiens. Tantôt je m'avançais dans ces bois profonds au travers des ronces en fleurs et des lianes pendantes; tantôt je traversais de vastes pâturages où les serpents fuyaient devant moi. On les dit peu dangereux; mais on les rencontre en grand nombre, surtout dans l'enceinte de l'ancienne ville où ils s'abritent sous les marbres et sous les colonnes tombées.

Je revins enfin sur le rivage de la mer que je côtoyai entre le cap d'Alexandrias, et la pointe que les Turcs nomment *Kounbouroun* : je m'assis dans le lit desséché du *Sudludson*, auprès de quelques Grecs de Ténédos. Ils viennent chaque année, me dirent-ils, s'approvisionner, dans ces forêts désertes, du bois qui manque à leur île : ces récoltes, pour lesquelles plusieurs familles se réunissent, sont presque toujours des parties de plaisir. Après quelques heures d'un travail lent et facile, le repas commence sur la grève, assaisonné de copieuses libations du vin muscat de Ténédos; et le théorbe, presque toujours caché dans un coin de la barque, termine la fête par des chansons, quelquefois par des danses. Le dieu de la lyre ne régnait-il pas à Ténédos? [1]. Je n'ai pas besoin d'ajouter que les femmes ne quittent jamais leur île et ne prennent aucune part à ces travaux ni à ces plaisirs.

Je revins à bord du vaisseau, après le coucher du soleil que je vis disparaître derrière les fourches du mont Athos. J'avais tué une perdrix rouge et quelques tourterelles; le vent avait été violent pendant toute la journée; une brise fa-

---

[1] ...... Τενέδοιό τε ἶφι ἀνάσσεις.
HOMÈRE, Iliade, ch. I, v. 38.

vorable lui survivait encore; munis d'eau et de bois, nous reprîmes notre course; et nous dépassâmes le cap Lecton pendant la nuit.

L'aurore que je devançai sur le pont me fit voir la petite île de Sigre avec son village et sa mosquée; le rocher de *Sigre*, dit Strabon, est le cap le plus septentrional de Lesbos. Nous le doublâmes, et, longeant la côte aride de Mételin, l'*Estafette* se dirigea rapidement sur Scio.

CHAPITRE SIXIÈME.

ILE DE SCIO.

ÉCOLE D'HOMÈRE. GYMNASE.

LA PROMENADE PUBLIQUE.

(1820.)

Καὶ Χίος, ἣ νήσων λιπαροτάτη εἰν ἁλὶ κεῖται.

HOMÈRE, Hymne à Apollon, v. 38.

Et Scio, la plus riche et la plus brillante des îles de la mer.

Une forte brise du Nord nous fit traverser rapidement la prolongation du golfe de Smyrne, que termine, au Midi, le cap Noir, *kara Bournou;* avant de le doubler, le vaisseau passa près du rivage d'*Arvision*, qui produisait jadis le plus célèbre des vins grecs; la vigne est encore maintenant cultivée sur ces mêmes collines qui forment la région septentrionale de l'île de Scio, mais elle ne donne plus qu'une boisson aigre et piquante. Nous laissâmes à gauche les écueils nommés aujourd'hui *Spalmadores*, que les Grecs appelaient autrefois les *OEnuses*; puis dépassant le promontoire de Neptune, nous découvrîmes au loin la ville et le port.

Rien de plus pittoresque que cette entrée dans la rade de Scio; les collines se détachent, et se déploient insensiblement aux regards : d'abord on aurait cru voir une grande ville contiguë; bientôt les hameaux se séparent les uns des autres, bornés par de petites vallées chargées de lentisques et d'orangers. La verdure du printemps se montre plus riche encore dans les beaux jardins dont les ombrages se groupent près de la mer : mais cette végétation exubérante cesse tout à coup à une ligne qui cisèle le flanc des montagnes; au-dessus il n'y a plus que des roches grisâtres et brûlées du soleil.

Nous mouillâmes à un demi-mille du rivage,

en face de la forteresse à demi ruinée que les Turcs habitent, et qu'ils font semblant de garder. Là, chaque soir le mont Pélinée couvrait notre vaisseau de son ombre, et quand le soleil frappait de ses derniers rayons les hauteurs de Samos et d'Éphèse, des vapeurs embaumées s'échappaient des bosquets d'orangers ; et les brises de la nuit nous apportaient les plus suaves exhalaisons.

Scio s'est offert à moi sous l'aspect le plus riant [1]. J'y arrivais le jour de saint Grégoire, grande fête grecque. La rive était couverte de jeunes filles parées de robes blanches et de fleurs ; elles se promenaient le long de la plage, lançaient des cailloux dans la mer, se poursuivaient quelquefois, et terminaient ces jeux par des danses ou des éclats de rire, dont le son bruyant venait jusqu'au vaisseau. J'étais habitué au silence des Grecs, à leur contenance contrainte, à leur

---

[1] « L'île de Chio, la plus belle île, et gentille, et plaisante « du Levant ; usurpée par les Turcs, il y a environ trente-« cinq ans, dont c'est un grand dommage et perte pour la « chrétienté. »

BRANTÔME, Discours IV.

terreur. Je ne les avais encore vus qu'à l'ombre des tours du sérail. A Scio, tout était joie et liberté : nulle part le joug ottoman n'est plus léger ; ici même les Turcs ont adopté les mœurs et la langue de leurs sujets. Je voyais les soldats de la garnison fumer leur pipe dans les groupes des jeunes Grecs qui partageaient avec eux ce sérieux plaisir ; et je ne reconnaissais les fils d'Osman qu'à la blancheur de leurs turbans dont les kalpacks noirs des Grecs plus nombreux, faisaient ressortir l'éclat.

Parmi ses priviléges, Scio compte celui de relever immédiatement de la sultane Validé : une partie de ses revenus est la propriété successive de ces vieilles reines du sérail; vingt-quatre villages producteurs du mastic, fournissent aussi aux belles odalisques leur gomme parfumée, et garantissent à cette île délicieuse la faveur du maître. Cette prérogative préserve Scio des visites annuelles et intéressées du drogman grec de l'arsenal, sévère exacteur des contributions de l'Archipel. Ainsi cent mille Grecs régis par les lois qu'ils se sont imposées eux-mêmes et par des archontes qu'ils élisent chaque année, à peine surveillés par quelques Turcs épars dans une citadelle désarmée et croulante, se félicitent d'appartenir à la mère du sultan, et d'échapper à la dépendance d'un fonctionnaire de leur nation et de leur culte. J'ajoute que ce privilége de Scio, ainsi que les immunités qui en découlent, sont enviés par toutes les îles ses voisines et ses sœurs.

Ici même, les Turcs ont oublié leur fatalisme et adopté quelques préservatifs contre la peste ; ils ont toléré l'établissement d'un lazaret, véritable victoire due à l'influence de Scio ; car, ce fatalisme est bien puissant, bien enraciné, et date surtout de bien loin. « Il n'est pas donné à la nature de « l'homme, dit Cambyse en mourant, de pou- « voir rien changer à ce qui doit advenir [1]. » C'est donc aux traditions asiatiques que Mahomet emprunta son terrible dogme. Il ne me fut permis de communiquer avec la terre qu'après les assurances et les précautions d'usage : le vice-

---

[1] Ἐν τῇ γὰρ ἀνθρωπίνῃ φύσει οὐκ ἐνῆν ἄρα τὸ μέλλον γίνεσθαι, ἀποτρέπειν.

HÉRODOTE, Thalie, ch. LXV.

consul de France s'était rendu à bord dès mon arrivée.

Je voulais, avant tout, voir l'*école d'Homère*, et signaler le début de mon voyage par un hommage au grand poëte dont les chants devaient l'embellir, quelquefois même le diriger. Cette passion pour Homère que m'avaient laissée mes premières études s'était accrue pendant mon séjour en Orient de mes observations sur les mœurs primitives que je rapprochais des coutumes de nos jours; des applications vivantes du texte; de mes nombreux commentaires; et des mille jouissances que je devais à cette lecture, ma récréation favorite : enfin cette passion, il faudrait peut-être dire cette frénésie, était devenue pour moi comme une sorte de culte.

Quelques officiers de l'*Estafette* désirèrent m'accompagner dans mon poétique pèlerinage. Nous aperçûmes d'abord au loin dans la montagne un sommet escarpé, couronné d'une fortification ruinée; c'est là que les archéologues de Scio placent le tombeau d'Homère, et cette tradition que rapporte le géographe Mélétius, se conserve encore dans l'île; on n'y voit cependant que des murs épais d'une origine vénitienne ou génoise, dont les ronces et le lierre défendent l'approche. Je savais d'avance qu'aucun souvenir d'Homère ne pouvait s'attacher à ces masures, et qu'il ne m'était pas réservé, dans le cours de mes pérégrinations, de retrouver la tombe du poëte ni de découvrir son berceau.

Nous marchâmes une heure au bord de la mer, quelquefois sur des gazons verts et moëlleux, plus souvent sur des rocs battus des flots et couverts d'algues desséchées ; enfin dans un vallon s'écoule une eau abondante et pure : c'était la fontaine de *Racté*, et, dit-on, l'école d'Homère. C'est aujourd'hui la source du pacha : un énorme platane la couvre de son ombre. Sur une plaque de marbre dressée au-dessus du bassin des eaux, on lit un verset du Coran ; l'autre surface semble avoir porté quelques vers de l'Iliade. Nous nous dispersâmes pour aller à la recherche des débris du siége d'Homère ; je le demandais vainement aux femmes grecques que je rencontrai groupées autour de la fontaine ; elles ne connaissaient que la source du pacha ; et quand j'insistais et nommais le siége d'Homère, elles me répondaient sérieusement qu'Omer-pacha, quand il venait à Scio, s'écartait rarement aussi loin de la ville; et que d'ailleurs il ne s'asseyait que sur des tapis.

J'arrivai enfin à une salle ronde pratiquée sur un rocher, d'où les yeux planent sur toute la rive orientale de Scio; un débris informe s'élève au milieu de cette petite rotonde, et présente quelques vestiges d'une grossière sculpture; on reconnaît assez facilement un sphinx dans les bas-reliefs effacés; mais les ravages du temps empêchent de deviner le reste; on pourrait croire que ces ruines sont celles d'un temple consacré à Neptune, où l'on venait sacrifier avant le départ. Nous ne voulûmes y voir néanmoins que le siége d'Homère. J'avais avec moi l'Odyssée, charme et guide du voyageur en Grèce; mes compagnons de route me contraignirent à m'asseoir sur la pierre mutilée, et à leur traduire quelques vers du poëte. Je choisis d'abord la belle scène du festin d'Alcinoüs, quand le héraut amena « *l'harmonieux chanteur.* »

« La muse l'aima outre mesure, et lui donna
« le bon et le mauvais; elle le priva des yeux, et

« lui accorda la douce poésie ; le héraut plaça
« pour lui, près d'une haute colonne, au milieu
« des convives, un siége aux clous d'argent [1]. »

Puis je me souvins de l'hymne à Apollon.

« O muses, ne m'oubliez pas un jour : si quel-
« que habitant de la terre, après de longues in-
« fortunes, vient à vous, et vous demande :
« Jeunes filles, quel gracieux chanteur avez-vous
« donc parmi vous, et lequel vous plaît le plus
« de tous vos poëtes ? Alors parlez de moi, et ré-
« pondez ensemble : C'est l'homme aveugle, qui
« habite la pierreuse Scio ; celui dont les chants
« doivent exceller dans l'avenir [2]. »

---

[1] . . . . ἐρίηρον ἀοιδὸν,
Τὸν πέρι μοῦσ' ἐφίλησε, δίδου δ' ἀγαθόν τε κακόν τε·
Ὀφθαλμῶν μὲν ἄμερσε, δίδου δ' ἡδεῖαν ἀοιδήν.
Τῷ δ' ἄρα Ποντόνοος θῆκε θρόνον ἀργυρόηλον,
Μέσσῳ δαιτυμόνων, πρὸς κίονα μάκρον ἐρείσας.

Hom., Odyss., liv. VIII, v. 62.

[2] . . . . ἐμεῖο δὲ καὶ μετόπισθε
Μνήσασθ', ὁππότε κέν τις ἐπιχθονίων ἀνθρώπων
Ἐνθάδ' ἀνείρηται ξεῖνος ταλαπείριος ἐλθών,
Ὦ κοῦραι, τίς δ' ὕμμιν ἀνὴρ ἥδιστος ἀοιδῶν
Ἐνθάδε πωλεῖται, καὶ τέῳ τέρπεσθε μάλιστα ;

Ces beaux vers nous inspirèrent je ne sais quel sentiment confus d'admiration et de tristesse; nous retournâmes lentement à la ville; mais avant de quitter la fontaine du pacha, je déposai sur le siége du poëte aveugle une courone d'immortelles bleues; ces fleurs croissent en foule sur le bord de la mer, et je les avais cueillies en cherchant à retrouver l'écueil ou l'école d'Homère.

J'employai une grande partie du jour suivant à voir le collége public; c'est le plus important établissement, j'ai presque dit l'université la plus célèbre de la Grèce, tant par le nombre des élèves que par la variété des études : les Hellènes y accourent de toutes parts; on y comptait alors plus de cinq cents étudiants. Un vaste édifice, récemment construit aux frais des primats de l'île, réunit les disciples et les professeurs : une bibliothèque y a été ajoutée; elle est bâtie solidement en pierres, et voûtée à longues ar-

---

Ὑμεῖς δ' εὖ μάλα πᾶσαι ὑποκρίνασθε ἀφ' ἡμέων,
Τυφλὸς ἀνήρ, οἴκει δὲ Χίῳ ἐνὶ παιπαλοέσσῃ.
Τοῦ πᾶσαι μετόπισθεν ἀριστεύουσιν ἀοιδαί.

Hom., Hym. à Apol., v. 166.

cades : elle est néanmoins insuffisante, et l'administration du collége songeait, pour l'agrandir, à l'acquisition de quelques terrains voisins. L'imprimerie trouverait alors, dans les nouvelles constructions projetées, un logement plus commode que celui où elle se trouve resserrée aujourd'hui. Je l'ai visitée soigneusement; elle est dirigée par M. Bayroffer, allemand, qui a déjà su former quelques élèves typographes. Ils se servent de caractères fondus à Paris, par Firmin Didot; mais ces types sont encore en petit nombre, et l'impression s'exécute bien lentement. Je trouvai M. Bayroffer occupé à corriger les épreuves de la grammaire élémentaire de Néophytos Vambas, ouvrage qui est devenu classique comme les essais de philosophie morale du même auteur.

La bibliothèque contient déjà plus de trois mille volumes latins, français, mais surtout grecs. J'y remarquai un grand nombre d'exemplaires de l'édition publiée à Paris, sous le titre général de *Bibliothèque hellénique*, par M. Coray. Ce savant scoliaste en avait fait don à ses compatriotes, lesquels, reconnaissants de ses travaux comme de sa libéralité, ont placé, à leur tour, son portrait dans la grande salle des études.

Le recteur de ce nouveau gymnase, le prêtre Néophytos Vambas, élève et émule de M. Coray, voulut bien m'expliquer avec autant de simplicité que de complaisance son système d'éducation; il entra dans tous les détails qu'il crut devoir intéresser ma curiosité. Il y a dans le collége de Scio des cours publics des langues française, latine et turque. La philosophie, l'histoire, les mathématiques, la physique, et plusieurs des sciences qui s'y rattachent, sont aussi cultivées : la théologie occupe le premier rang parmi ces cours. Les études littéraires se divisent en quatre classes. Dans la première, on apprend la grammaire, les étymologies, et l'on rapproche dans les mots et dans les constructions de phrases le grec ancien du grec moderne; dans la seconde classe, Saint Jean Chrysostôme, Isocrate, Plutarque, Lucien, sont traduits et commentés ; dans la troisième, on explique Xénophon, Lysias, Démosthènes et Homère; la quatrième classe s'occupe encore d'Homère et de Démosthènes, mais on y joint Thucydide, Platon, Aristote, Sophocle et Pindare.

Néophytos Vambas fait reposer sur des bases religieuses toute l'éducation de ses compatriotes. « L'ennemi du genre humain, » disait-il dans un discours prononcé peu de temps avant mon passage dans l'île de Scio, « hait particulièrement les « colléges, et s'attache à leur ruine ; c'est dans les « colléges, en effet, que l'homme apprend à ai- « mer et à craindre son Dieu ; à user de sa raison, « de son intelligence, à être vertueux et à bien « vivre. La véritable science est la science de « Dieu : je place en seconde ligne les connais- « sances humaines ; mais celles-là sont encore « profondément utiles, et sublimes dans leur but, « puisqu'elles amènent à la religion et à la vertu. « Telles sont les vérités que proclamera sans cesse « notre institution ; c'est par sa fidélité à ces « grands principes qu'elle peut seulement mériter « l'estime et la reconnaissance de la Grèce. »

Cet habile professeur a rencontré quelques obstacles à ses vues bienfaisantes dans les vieilles coutumes des peuples, et surtout dans les préventions de ses chefs spirituels ; le synode en majorité s'est prononcé contre son système d'éducation, et sans oser attaquer ouvertement l'existence d'une université que les Turcs tolèrent, il s'oppose en secret à l'accroissement qu'elle reçoit du temps et des soins de son sage directeur.

J'étais curieux de savoir si l'enseignement mutuel, rejeté par le patriarche de Constantinople pour son diocèse, avait été adopté dans celui de Scio. Néophytos Vambas me dit que son intention personnelle avait été d'abord d'essayer le système lancastrien dans quelques villages de l'île. Je hasardai quelques objections tirées du caractère soupçonneux des Turcs; mais il me répondit qu'en retranchant de la méthode d'enseignement ce qui rappelait trop imprudemment les exercices et la subordination militaires, il ne désespérait pas de pouvoir la faire agréer, et d'en obtenir d'heureux résultats. « Les Ottomans, « ajouta-t-il, si craints et si ménagés dans les « autres parties de leur empire, n'inspirent ici « ni effroi ni précautions. Ils ne cherchent à « exercer aucune influence sur l'administration « civile de Scio. Ils ne s'opposent en rien à la

« construction de ces bâtiments publics, de ces
« maisons de marbre, de ces temples qui em-
« bellissent et peuplent notre capitale; ils ont
« applaudi à l'établissement des hôpitaux que
« nous avons destinés aux lépreux et aux orphe-
« lins : enfin, soit par indifférence, soit par prin-
« cipe, la Sublime Porte ne se montre point op-
« posée à la régénération littéraire de la Grèce.
« Les plus réels ennemis de cette heureuse res-
« tauration, continua mon interlocuteur, sont
« dans notre sein; et si nos efforts parviennent
« à dompter les préjugés ou l'indifférence de ce
« clergé puissant qui est aujourd'hui le premier
« corps de la nation grecque, il restera peu à
« faire vis-à-vis des Turcs. »

Notre conversation, qui roulait sur les plus chers intérêts de la Grèce, se prolongeait à ma grande satisfaction. Je l'avais commencée dans la bibliothèque publique; je la continuai dans le cabinet de Néophytos Vambas, où je le suivis. Je me trouvais avec un homme savant, profond observateur en politique, dévoré de zèle pour les lettres, les sciences, et ardent propagateur des institutions qu'il croit utiles à son pays; ces rencontres devaient être rares pendant mon voyage. Il remarquait de son côté que mon attention n'était pas celle de la curiosité seulement ; qu'occupé depuis quelques années, par devoir, à étudier les mœurs et les progrès des Grecs, par plaisir, à me familiariser avec leur langue, je n'étais pas pour eux un étranger ; il me remercia avec sensibilité de l'intérêt réel que je portais à son collége et à sa patrie, comme des expressions que me dictait mon cœur. Il chercha à son tour à me parler de la France, où il avait passé quelques années. L'accueil qu'il avait trouvé à Paris l'avait touché vivement ; j'écoutais avec bonheur l'éloge qu'il faisait de mes compatriotes ; mais, craignant que dans notre langue ses paroles ne fussent au-dessous de ses sentiments, il me demanda de revenir à ce qu'il appelait en souriant le vieux jargon d'Athènes ; sa voix alors devint plus sonore, ses yeux brillaient du feu de la reconnaissance, et je recueillis avec émotion les bénédictions qu'il répandait sur mon pays.

Je ne pouvais me séparer de cet aimable philosophe avec lequel je me trouvai tout de suite dans la plus douce intimité ; il me fit espérer que je le verrais le jour suivant à la maison de campagne où je devais me rendre de bonne heure. Elle était située hors de la ville, dans une vallée d'orangers et de citronniers qui commence au faubourg le plus méridional, et s'étend depuis la mer jusqu'au pied des montagnes. Cette habitation appartenait au *Tchélébi* Rodocanaki, le plus riche des négociants grecs de Scio, l'un des primats de l'île, et le plus généreux des fondateurs du gymnase. Il avait chargé Néophytos Vambas de m'engager à venir y passer quelques moments, loin du bruit du port et de la capitale.

Je traversai de grands enclos de limoniers et d'orangers, des chemins bordés de murs comme aux alentours de Marseille, puis des champs où s'élevaient des térébinthes et quelques palmiers; et j'arrivai, sans guide, après deux heures de marche, à la villa qui m'avait été indiquée : l'aspect en est simple : un escalier en pierre adossé aux murs extérieurs m'amena au premier étage, et les maîtres de la maison s'empressèrent de venir me recevoir. Ils me conduisirent dans une rotonde peinte à fresque, d'où la vue s'étendait au loin; le vent, qui venait de la mer, après avoir traversé les bocages d'orangers en fleur, nous apportait une fraîcheur constante et des haleines embaumées. On me fit d'abord reposer sur des sophas d'une étoffe rose et blanche, qui se fabrique dans les ateliers de Brousse au pied du mont Olympe de Bithynie; cette étoffe réfléchissait autour de nous une teinte adoucie et agréable à la vue. Je remarquai l'attention qu'on avait mise à éloigner de moi cette foule importune de serviteurs qui encombre toujours les palais des Grecs opulents : aucun domestique ne se montra pendant toute la durée de ma visite. La femme du *Tchélébi* Rodocanaki [1], *Coccona-Tharsitza* [2],

---

[1] *Tchélébi* signifie en turc *homme bien élevé, poli, de manières délicates.* C'est un titre que les Grecs ont emprunté des Turcs, et qui, dans le sens qu'ils lui donnent, équivaut au mot français : *gentilhomme.*

[2] *Coccona* est encore un mot turc qui veut dire, *dame.* Les Grecs l'emploient, et lui donnent un diminutif, *cocconitza*; ces deux titres comme celui de *tchélébi*, s'appliquent aux personnes nobles qui ne sont ni princes (*beys*) ni princesses (*domna*) ni fils de prince (*bey-zadés*) ni filles de prince (*domnitza*).

Tharsitza, Thérésine, est un diminutif de *Tharsa, Thérèse.*

m'apporta elle-même les confitures et le café, tandis que le mari, couché à côté de moi sur les divans, chargea de ses mains et alluma pour moi une longue pipe. Après cette première cérémonie, Tharsitza nous engagea à passer dans une galerie où l'on me fit voir quelques tableaux, presque tous de l'école vénitienne : de là, nous montâmes sur la terrasse pratiquée au haut de la maison. Un télescope y était dressé déjà sous une tente; je le dirigeai successivement sur le port de Tchesmé, les ruines d'Éphèse, les campagnes qu'arrose le Caystre, les collines de Samos; et quand, après avoir jeté ma vue si loin, je la ramenais auprès de moi sur les villages groupés aux flancs du Pélinée, sur la verdure si diverse des orangers, des grenadiers et des vignes, enfin sur les maisons blanches du port, la mer étincelante sous le soleil et les bâtiments épars dans la rade, je ne pouvais m'arracher à ce cercle d'aspects si enchanteurs et si variés.

Néophytos Vambas, que j'avais retrouvé chez le *Tchélébi* Rodocanaki, m'avait suivi dans ce délicieux belvédère. Retenu par le charme du site et par la fraîcheur dont on jouissait sur cette plate-forme élevée, je m'y étais assis près de lui et je l'écoutais attentivement. Il me racontait sa vie, ses travaux assidus, quelques succès et les distractions simples et pures qu'il ménageait pour ses jours de repos; c'étaient quelques heures passées, comme aujourd'hui, dans le loisir des champs, auprès de ses compatriotes : il prononçait le grec avec un accent passionné et une lenteur harmonieuse; dans sa bouche, cette belle langue reprenait son rhythme antique et sa mélodie. Un officier de l'*Estafette*, qui m'avait accompagné, partageait le plaisir que je goûtais à l'entendre; j'en fus surpris; il pouvait nous comprendre à peine, car il ne savait que peu de mots grecs : à notre retour, je lui demandai la raison de son attention, et je m'étonnais de ce qu'il avait l'air d'apprécier ce style et ce langage. « Sans doute, me répondit-il, « ce sont des vers qu'il récitait; car, j'y trouvais « tout le charme de la musique, et sa voix en- « chantait mon oreille. »

Le *Tchélébi* Rodocanaki m'amena ensuite sans empressement et sans ostentation dans ses beaux jardins. Nous nous promenâmes longtemps sur le bord des bassins d'une eau limpide et à l'ombre des orangers. Tharsitza cueillit un bouquet des plus jolies fleurs qui nous entouraient et me l'offrit en souvenir d'hospitalité. Je connaissais trop bien les usages de l'Orient pour me refuser à cette gracieuse prévenance ou pour oser partager mon bouquet avec elle; cette galanterie affectée eût passé pour une impolitesse réfléchie.

Quand je rentrai dans la maison, quelques salles du rez-de-chaussée étaient ouvertes; j'y trouvai un billard et une bibliothèque de deux mille volumes environ; les ouvrages en avaient été choisis par Néophytos Vambas pendant son voyage en France; je vis qu'ici, comme dans le collége public, il avait placé, à côté des grands écrivains de la Grèce, les chefs-d'œuvre de l'Italie et du siècle de Louis XIV.

J'allais quitter mes aimables hôtes lorsque Tharsitza apporta d'énormes oranges qu'elle venait de cueillir; il fallut les goûter avec elle; elle les assaisonna avec la liqueur de Scio, qui est un extrait de la gomme du lentisque assez semblable à l'anisette; puis elle remplit mes poches de limons et de bergamottes. Ce dernier fruit est une espèce d'orange verte dont la chair est acide, mais dont le parfum est exquis. J'exprimai à notre hôte toute ma reconnaissance pour son accueil si obligeant; il nous conduisit jusqu'au chemin qui devait nous mener à la ville, et de là au vaisseau, que nous regagnâmes chargés de fruits, de fleurs, et nous racontant à l'envi les mille jouissances de ces trop courtes heures.

J'allai, dans la même journée, chez *monsignor Dracopoli*, évêque catholique de Scio; j'avais vu la veille son église cathédrale, située au milieu de la ville, et dédiée à saint Nicolas; elle me parut fort convenablement ornée : cet évêque a tout au plus douze cents diocésains. Le couvent des capucins, occupé autrefois par des prêtres français, est encore sous la protection du roi très-chrétien; mais il est habité aujourd'hui par un seul Italien, qui fait les fonctions de chapelain du vice-consulat, et qui ne conserve de ce cloître en ruine qu'une petite cellule, moins délabrée que les autres, où sont placés son lit et son unique chaise.

J'avais à remettre une lettre à l'archevêque grec; c'était un jeune prélat nommé Platon,

dont on louait la justice et les sentiments religieux. Il me reçut avec beaucoup de grâce. « Mes frères du Bosphore, me dit-il, me recom-
« mandent d'honorer votre passage; ils me di-
« sent que vous vous êtes quelquefois assis sur
« leurs divans; que nos grands écrivains d'autre-
« fois, comme leurs pauvres descendants d'au-
« jourd'hui, vous sont familiers. Eh bien, si vous
« aimez la Grèce, n'allez pas plus loin; restez à
« Scio; c'est ici seulement qu'elle est paisible et
« heureuse. » L'archevêque Platon voulut bien regretter mon départ prochain qui m'empêchait de le suivre dans les couvents situés sur la montagne; il aurait désiré m'en faire lui-même les honneurs.

La promenade publique de Scio s'étend le long de la mer depuis les remparts de la citadelle jusqu'aux murs du chemin qui conduit à l'école d'Homère. Chaque soir je venais respirer la fraîcheur sur ce rivage, et j'y étais entouré aussitôt des jeunes filles de la ville; elles se promènent par troupes bruyantes, au milieu des jeunes gens qui souvent les accompagnent seuls : elles sont rarement suivies de leurs parents; elles chantent, dansent, ou causent en riant; quelquefois elles s'asseyent sur le gazon et racontent des histoires d'amour. Rien ne gêne leur humeur libre et gaie; pas même la présence des janissaires qui passent gravement auprès d'elles, et rient à Scio des mêmes folies qu'ils puniraient à Constantinople. La promenade est le rendez-vous des amants. Ce n'est point par des soupirs, des yeux languissants, des mots entrecoupés que l'amour s'explique à Scio; c'est au milieu des rires, à la promenade publique, et sans détours, que la passion se déclare. Ces coutumes si imprudentes, et si libres en apparence, ne provoquent cependant jamais de scandale. Dès que le soleil se couche, quand la patrouille turque fait sa ronde, tout rentre dans l'ordre accoutumé; l'appartement des femmes reste fermé dès lors; un frère même ne peut pénétrer dans celui de sa sœur. Les jeunes filles qui reviennent du bord de la mer, ou celles qui sur le banc de pierre de leurs maisons[1], souriaient aux jeunes hommes du voisinage, se retirent aussitôt, et ne repa-

---

[1] Ces bancs d'une pierre blanche et polie, établis auprès

raissent plus que le lendemain à l'heure du soir. Scio est de tout l'Archipel l'île où il y a le moins de débauche et de désordres; « La coutume, « dit Montaigne après Plutarque, fit-elle pas « encore ce miracle en Cio, qu'il s'y passa sept « cents ans, sans mémoire que femme ni fille y « eust fait faulte à son honneur? » Ces jolies insulaires sont toujours aussi jalouses de leur réputation de sagesse.

Leur toilette, fort lourde et peu gracieuse à l'époque du voyage de Tournefort, qui nous en a transmis un dessin inélégant, a reçu du temps et de la mode quelques changements heureux; elles ont retranché cette espèce de coussin matelassé qu'elles portaient sur le dos, et aujourd'hui une sorte de spencer, qu'elles nomment *libadé*, serre leur taille, et tient lieu de corset. Elles ont des robes roses, vertes et blanches, pour la plu-

---

des grandes portes, étaient aussi en usage du temps d'Homère :

. . . . κατ' ἄρ' ἕζετ' ἐπὶ ξεστοῖσι λίθοισιν
Οἵ οἱ ἔσαν προπάροιθε θυράων ὑψηλάων
Λευκοί.
    Homère, Odyssée, liv. III, v. 406.

part fort courtes, des bas blancs ou bleus, et de petits souliers rouges brodés comme les pantoufles des sultanes : leurs longs cheveux tombent sur leurs épaules, d'où elles les relèvent pour les rattacher sur leurs têtes avec des épingles d'or. Elles peignent leurs sourcils, mais jamais leurs joues, et elles mâchent presque toujours le mastic que l'on recueille dans la partie méridionale de l'île; cette gomme du lentisque les préserve, disent-elles, de l'asthme, auquel on est fort sujet dans plusieurs villages de Scio, comme dans l'île de Tine, mais elle nuit à la blancheur de leurs dents.

Ces jeunes filles s'arrêtaient souvent autour de moi : elles poussèrent des cris de joie quand elles virent que je comprenais leur langage. Elles ont une certaine hardiesse, et cependant une grande naïveté; elles sont innocentes sans être modestes; et si l'éducation ne leur a pas donné une réserve et une gravité étudiées, elle n'a rien ôté du moins à leur simplicité et à leur enjouement naturels. Elles me demandaient des fleurs quand la marchande de bouquets passait près de nous; quelquefois de petites pièces de monnaie; puis, quand elles les avaient reçues, elles s'enfuyaient en riant, se les jetaient les unes aux autres, et revenaient enfin me remercier.

Comme j'allais m'embarquer pour retourner à bord de l'*Estafette* qui se préparait à lever l'ancre, je traversai les allées de la promenade où étaient plusieurs groupes de ces belles jeunes filles; elles me reconnurent de loin. « Venez, venez, s'é-
« crièrent-elles, voici le jeune étranger; » et elles m'entourèrent à l'instant. « Étranger, dis-nous
« quelle est la plus jolie de nous toutes : tu ba-
« lances..., allons, prononce. » Et de grands éclats de rire. — « Oh! qu'il est long à se déci-
« der...; c'est comme nos vieillards quand ils
« choisissent un archonte.... Parle donc..., parle
« donc... — Mais vous êtes toutes si jolies! — Oh!
« entendez-vous ce qu'il dit?..... Tiens, voilà une
« fleur, donne-la à celle que tu préfères. » Je ne sais pourquoi je distinguai une blonde aux longs cheveux, et je lui présentai la fleur : elle s'avança, s'en saisit avec empressement; puis ses compagnes en riant la placèrent auprès de moi.
« Il aime les blondes, dirent-elles. En effet,
« elle est jolie. Eh bien, que penses-tu des filles

« de Scio ? — Qu'il est bien triste de les quitter, » répondis-je avec une prétention de sentiment qu'elles ne comprirent point...; les rires redoublèrent. «Quel est ton nom ?» demandai-je à celle que j'avais choisie. «Que t'importe, puisque « tu pars? — Je veux que ton souvenir me suive. — Ah! oui, dit-elle en riant; les souve- « nirs des jeunes hommes fondent comme les « neiges de Samos. Je me nomme *Sebastitza*. — « Et moi, *Phroso*. — Et moi, *Smaragdi*. — Et « moi, *Elenco* [1], » reprirent à l'envi ses compagnes. » Mais toi, me dit *Sebastitza*, d'où viens- « tu? Ton accent n'est pas le nôtre. » — J'habite « bien loin derrière ces montagnes, là où le soleil « se couche. — Plus loin que Stambol? — Oh! « oui, bien plus loin. — Y a-t-il des orangers « chez toi? Tes sultanes se coiffent-elles avec des « fleurs? Les filles sont-elles heureuses comme « à Scio ? » Je souriais à ces questions, et je m'acheminais, en y répondant, vers la barque qui m'attendait; elles m'accompagnèrent jus-

---

[1] *Sebastitza*, signifie Augustine. *Phroso*, Euphrosine. *Smaragdi*, Émeraude. *Elenco*, Hélène.

qu'à la rive. Là, je souhaitai, en les quittant, que l'année vît leurs mariages. Les rires recommencèrent à ces vœux, et elles s'enfuirent en criant de loin : « Étranger, n'oublie pas les filles « de Scio. » . . . .

. . . .

. . . .

Et maintenant, en relisant ces lignes tracées quelques heures après nos adieux, je ne puis taire les profondes émotions qui m'agitent. Pauvres jeunes filles de la plus belle île de la mer, qu'êtes-vous devenues ? Où sont ces rires bruyants, ces joies innocentes, ces pompes de vos fêtes et de votre printemps ? Le vent des tempêtes a soufflé, tout a disparu. Je suis un de ces derniers voyageurs qui virent vos prospérités et les délices de votre belle île; d'autres qui m'ont suivi n'ont vu que ses désastres et vos ruines. *Elenco*, *Smaragdi*, *Sebastitza* ! jeunes infortunées ! étiez-vous parmi ces trois cents belles filles que deux bataillons de l'armée turque se disputèrent, et qu'ils égorgèrent ensuite, à la même heure, pour fin de querelle ? Étiez-vous au nombre de ces trente mille femmes vendues aux bazars du Caire et de Smyrne? Vîtes-vous pendre sur le rivage votre archevêque Platon, et mourir vos frères et vos pères dans les rues de votre ville, dans les monastères de vos montagnes, et dans les cavernes du mont Pélinée? Hélas! que reste-t-il aujourd'hui de tous ceux que j'ai connus? Vambas seul, échappé au naufrage, traîne loin de son île chérie une vie languissante. Mais, ô vengeance de Dieu et des hommes! quelques jours après ces sanglantes horreurs, de ce même rivage que la mort a rendu désert, les tristes débris de la population anéantie ont pu voir deux mille de leurs bourreaux périr sous les flots de Tchesmé : le fléau de Scio, le féroce Ali-Pacha, brûlé, lui et son vaisseau amiral, par l'intrépide Canaris, est venu expirer sur ce même sol encore inondé du sang de ses victimes. Fatale et prompte expiation de tant de forfaits! Ainsi le veulent les révolutions!

Après ce dernier soupir jeté aux filles de Scio, j'ai peine à reprendre de sang-froid le cours de mon récit.

Je trouvai, en arrivant au vaisseau, des rameaux chargés d'oranges, et des guirlandes de

CHAPITRE VI.

fleurs qui venaient de m'être apportés par l'ancien jardinier du palais de France à Thérapia. Ce pauvre Grec, avec lequel j'avais passé trois ans sur les bords du Bosphore, m'avait reconnu dans les rues de Scio qu'il était revenu habiter avec sa famille, et il m'apportait un gage de son souvenir et de son affection. J'en fus touché, et, dans un billet où j'adressais mes adieux à l'archevêque Platon, je lui recommandai le bon jardinier Georges. Je priai en même temps le vice-consul français de lui accorder lui-même tout l'appui que méritait cet ancien serviteur de l'ambassade.

Le 21 mai, vers le soir, on leva l'ancre; le vice-consul me quitta, et fut salué, en débordant la goëlette, de sept coups de canon. Cette salve d'artillerie établit d'autant mieux dans la ville son crédit et sa considération, que, quelques heures auparavant, trois coups seulement d'un mince pierrier avaient annoncé l'arrivée d'*Ibrahim-Pacha*, gouverneur de Candie, lequel se rendait avec une suite nombreuse à Constantinople.

CHAPITRE SEPTIÈME.

DÉLOS. SES RUINES.

LE BERGER DU CYNTHUS.

(1820.)

—

.. πολύβωμε, πολύλλιτε, τίς δέ σε ναύτης
Ἔμπορος Αἰγαίοιο παρήλυθε νηῒ θεούσῃ;

CALLIMAQUE, Hymne à Délos, v. 276.

Toi que tant d'autels et tant de vœux rendent célèbre, ô Délos! quel navigateur de la mer Égée a jamais passé sans arrêter pour toi son vaisseau rapide?

J'ÉTAIS revenu chaque soir sur l'*Estafette*, prendre ma place dans l'étroite cabine qui renfermait ma couche, et, refusant de jouir des douceurs du rivage, je voulais ainsi m'accoutumer à la mer, et m'aguerrir contre les fatigues des longues traversées; la nuit qui précéda mon départ de Scio, je fus réveillé par les cris du matelot de garde; l'équipage fut aussitôt debout; un homme presque nu était couché contre le grand mât. On me raconta que cet étranger, qui se disait Anglais, avait gagné à la nage le bâtiment, et qu'entrant par les sabords, il avait effrayé la sentinelle de sa présence et de sa nudité; que, troublé lui-même et craignant quelque mauvais traitement, il s'était lancé de nouveau à la mer. La chaloupe armée à l'instant, l'avait atteint quand il allait toucher la rive; c'était un matelot déserteur d'une corvette anglaise qui avait récemment mouillé à Scio : il avait embrassé l'islamisme, et dès lors protégé par les Turcs, il avait été abandonné de ses compatriotes : pauvre et repentant aujourd'hui, il nous demandait de le rendre à sa religion et à sa patrie. Il vint avec moi jusqu'à Milo; là, le commandant de la station française se chargea de le conduire à Smyrne, d'où il fut renvoyé en Angleterre.

Le soir de notre départ, nous dépassâmes avant les ténèbres, par un vent de nord très-favorable, les collines de Phanée, le cap méridional de Scio, et nous aperçûmes de loin les forêts de lentisques.

Nous laissâmes dans la nuit derrière nous les îles de Tine et de Miconi. Le 22 mai, j'étais de bonne heure dans le canal formé par Délos et Rhénée; je ne pouvais en croire les cartes étendues sous mes yeux. Je m'étais endormi près de la rive de Scio, et je me réveillais quarante lieues plus loin, à Délos. J'avais passé brusquement de l'île la plus riche et la plus fertile de l'Archipel, dans l'île la plus stérile et la plus déserte. Ici plus d'orangers, plus de palais de marbre, plus de jardins arrosés d'une eau limpide; mais une terre aride, rocailleuse, cachée partout sous les décombres, ou sous le buis et des arbustes nains. Plein d'impatience, je n'attendis pas que l'*Estafette* eût jeté l'ancre, et pendant qu'elle louvoyait pour chercher un mouillage, je m'élançai dans le canot qui me déposa seul sur les bords chéris d'Apollon.

J'errai d'abord pensif et sans but au travers des nombreuses colonnes qui jonchent le rivage; je n'osais commencer mes recherches archéologiques ; il me semblait qu'en passant, à mon tour, la revue de ces mêmes ruines, que tant d'autres ont décrites avant moi, j'allais perdre mes illusions, et je jouissais trop délicieusement des souvenirs vagues et tristes que me rappelait Délos, pour m'en distraire par de prosaïques investigations. Je volais du temple d'Apollon au théâtre; de là au cirque naval; je croyais entendre les hymnes sacrés des hiérophantes, et les cris de joie des théories athéniennes. Ces énormes masses, aujourd'hui ignoblement couchées sur quelques buissons sauvages, reprenaient dans ma pensée la place que leur avait jadis assignée une savante architecture ; je rebâtissais les temples des dieux, et je me prosternais devant leur hauteur.

Délos est maintenant la plus déserte des îles de la Méditerranée, *île abandonnée, où il n'y a plus qu'un rivage et aucune maison* [1]. Les vaisseaux ne s'y arrêtent jamais; ils n'y trouveraient ni bois ni eau; quelques intrépides antiquaires y viennent seuls de loin en loin. La position de

---

[1] *Præstereà littus, nullo sola insula tecto.*

CATULLE, Thétis et Pélée, v. 184.

l'ancienne ville me fut clairement indiquée par les ruines des grands édifices, et par les colonnes brisées que la mer vient mouiller de son écume. Le port est plus difficile à retrouver, car aujourd'hui Délos est presque inabordable, et ma chaloupe eut quelque peine à me déposer sur ses rocs toujours battus et rongés par les flots. Je ne vis aucun arbre dans la plaine ou sur la colline, pas même un rejeton du palmier de Latone [1] ; j'étais souvent retenu et embarrassé dans

---

[1] *Palmier de Latone.* Ce fut l'arbre de l'antiquité le plus renommé par sa beauté et son élégance. « En le voyant, dit « Ulysse, je restai muet d'étonnement, car jamais un arbre « pareil à celui-ci ne sortit du sein de la terre *. » Mille ans plus tard, au temps de Cicéron, *on le montrait encore* **. Plus célèbre que ne l'ont jamais été de nos jours, le châtaignier de l'Etna, ou le platane de la prairie à Constantinople, sa tige mérita l'insigne honneur d'être coulée en bronze ; et à côté d'elle, un grand palmier d'airain, son immobile effigie, fut élevé par les soins de Nicias. A ce propos, oserai-je

* Ὡς δ' οὕτως καὶ κεῖνο ἰδὼν, ἐτεθήπεα θυμῷ
Δήν· ἐπεὶ οὔπω τοῖον ἀνήλυθεν ἐκ δόρυ γαίης.

HOMÈRE, Odyssée, ch. VI, v. 166.

** *Hodiè monstrant eamdem.*

CICÉRON, de Leg., liv. I. § 2.

ma marche par des touffes d'arbustes épineux et rampants. Les dieux de l'Olympe, en abandonnant Délos, ont tout emporté avec eux. Plus de bois sacrés, plus d'ombrages près des temples; l'Inopus est à sec; à peine reconnaît-on son lit; sa source même a disparu.

Je m'assis sur la grève, appuyé contre les feuilles d'acanthe d'un grand chapiteau de marbre, et je me mis à lire l'hymne qu'Homère a consacré à Apollon : c'était bien là ce que je voyais, et je retrouvais partout l'exactitude géographique du grand poëte : Délos n'a jamais été en effet qu'un rocher dont l'aridité se cachait sous les monuments de la religion des peuples. Si nos imaginations trop poétiques ont voulu en faire un séjour riant et bocager, ce n'est pas la faute d'Homère : « Délos, dit Latone, « je ne crois pas que jamais tu sois riche en

---

ajouter ici que la comparaison de la taille d'une femme, à la tige élancée du palmier, ne date pas de nos jours? et cette gracieuse image perdra-t-elle de son prix aux yeux de nos jeunes romantiques, s'ils apprennent que le pauvre Ulysse, il y a quelque trois mille ans, compara, le premier, le palmier de Délos, à la belle Nausicaa?

« bœufs et en brebis; tu ne peux produire ni la
« vigne, ni des plantes diverses, puisque ton sol
« est stérile; mais les hommes de tous les pays
« t'apporteront de nombreuses hécatombes; des
« nuages de fumée s'élèveront sans cesse de tes
« autels, et les dieux te protégeront [1] ».

Je fis d'abord le tour de l'île entière dans l'espace de deux heures et demie; puis j'en parcourus l'intérieur. Je retrouvai près de la Naumachie les inscriptions relevées par Spon et par Tournefort; les ruines qu'ils ont décrites me montraient tour à tour les temples d'Apollon et de Diane. Je remarquai sur le rivage les traces des fouilles récentes que je savais avoir été entreprises sans beaucoup de succès par une société d'archéophiles résidant à Athènes.

---

[1] Οὐδὲ εὔβων σε ἔσεσθαι δίομαι, οὐδ' εὐμήλων,
Οὐδὲ τρύγην οἴσεις, οὔτ' ἄρ φυτὰ μυρία φύσεις.
Ἄνθρωποί τοι πάντες ἀγινοῦσιν ἑκατόμβας
Ἐνθάδ' ἀγειρόμενοι, κνίσση δέ τοι ἄσπετος αἰεὶ
Δηρὸν ἄνακτ' εἰ βόσκοις, οἵ τε θεοί κέ σ' ἔχωσιν
Χειρὸς ἀπ' ἀλλοτρίης, ἐπεὶ οὔ τοι πῖαρ ὑπ' οὖδας.

HOMÈRE, Hym. à Apol. v, 54.

Dans la partie de Délos qui s'étend depuis le penchant du mont Cynthus jusqu'au bord de la mer, on ne marche que sur des pierres entassées, débris des anciennes constructions ; le marbre s'y mêle partout, et fait ressortir ses brisures éclatantes au milieu des roches grisâtres. C'est dans ces décombres que j'ai vu pour la première fois le lézard à tête de crapaud, si commun dans le midi de la Turquie : ce reptile n'est pas effrayant à Délos ; il y est fort petit.

Tout sur cette terre classique rappelle les pompes de l'antiquité, et excite avec le sentiment d'une admiration profonde pour les chefs-d'œuvre des temps passés une mélancolie que nourrissent encore aujourd'hui ce silence et cette solitude. Une telle décadence arrache aux esprits les plus positifs, aux écrivains les moins passionnés, des accents de pitié et de douleur. Voici ce que je venais de lire dans Pausanias, avant de toucher la rive muette de Délos :

« Ces villes autrefois si belles et si opulentes
« ne montrent plus que des débris à nos yeux;
« et je ne m'en étonnerai guères, moi qui con-
« nais si bien les vicissitudes de la fortune, divi-

« nité capricieuse entraînant toute chose, forte
« ou faible, vers le succès ou la ruine avec
« la même irrésistible nécessité. Mycènes, qui
« commandait à la Grèce dans les temps où
« fut Troie, et Ninive, royale cité des Assyriens,
« sont désertes et exterminées : Thèbes en Égypte,
« Orchomène en Béotie, qui passaient toutes les
« villes en richesse, n'égalent pas aujourd'hui la
« médiocre fortune d'un simple particulier. Dé-
« los, jadis centre commun de tous les Grecs,
« est maintenant tellement abandonnée, que si
« l'on excepte les soldats gardiens du temple que
« les Athéniens y envoient, on n'y compte plus
« un seul habitant. Babylone, la plus grande ca-
« pitale que le soleil ait jamais vue, n'est plus en
« ce moment qu'une muraille..... C'est ainsi
« qu'une divinité puissante (ὁ δαίμων) réduit tout
« au néant......; ainsi tombent et s'évanouis-
« sent les choses humaines [1] ».

---

[1] .... Ταῦτα μὲν ἐποίησεν ὁ δαίμων εἶναι τὸ μηδέν ..
... οὕτω μὲν τὰ ἀνθρώπινα πρόσκαιρά τε καὶ οὐδαμῶς ἐστὶν ἐχυρά.

PAUSANIAS, liv. VIII, ch. 33.

Des colonnes mutilées gisent partout sur la grève de Délos; d'autres encore debout chancèlent, et semblent n'attendre qu'une dernière secousse pour tomber. Les crabes de mer, les coquillages s'abritent sous les élégantes volutes des chapiteaux ioniques, et les vers marins rongent à l'envi ces marbres négligés; ainsi l'avait prédit Homère : « En l'absence des peuples, les « polypes de la mer creuseront leurs lits sur « mon sein, et les phoques noirs y feront leur « demeure [1]. »

La chaleur était accablante, et point d'ombre pour arrêter les rayons d'un soleil ardent. Je cherchais la source de l'Inopus; une eau bourbeuse, reste des pluies du printemps, eût suffi pour étancher la soif qui me dévorait; mais la terre crevassée et rude n'indiquait nulle part une fontaine. Quelques chèvres paissaient librement parmi des rocs brûlés. J'aperçus, en les suivant, sur les flancs de la montagne, une ouverture qui

---

[1] Πουλύποδες δ' ἐν ἐμοὶ θαλάμας φῶκαί τε μέλαιναι
Οἰκία ποιήσονται ἀκηδέα, χήτεϊ λαῶν :

Hom., Hym. à Apol. v. 78.

me semblait ménagée dans le rocher; et en avançant, je distinguai une cabane construite des restes de colonnes et de pilastres. J'espérais y trouver une citerne que quelques pirates auraient ainsi recouverte et signalée. A mon approche, un homme sortit de ces décombres et s'assit tout auprès. Un drap grossier, cousu à une peau de mouton, cachait ses reins et ses genoux; une seconde peau de mouton couvrait ses épaules; des peaux de chèvre enveloppaient ses pieds, et il portait sur la tête un bonnet fait du poil d'un agneau. Ce sauvage costume annonçait un berger; j'allai à lui, et je lui demandai de l'eau. Il se leva aussitôt, rentra dans sa cabane, et rapporta une grande cruche de terre, dont l'eau vieillie mais pure, me désaltéra tout à fait.

Je voulais gagner le sommet du Cynthus. Je priai le berger de m'indiquer le côté accessible de cette *pierreuse* colline [1], et je l'engageai à me

---

[1] . . . . Κύνθου παιπαλόεντος.

Hom., loc. cit. v. 141.

précéder dans mon ascension. Il y consentit; nous gravîmes lentement ces rocs glissants et calcinés. Avant de parvenir à la cime, je passai par-dessus un grand nombre de colonnes tombées d'un marbre jaspé; elles avaient appartenu au temple de Latone. Arrivé sur le pic le plus élevé du Cynthus, je promenai longtemps ma vue sur les îles qui entourent Délos; *Ténos*, *Miconos*, qui m'étaient déjà connues; *Syros*, fertile en froment et en troupeaux; *Amorgos*, que Tibère, dans son indulgence pour les sénateurs bannis de Rome, préférait aux rochers de Gyare [1]; la rocailleuse *Rhénée*, *Naxos*, dont les collines ont répété les cris des bacchantes; *Paros*, blanche comme la neige, et *Andros* aux belles vignes. Les Cyclades ne paraissent plus aujourd'hui que comme des fleurs desséchées, éparses sur la mer; et je rappelais en vain les titres que leur consacrent les poëtes.

Je désirai savoir quel nom le berger de Délos donnerait à ces illustres rochers. « Je ne con-

---

[1] Tacite, Annales, liv. IV, c. 30.

« nais, me dit-il, que Miconi, dont vous voyez
« au-dessous du soleil les pics élevés. Ces mon-
« tagnes étaient bien plus hautes autrefois ; mais
« dans une ancienne guerre, la plus belle fille
« de l'île fit vœu de mourir vierge, si le sommet
« du mont se précipitait dans la mer, et écra-
« sait ainsi la flotte ennemie. Le ciel l'exauça ;
« ceux qui échappèrent furent faits esclaves par
« les habitants de Miconi ; et depuis ce temps, il
« ne faut plus qu'une demi-heure pour arriver
« au haut de la montagne. »

Ce récit vint suspendre ma contemplation ; et je commençai avec le berger un long entretien. Il était né sur le Taygète ; il avait été attaché d'abord à un marchand de la ville de Coron ; puis il avait passé au service d'un riche Grec de Miconi, dont il gardait les chèvres sur ces roches désertes. « J'ai d'abord regretté, disait-il, les ombrages
« et les belles fontaines de la Morée ; mais à pré-
« sent, je me suis bâti avec ces marbres et ces
« colonnes un réduit qui me garantit du soleil ;
« et l'on m'apporte de l'eau chaque semaine de
« la grande Dili (c'est le nom moderne de Rhé-
« née). L'île où je suis n'en produit pas une

« goutte ; et je n'ai pu encore parvenir à en
« conserver dans les citernes antiques creu-
« sées au milieu de la plaine : mes chèvres,
« plus heureuses que moi, savent s'en passer.
« On m'apporte aussi régulièrement du pain ; et
« je prends dans les roches des bords quelques
« poissons et des coquillages. Depuis deux ans
« que j'habite ce désert, j'y ai vu débarquer
« quelquefois des étrangers : mais quand ils abor-
« dent, je me retire sur ma colline, à l'abri de
« mes pierres : je sais d'avance que leur visite ne
« sera pas longue. »

Je quittai mon observatoire et l'ermite du Cynthus, quand je vis revenir la chaloupe qui devait m'enlever à Délos. J'avais tué un lapin en débarquant dans l'île, et j'aurais peut-être négligé dans mon récit ce trait de ma vie qui s'est assez souvent répété depuis, s'il était si commun de chasser sur les débris du temple d'Apollon, et de poursuivre des lapins cachés sous des colonnes de marbre de Paros. N'avais-je pas dû, d'ailleurs, pour cette chasse, introduire mon fidèle Pluton dans l'île de Délos, et enfreindre ainsi les anciens *règlements de police* qui bannissaient les chiens de ce sol sacré? Est-il donné à tout le monde de se rendre coupable d'une telle prévarication?

Puisqu'il faut renoncer aux mensonges poétiques de la Grèce, puisque tous mes vœux ne sauraient ressusciter les brillantes théories, et les beaux jours de Délos, je demande quelque indulgence pour mes projets tout modernes sur cette île. Délos est entourée et comme cerclée par le plus grand nombre des îles de l'Archipel; sa position centrale, reconnue des anciens [1], pourrait être, à mon sens, d'un grand avantage pour l'extermination des pirates de la mer Égée, lesquels, plus ingénieux que leurs ennemis, ont souvent placé leurs sentinelles dans l'île Rhénée, sœur de Délos. J'y voudrais donc une station annuelle de quelques grosses barques montées par

---

[1] . . . . Σὲ μὲν περί τ' ἀμφί τε νῆσοι
Κύκλον ἐποιήσαντο, καὶ ὡς χορὸν ἀμφεβάλοντο.

CALLIMAQUE, Hym. à Dél., v. 300.

Les îles, ô Délos, forment un cercle tout autour de vous, et vous font cortége, comme dans une danse.

des soldats qui construiraient aisément un fort à Délos; on éteindrait peut-être ainsi pour toujours cette race de forbans que la présence temporelle du capitan pacha, et de son escadre, éloigne pendant certains mois de l'été, mais ne détruit jamais. Le mont Cynthus servirait à la fois de redoute et d'observatoire : à l'apparition d'une voile suspecte, ou à un signal donné par les îles voisines, une expédition serait aussitôt ordonnée, et la petite flotte mise en mer; peut-être même ne faudrait-il que l'existence de cette garde nautique, et un appareil constamment menaçant pour faire cesser la piraterie dans l'Archipel.

Je ne puis m'empêcher de souhaiter aussi que nos vaisseaux amenés par le hasard, les vents, ou leur surveillance auprès de Délos, essayent de remplacer une partie de leur lest par ces élégants chapiteaux, ces longues colonnes, enfin par quelques beaux fragments de ces marbres précieux. Il serait d'autant plus facile de les embarquer, que partout d'énormes débris couvrent cette rive isolée, et que déjà les flots semblent les disputer à la terre.

La mer, pendant le jour, était devenue fort houleuse. Nous avions mouillé sur la foi de notre pilote dans un parage que les cartes maritimes n'indiquaient pas; nous avions le cap sur l'îlot qui barre le canal entre Délos et Rhénée; des barques seules peuvent dépasser cet écueil, qu'on nomme la grande *Rématiari*, et qui rend assez difficile l'abord de l'île sacrée; de tout temps, au reste, nous dit sérieusement Callimaque, *Délos a été beaucoup plus accessible pour les plongeons que pour les chevaux* [1].

Nous quittâmes cette station à six heures du soir; trente lieues me séparaient de Milo, que je voulais atteindre au plus vite; ma course fut aussi rapide que celle de la nuit précédente, et j'arrivai dans la rade de Mélos, au lever du soleil, après dix heures de navigation.

---

[1] Αἰθυίης καὶ μᾶλλον ἐπίδρομος, ἤπερ ἵπποις.

CALLIM. Hym. à Dél. v. 12.

CHAPITRE HUITIÈME.

MILO.

STATUE DE VÉNUS ACQUISE ET APPORTÉE EN FRANCE.

MARITSA.

(1820.)

—

Αὐταὶ νῦν ἐρέουσιν Ἀθηναίη τε καὶ Ἥρη·
Οὐκ' ἔτι σοι μορφᾶς εἰς ἔριν ἐρχόμεθα.

Anthologie, Épigrammes d'Antipater.

Minerve et Junon elles-mêmes disent aujourd'hui : O Vénus, désormais nous ne disputerons plus avec vous le prix de la beauté.

J'arrive avec joie à cette partie de mon voyage qui a laissé dans ma mémoire, non pas les traces de quelque satisfaction personnelle et imaginaire, mais le souvenir d'une jouissance réelle, durable, que j'ai eu le bonheur de faire partager à mon pays. En effet, je suis sans illusions sur ces pages qui s'échappent de ma plume inhabile; je sais d'avance que ces réminiscences minutieuses n'ont d'attrait que pour moi; je sais encore que, si ma mission officielle me valut les suffrages du roi et des ministres qui l'avaient ordonnée, ces intérêts politiques, effacés par les ans, ont passé dans le courant du fleuve comme des flots pressés par tant d'autres flots ; mon voyage eût donc été stérile et sans aucun résultat apparent, si je n'avais eu la fortune d'en rapporter l'ornement du Louvre, la plus belle statue antique qui soit en France, *la Vénus de Milo*. A ce titre, je crois avoir quelques droits à la reconnaissance de mes compatriotes; ils me pardonneront si je m'appesantis sur les circonstances qui ont accompagné ma conquête; son origine expliquera mes sentiments et ma faiblesse paternelle pour mon idole.

Milo, jusqu'à nos jours, n'avait attiré que médiocrement l'attention des voyageurs; et cette île, assez peu renommée dans l'antiquité, n'a laissé que parmi les archéologues la mémoire de sa longue indépendance, de sa fidélité envers Lacédémone, dont elle était une colonie, et de ses malheurs au milieu des grandes querelles du Péloponèse [1].

De nos jours, Milo, située à l'entrée de l'Ar-

---

[1] Il existe un singulier document de ce que fut l'art diplomatique aux temps primitifs, dans un dialogue que nous a conservé Thucydide, entre les habitants de Mélos et les Athéniens. Ceux-ci, après avoir réglé le mode de leurs conférences, n'épargnent aucun argument pour détacher les Méliens de leurs vieilles alliances, pour combattre même leur neutralité et les soumettre à la domination d'Athènes. Les insulaires, de leur côté, se défendent par tout ce que la bonne foi et l'honneur dictent de nobles sentiments : mais l'issue de cette discussion, comme celle de tant d'autres litiges élevés depuis entre le plus fort et le plus faible, ne pouvait être, pour les citoyens de Mélos, que *la guerre en cas de résistance, et la servitude en cas de soumission* *.

* . . . . Καὶ τὴν τελευτὴν ἐξ αὐτοῦ, κατὰ τὸ εἰκὸς, περιγενομένοις μὲν τῷ δικαίῳ, καὶ δι' αὐτὸ μὴ ἐνδοῦσι, πόλεμον ἡμῖν φέρουσαν, πεισθεῖσι δὲ, δουλείαν.

THUCYDIDE, liv. v, § 86.

chipel, jouit du privilége, dû à sa position géographique, de fournir des pilotes à presque tous les vaisseaux européens navigant dans les mers de la Grèce. En 1814, la découverte d'un théâtre de marbre appela la curiosité des antiquaires; la belle statue de Vénus que j'en ai rapportée, en multipliant leurs visites, a contribué encore à la célébrité de Milo.

Tout porte à croire que la ville de Mélos n'était pas située sur le pic élevé où se voit aujourd'hui le village de *Castro*, que les Français appellent *Six-Fours*, en raison de sa ressemblance avec le petit bourg de ce nom, lequel domine la rade de Toulon. De vastes constructions renversées, des débris entassés, un sol caché presque partout sous les ruines, quelques traces de remparts, enfin le théâtre découvert en 1814, déterminent la position de l'ancienne Mélos, et la fixent irrévocablement sur une colline qui regarde l'entrée de la rade, au sud de Castro.

Dans un champ au-dessous de cette enceinte, à droite de la vallée qui conduit à la mer, non loin des anciennes grottes sépulcrales, un pauvre Grec, nommé *Yorgos*, occupé à bêcher vers la fin du mois de février 1820, heurta de son fer et découvrit peu à peu une sorte de niche oblongue, bâtie dans le roc qui dominait et bornait sa propriété. Il parvint à déblayer cette petite construction, ainsi qu'une cave étroite enfoncée de cinq ou six pieds au-dessous du niveau du sol actuel. Il y trouva pêle-mêle et confusément couchés, le buste de la statue qu'il transporta aussitôt dans son étable, trois Hermès, quelques socles et d'autres débris de marbre; deux semaines après, en continuant ses recherches, il découvrit la partie inférieure de cette même statue et quelques fragments de sculpture antique.

Parmi les bâtiments de guerre français retenus par le vent du nord et mouillés dans le port de Milo à l'époque de ces fouilles, se trouvait *la Chevrette*, sous les ordres de M. Gauthier, capitaine de vaisseau, chargé d'une reconnaissance hydrographique dans la mer Noire. M. Dumont d'Urville, alors enseigne de vaisseau embarqué sur cette gabarre, traça à la hâte une esquisse du buste récemment découvert, et nos officiers engagèrent l'agent consulaire de France *M. Brest* à se présenter pour l'acquérir. Celui-ci fit en effet quelques démarches préliminaires dans ce but; mais comme les Grecs ont emprunté des Turcs l'axiome pratique que toute affaire pour être bonne doit traîner en longueur, rien ne fut terminé. Bientôt le vent contraire cessa : les bâtiments français continuèrent leur route : quelques-uns vinrent à Constantinople; et j'appris ces détails lorsque j'étais sur le point de partir pour l'Archipel.

M. d'Urville qui passait sur *la Chevrette* et se rendait dans l'Euxin, voulut bien me communiquer une notice relative à la statue et le dessin qu'il en avait crayonné : il y joignit une copie de l'inscription trouvée en même temps. Malgré les lacunes des lettres, malgré mon inexpérience du style lapidaire, je crus dès lors que le sens ne pouvait en être appliqué à cette statue, que je nommais Vénus même avant de l'avoir vue. Pendant nos promenades aux bois et aux prairies du Bosphore, où j'eus le plaisir de servir de guide à M. d'Urville, et dont il a retracé le souvenir dans ses premières publications; quand, herborisant tout humblement avec moi sur les montagnes de la Thrace, ce savant naturaliste préludait ainsi aux travaux de sa circum-navigation, je multipliais mes questions sur les fouilles de Milo et ses résultats; tous les renseignements que M. d'Urville me répétait avec une extrême complaisance redoublaient ma curiosité. Je soumis ces informations à l'ambassadeur, et je sollicitai la permission de me rendre à Milo. M. de Rivière m'autorisa à pousser une bordée jusqu'à cette île, bien qu'elle fût en dehors des intérêts de ma mission, si ce détour ne devait pas entraîner trop de retards. Je prévoyais dès lors toutes les difficultés de ma négociation future, et, cherchant à les diminuer d'avance, je fis provision de lettres de recommandation pour les primats des îles.

Le 23 mai, à peine avions-nous jeté l'ancre à Milo, que l'agent français, le zélé *M. Brest*, se rendit à bord de *l'Estafette* et m'apprit le peu de succès de ses démarches. La Vénus était vendue et allait quitter l'île : j'eus même, en descendant à terre, la douleur de voir embarquer, sur un brick grec couvert du pavillon turc, tous ces marbres, objets de mes plus vifs désirs.

Je ne perdis pas néanmoins toute espérance : je crus remarquer quelque grief dans la conduite tenue envers notre agent dans cette occasion, et je fis prier le commandant *Robert*, qui était resté à bord de *l'Estafette*, d'empêcher le départ du bâtiment grec, s'il faisait mine d'appareiller; la précaution devint tout à fait inutile, car le vent qui soufflait violemment alors était directement contraire à la sortie de la rade.

Je franchis rapidement la montagne escarpée de Milo, et je me rendis au village de Castro, chez l'agent consulaire; là, je fis engager les primats de l'île à venir me parler. Je venais d'apprendre que la statue avait été accaparée par un moine grec, lequel, accusé d'irrégularités et de malversation auprès de ses chefs spirituels, était mandé à Constantinople pour rendre compte de sa conduite, et espérait acheter, par ce riche présent, la faveur du drogman de l'arsenal. Ce caloyer avait usé de quelque violence sur l'esprit du propriétaire *Yorgos* pour lui arracher la statue; il avait seulement promis d'en payer le prix à son retour. Il n'avait, au reste, apporté aucune précaution au transport des marbres sur la plage

CHAPITRE VIII.

et sur la mer. C'est aux accidents et aux secousses de ces trajets qu'il faut attribuer les éclats récents qu'on peut remarquer sur le buste de la statue, et surtout la dégradation des plis de la draperie si légère et si ondulée qui tombe sur ses genoux.

J'aurais sans doute désiré, pour préliminaire de ma négociation, voir et apprécier la *Vénus*. Mais ce premier examen m'était refusé, et je me vis contraint de prendre un parti, sans autres lumières que celles que j'apportais de Constantinople. Irrité des obstacles que je voyais se multiplier, poussé par je ne sais quel instinct, ou plutôt, le dirai-je, par ces ardents désirs d'un jeune cœur avide de lutter contre ce qui paraît impossible, je résolus de m'emparer de la statue à tout prix, dût-elle plus tard ne pas justifier les excès de mon zèle.

Dans le principe de l'affaire, et quand l'agent consulaire s'était présenté pour acquérir, les chefs (Πρόεςτοι) avaient déclaré par une sentence qu'ils ne lui permettraient pas d'acheter la Vénus; celui-ci, de son côté, avait adressé une note à tous les capitaines des vaisseaux européens pour leur demander de ne pas se charger de porter cette statue hors de l'île; il y avait là, déjà, animosité et arbitraire. Je représentai que donner de la sorte et sans juste motif l'exclusion à l'agent français, lequel, dès le commencement des fouilles, s'était, le premier, porté pour acquéreur, c'était prohiber toute vente; et j'ajoutai que tout marché qui aurait été conclu postérieurement à ces injustes procédés devenait nul à mes yeux comme à ceux de tout arbitre raisonnable. Je remis entre les mains des primats mes *firmans* de route, et une lettre du patriarche de Constantinople, dont je leur fis moi-même la lecture; ces recommandations étaient vagues et ne spécifiaient rien pour le cas auquel je voulais les appliquer. Aussi les chefs se livrèrent-ils entre eux à de longues discussions que je ne jugeai pas à propos d'écouter. Ils les terminèrent en m'annonçant que le caloyer, acquéreur prétendu de la statue, ne consentirait jamais à la céder, et qu'il avait reçu du drogman de l'arsenal l'ordre de la lui porter à Constantinople. Cette assertion était entièrement inexacte; mais j'essayai vainement de la réfuter: il était tard, la séance fut levée; je déclarai néanmoins aux primats, avant de les quitter, que je ne me payais pas de ces mauvaises raisons et qu'ils me reverraient le lendemain.

Je repris tristement le chemin du port, et dès mon retour à bord de l'*Estafette*, je pensai à me procurer la vue de la Vénus, qui était sur le bâtiment grec, mouillé au fond de la rade, à deux milles environ de la goëlette. M. Robert me prêta sa chaloupe, et quelques officiers m'accompagnèrent : pendant notre traversée, j'aperçus un homme à cheval galopant sur le rivage, et se dirigeant vers le point de la baie le plus rapproché du vaisseau grec; c'était le caloyer qui, devançant notre arrivée, défendit expressément au capitaine de nous laisser pénétrer sur son bord, et de nous montrer les marbres qu'il y avait transportés le matin; en effet, nous étions à peine à portée de fusil du bâtiment, que l'Albanais hissa son pavillon turc, fit mettre son équipage sous les armes, nous coucha en joue, et s'opposa constamment à notre abordage. Le capitaine comprit cependant que cet accueil fait à une chaloupe de la marine française pou-

16.

vait mener à des conséquences fâcheuses, il envoya un canot pour offrir ses excuses, et parlementer avec nous. J'appris ainsi l'opposition formée par le moine Grec, à ma visite; et je dus revenir à bord de l'*Estafette* sans le moindre résultat de mes doubles tentatives.

Je ne me laissai point abattre par ces premiers revers; je ne sais quel heureux pressentiment soutenait mon courage; Vénus m'était apparue en *songe*, telle que la représente Lucrèce, belle plus que les plus belles : *quand, tous les êtres animés, épris de ses charmes, la suivent avidement, partout où sa beauté les attire*[1]. J'y rêvais encore en gravissant, le lendemain, la montagne qui me séparait de Castro : arrivé de bonne heure au village, je repris sur-le-champ ma négociation.

L'affaire avait changé de face : les primats s'étaient assemblés dans la nuit; et, après de

---

[1]
. . . . . *ità, capta lepore*
Illecebrisque tuis, omnis natura animantûm,
Te sequitur cupidè, quò quamque inducere pergis.

Lucrèce, liv. 1, v. 15.

longues délibérations, ils vinrent me déclarer que la statue n'appartenait plus à un acquéreur isolé; que la communauté entière de l'île s'était mise elle-même à la place du caloyer, et qu'elle prétendait envoyer directement les marbres au drogman de l'arsenal. Je regardai cette résolution nouvelle des chefs comme une première concession. Je leur répondis d'abord que je me félicitais d'avoir à traiter avec une société équitable et honorant les Français, plutôt qu'avec un simple individu dont la conduite ne pouvait inspirer aucune confiance. Je leur rappelai ensuite l'inutilité d'un pareil présent, son peu de valeur à Constantinople; l'aversion des Turcs pour les représentations humaines, et surtout pour ces idoles mutilées : j'ajoutai qu'il serait à jamais impossible au drogman de l'arsenal de réparer les dommages causés à la statue, par le temps, les fouilles et le transport : et je terminai l'exposé de toutes ces considérations en engageant les chefs à remettre les marbres entre mes mains. Les expressions modérées dont j'accompagnais ma demande, ma patience à détruire leurs objections une à une, enfin, une seconde lecture de mes lettres de recommandation, où se trouvait le titre de secrétaire de l'ambassade française, parurent faire quelque impression sur les primats. Ils se retirèrent de nouveau, et consultèrent en secret; je leur déclarai alors que je ne pouvais accorder plus d'une heure à leurs délibérations, puisque je devais quitter Milo le soir même.

Cette heure n'était pas encore écoulée, lorsque je vis revenir les chefs suivis du propriétaire *Yorgos*. Ils m'exprimèrent unanimement leurs regrets d'avoir mis des retards et quelque apparence de mauvais vouloir, dans toute cette affaire : ils s'en excusèrent sur la crainte perpétuelle où ils sont du drogman de l'arsenal, et ils se montrèrent prêts à me livrer la statue. De mon côté, je me déclarai très-satisfait de leur détermination, et, désirant les mettre à l'abri de tout ressentiment, je laissai entre leurs mains une lettre pour le fonctionnaire qu'ils redoutaient; je témoignais à ce prince grec avec lequel j'étais fort lié, de tout le dévouement que les primats avaient manifesté pour sa personne, de leurs honnêtes procédés à mon égard, et je les recommandais à sa bienveillance. J'adressai également une lettre à l'ambassadeur, et je le priais de protéger les intérêts des habitants de Milo, si jamais ils venaient à être inquiétés pour ma transaction avec eux.

Je ne quittai pas les primats sans leur représenter tout ce qu'ils devaient de prévenances et d'égards aux Français amis de la Sublime Porte; et je leur fis remarquer que, venu dans leur île, avec un bâtiment de guerre, et de bons droits à soutenir, loin de proférer une menace, je n'avais fait usage que des armes de la raison. Je payai sur-le-champ à *Yorgos* le prix dont il était convenu avec le caloyer; et j'y ajoutai bénévolement une seconde somme, le tiers de la première.

Je fus mis le soir même en possession de la statue que je fis transporter aussitôt du bord du bâtiment grec sur celui de l'*Estafette*. Le capitaine albanais, devenu tout à fait poli, se chargea lui-même de l'accompagner. Tout était conclu, et je ne connaissais pas encore la Vénus que je venais d'acquérir. Je la vis enfin; sa vue me dédommagea de tous mes ennuis, et mon enthousiasme surpassa celui de mes compagnons de voyage. Je la nommais Vénus Anadyomène (*sortant de l'onde*), puisque je venais de l'arracher en quelque sorte à la mer; Vénus victrix (*victorieuse*), car, à mon jugement, elle l'emportait sur toutes ses rivales; je lui récitais des vers d'Homère, et j'admirais avec les yeux d'Anchise *ces formes et cette grandeur* [1]. Je ne pouvais me lasser de contempler cette beauté surhumaine, cette majesté douce, cette taille vraiment divine. La statue se composait de deux blocs unis entre eux par un tenon de fer qui n'a pas été retrouvé; la draperie repliée sur le flanc gauche cachait la ligne où s'unissaient les deux marbres; la chevelure tout entière était détachée de la tête, mais assez bien conservée et d'une grande élégance. Je fis successivement étaler sur le pont les trois Hermès et les fragments [2] antiques qui tous m'avaient été livrés.

---

[1] Ἀγχίσης δ' ὁρόων ἐφράζετο, θαύμαινέν τε
Εἶδός τε, μέγεθός τε. . . . .

HOMÈRE, Hymne à Vénus, v. 84.

[2] Sur un marbre de quatre pieds et demi de longueur, et de huit pouces de largeur, étaient les lettres suivantes qui

CHAPITRE VIII. 249

Ils furent cousus dans des sacs de toile : on mit sous mes yeux le plus grand soin à les déposer et à les amarrer dans l'entrepont de la goëlette, où ils n'ont jamais eu à supporter ni choc ni avaries, bien qu'ils y aient séjourné plus de quatre mois. Là, chaque fois que j'allais rendre hommage à ma Vénus, et qu'on entr'ouvrait en ma faveur les voiles grossiers qui la cachaient à tous les yeux, je sentais mon admiration s'accroître; je prenais quelquefois mon instinct pour un pressentiment de sa célébrité future, et je me félicitais d'avoir ajouté aux richesses et aux plaisirs de mes compatriotes : cette pensée me suivait dans mon voyage, pour en augmenter les jouissances, et en adoucir les fatigues.

J'appris bientôt que M. Fauvel, à la première

---

ont paru ne se rapporter en rien à la statue; cette inscription en partie effacée est restée à Milo.

ΔΑΚΧΕΟΣ ΑΤΙΟΥ ΥΠΟΓΥ....
...ΑΣ ΤΑΝΤΕ ΕΞΕΔΡΑ......
...... ΗΚΑΙΤΟ ....
.. ΕΡΜΑΙ ΗΡΑΚΛΕΙ........

inspection d'un dessin qui représentait le buste seul de la statue, l'avait admirée, et en avait conseillé l'acquisition, quand il ignorait encore le succès de mes démarches. J'eus depuis à m'en applaudir bien davantage, lorsque je fus informé qu'au premier bruit de la découverte un brick hollandais, parti de Smyrne, et une frégate anglaise, venant de Malte, avaient paru à Milo peu de jours après mon départ pour enlever la Vénus.

Je transportai successivement ma conquête à Rhodes, à Chypre, à Seïde, à Alexandrie; elle recueillit dans ce dernier port les éloges des consuls et de plusieurs voyageurs européens qui parcouraient l'Égypte en même temps que moi : je l'amenai également au Pirée. M. Fauvel se montrait impatient de la voir de près, et j'espérais placer mon enthousiasme sous la protection de ses suffrages. Ce Nestor des antiquaires était alors, pour me servir du style de son art, le seul débris encore debout de la célèbre ambassade à laquelle avait présidé M. le comte de Choiseul. Explorateur infatigable, le consul grec à demi avait conservé sous son grand âge un amour ardent pour l'antiquité, et tout l'atticisme de son goût. Il classa la Vénus de Milo parmi les statues du premier ordre. Il la mit fort au-dessus de la *Vénus d'Arles*, de la *Vénus du Capitole*, et il signala artistement les admirables proportions de cette statue, dont la taille colossale (plus de six pieds) était cependant si féminine et si élégante ; puis la comparant à la *Vénus de Médicis*, il déclara que ma Vénus lui semblait d'un style plus noble, et d'un ciseau plus inspiré. Ce jugement si flatteur et si juste à la fois m'a été répété depuis par les plus habiles sculpteurs.

Il me fallut toutes ces félicitations du savant Fauvel, et de plusieurs de mes compatriotes réunis à Athènes, pour m'aider à supporter sans trop de regrets les nouvelles qui m'atteignirent à Smyrne. *M. Brest* y arriva deux jours après moi ; il m'avait inutilement cherché dans l'Archipel ; il m'apprit que le drogman de l'arsenal avait fait arrêter et conduire à Syphante les primats de Milo ; que là, en présence des délégués des autres îles, il les avait fait mettre à genoux, leur avait infligé lui-même des coups de fouet, et les avait arbitrairement condamnés à une amende de sept mille piastres (5000 fr. environ); qu'oubliant nos relations intimes, il avait refusé de recevoir ma lettre, et dit, dans un accès de fureur, que, pour lui être véritablement agréable, il eût fallu jeter la statue au fond de la mer plutôt que de la céder à mes instances; enfin il avait joint à ces vives expressions de dépit quelques menaces, et des blasphèmes contre la France et ses agents.

En quittant l'*Estafette* à Smyrne, je me hâtai de faire transporter la statue à bord de la gabarre *la Lionne*, qui devait ramener M. de Rivière en France; puis revenu à Constantinople, je fis moi-même à cet ambassadeur un récit exact des vengeances du tyran de l'Archipel.

M. le marquis de Rivière en porta ses plaintes à la Sublime Porte : le ministère ottoman prit connaissance de l'affaire, et, mû par des sentiments de justice et d'amitié pour les Français, il recommanda au capitan-pacha la réparation des torts de son imprudent émissaire. Le grand amiral rendit à ce sujet l'arrêté le plus favorable à notre cause : il improuva hautement la conduite du drogman de l'arsenal; annonça qu'il l'at-

tendait pour lui en faire rendre compte; ordonna la restitution des sommes injustement exigées des primats de Milo, et voulut que dorénavant « dans ces achats de pierres ou de mé-
« dailles antiques (*termes de l'arrêté*) les Fran-
« çais, vieux alliés de la Sublime Porte, eussent
« toute préférence sur d'autres acquéreurs. »

Il me restait à avoir, pour fin de compte, une explication franche et directe avec le drogman de l'arsenal, le *Bey-Zadé*, Nicolaki Morusi, troisième fils de l'ancien prince régnant de Moldavie. C'était celui de nos voisins de Thérapia que je voyais le plus fréquemment; il était de mon âge. Combien de fois avais-je franchi les murs de notre grand parc limitrophe du sien, pour m'égarer avec lui sous ses bocages discrets! Souvent même nous échappant à la même heure par les petites portes qui donnent sur les campagnes incultes et les vastes bruyères, nous avions dans de longues promenades échangé tantôt les graves pensées, tantôt les frivoles discours de notre âge. Puis quand l'hiver nous séparait, ses lettres datées du désert de Thérapia venaient me chercher au milieu du tumulte de la grande ville. Je ne pouvais m'expliquer l'inconstance de son amitié, et je quittai Constantinople sans deviner cette énigme; car il ne revint lui-même de l'Archipel qu'après mon départ. Malheureux prince! J'appris bientôt, à Paris, sa mort et celle de son frère aîné. Le prince Costaki Morusi, grand interprète de la Sublime Porte, partit un jour, dans le commencement des troubles de 1821, pour le palais du grand-visir, et n'en revint plus. Le *Bey-Zadé* Nicolaki éprouva une si vive douleur du sort de son frère, qu'il en devint presque insensé; et négligeant toute précaution pour échapper à une semblable destinée, il périt, trois semaines après, de la même manière.

La gabarre *la Lionne* étant arrivée à Constantinople le 24 octobre 1820; cinq mois après leur acquisition, je remis à l'ambassadeur la statue et tous les marbres qui l'accompagnaient. M. de Rivière les amena avec lui en France, les fit parvenir à Paris vers le milieu du mois de février suivant, et les offrit au roi Louis XVIII le 1er mars 1821.

J'ai placé ici tout d'un trait, et anticipant sur l'ordre de mon voyage, l'histoire complète de la

Vénus de Milo, depuis sa renaissance jusqu'à son arrivée au Musée royal : il faut achever, et dire encore ce que je sais de sa restauration et de son entrée dans la grande salle du Louvre.

La Vénus nouvelle s'arrêta longtemps dans les mystérieux ateliers du Musée consacrés à la restauration des marbres. Quelques personnages privilégiés furent seuls admis à la voir d'avance; et déjà de grandes questions s'agitèrent : était-ce une statue isolée? faisait-elle partie d'un groupe? quelle fut son attitude originelle? Chacun voulut avoir son avis, et publier ses conjectures. Des volumes de dissertations laudatives virent le jour : on remarque parmi ces écrits les pages pleines de goût et de science de MM. Quatremère de Quincy, de Clarac et de Saint-Victor. Quelques dessins des poses qu'on cherchait à retrouver avaient été soumis au roi; on avait même tenté d'ajuster aux épaules de la statue deux bras et une main tenant une pomme que j'avais également rapportés ; mais il était facile de reconnaître que ces bras informes n'avaient pu appartenir à la Vénus que dans un premier et grossier essai de restauration attribué aux chrétiens du huitième siècle. Il fut démontré que la statue chargée de vêtements, de colliers d'or et de pendants d'oreille, avait représenté la Panagia (*sainte vierge*) dans la petite église grecque dont j'avais vu les ruines à Milo. Louis XVIII, appréciateur si éclairé de l'art antique, jugea toute restauration indigne de cette magnifique statue, et voulut qu'elle parût aux yeux du public dans l'état de mutilation où je l'avais trouvée.

Elle vint donc, telle qu'elle est encore aujourd'hui, régner sous les voûtes du Louvre; ses plâtres furent envoyés aux musées de nos provinces; les étrangers en achetèrent un grand nombre; et je n'ai point oublié cet Anglais, si riche amateur de l'art antique, lequel, pensant que la Vénus m'appartenait encore, me pria de la lui céder pour un prix qu'il fixa lui-même à deux cent mille francs. « En effet, disait-il, si le « zodiaque de Dendérah, inscription massive et « sans formes dont une copie eût suffi, a pu « s'acheter cinquante mille écus; que ne vaut « pas un chef-d'œuvre de la sculpture grecque? »

Bientôt la Vénus de Milo fut admirée de l'Europe entière; en 1822, je la trouvai à Londres

VÉNUS DE MILO.

chez sir Th. Lawrence qui connaissait son origine, et savait quel intérêt j'y portais : le grand peintre anglais prit plaisir à m'expliquer, en présence de cette effigie moulée, les merveilleuses beautés du modèle.

En 1827, je la revis à Rome à la villa Médici, entre les plâtres de l'Apollon du Belvédère, et de la Diane Chasseresse. « C'est là sa place, me
« disait le bon et spirituel Guérin : mais il y a
« chez elle plus encore de la beauté surnaturelle
« et inspirée. Voilà bien la plus belle femme du
« monde avec sa taille majestueuse, et ses grâces
« divines; croyez-moi, une telle découverte est
« un nouveau jour jeté sur l'art antique et mo-
« derne. Je passe des heures entières à me péné-
« trer de cet admirable type du beau, mais du
« beau tel que le rêvaient Praxitèle et Phidias.
« Je me surprends les yeux fixés sur elle en pro-
« fonde extase. Ah! que ne suis-je un *Winckel-*
« *mann!* »

Enfin, et j'appréciai beaucoup moins ce dernier hommage, le gouvernement bavarois, épris des charmes de Vénus, tenta, par je ne sais quel anachronisme, de l'arracher du Louvre, et la réclama, soutenant qu'elle avait été trouvée dans l'enceinte du théâtre acheté en 1814 par le baron Haller. Je me hâtai d'adresser au ministre des affaires étrangères toutes les preuves de nos droits incontestables à la propriété; et d'abord, le théâtre n'ayant jamais été achevé n'avait pu être orné de statues; en second lieu, ce théâtre, tourné à l'occident, vers les flots de la grande mer, et appartenant au roi de Bavière, n'avait rien de commun avec le champ et la demeure souterraine de la Vénus de Milo, seules possessions du pauvre *Yorgos*, situées dans une vallée intérieure de l'île. Voilà, pour la forme, ce qui fut discuté et commenté par la diplomatie entre les cours de Paris et de Munich, et des notes firent justice de l'affaire; quant au fond, la Vénus est entrée en France, elle n'en doit plus sortir; et ce qui était en 1815 une sévère interprétation des droits nés de la dernière victoire, eût été plus tard une sorte de spoliation rétroactive qu'aucun de nos princes n'eût permise, et qu'aucun Français n'eût tolérée.

Eh bien! faut-il le dire? je rêve parfois que celle qui fut ma pupille n'est pas encore tout à fait affranchie de ma tutelle, et qu'après l'avoir exhumée des excavations de Milo, je pourrai l'arracher peut-être à cette obscurité où elle vit sous les voûtes froides et sombres du Louvre; enfin, je me figure que j'use de mes derniers droits en réclamant pour elle un rayon de ce soleil qui vit son enfance et illumina sa beauté. Lorsque la victoire, une fois infidèle à son favori, enleva du Musée tout ce qu'elle y avait apporté, si la Vénus de Milo vint seule remplacer le Laocoon, le Torse, et l'Apollon du Belvédère, pourquoi ne la verrait-on pas briller dans une de ces élégantes coupoles créées au Vatican pour jeter un jour si favorable sur les antiques sculptures qu'elle égale et surpasse peut-être par sa majesté? Ne mériterait-elle pas aussi une espèce de portique triomphal?......... C'est, je l'avouerai, mon dernier vœu pour elle.

J'ai voulu qu'on le sût et qu'on ne l'oubliât jamais; cette conquête toute nationale n'est due ni au poids de l'or ni au triomphe éphémère de l'épée. La plus belle statue qui soit aux Musées de France est un don de cette auguste famille des Bourbons si calomniée et si généreuse; ce fut l'hommage d'un chevalier sans reproche et sans peur, qui avait voulu mourir pour ses rois. Qu'importe, si l'on vient à oublier un jour que cet hommage, c'est moi qui eus le bonheur de le remettre en ses mains avant qu'il l'eût déposé aux pieds du petit-fils de Louis XIV? Il me restera du moins le bonheur ignoré d'avoir conquis pour mon pays un tel chef-d'œuvre qui, bien évidemment, sans mon arrivée et mes succès à Milo, était à jamais perdu pour la France.

Je reviens à mon voyage.

Je ne pus consacrer que très-peu de moments aux antiquités de Mélos. Je pénétrai dans plusieurs des grottes sépulcrales dont les voûtes s'étendent au loin sous la montagne. On y est frappé d'abord désagréablement d'une poussière cadavéreuse qui se détache des ossements brisés sur le sol; mais l'odeur se dissipe à mesure qu'on avance; ces salles funéraires préparées pour des familles distinctes, sont encore blanchies, et ornées de sculpture; longues et étroites, elles ne communiquent point entre elles : les tombes sont placées dans des caveaux creusés plus bas que le sol, et disposés symétriquement à droite et à gauche de l'entrée. Les habitations des insulaires sont bien moins vastes maintenant et moins parées que les tombeaux de leurs ancêtres : et je ne résiste pas à placer ici une observation que je retrouve en écrivant. Les Turcs aussi bâtissent à grands frais leurs tombes du marbre le plus rare ou de la pierre la plus dure ; mais leurs maisons, séjour d'un être passager et incertain de sa vie, ils les dressent, comme des tentes nomades, d'un bois corruptible et léger.

Je passai ensuite, non sans les considérer longtemps, à côté des énormes murs qui ceignaient l'ancienne ville ; ces masses de pierre entassées sans art et sans régularité, sont cependant placées de manière à s'enchâsser les unes dans les autres ; et si l'aspect extérieur perd à cette agglomération désordonnée, au moins la solidité s'en accroît. J'ai retrouvé depuis à Rhodes, et dans l'île de Chypre ces bizarres constructions cyclopéennes : de tels quartiers de roc semblent, en effet, exiger plus que des hommes ordinaires pour les mouvoir et les unir.

Les eaux sulfureuses et les marais des sources chaudes sont dans la partie orientale ; un village moins peuplé que Castro, et quelques monastères épars sur les sommets arides des montagnes renferment toute la population de l'île qui est de trois mille âmes environ.

J'avais vu les grottes, le théâtre, l'antique Mélos. J'étais en possession de la statue de Vénus ; mes devoirs, ma curiosité étaient satisfaits ; un caprice, l'avouerai-je ? me retint encore quelques heures à Castro. Il me souvenait du beau visage d'une jeune fille de Milo, dont M. *Ender*, peintre Allemand, avait enrichi son portefeuille. Cet habile artiste avait obtenu d'un pilote embarqué avec lui, la permission de faire le portrait de sa fille, dont la beauté était déjà célèbre ; mais le vieux Grec, craignant les Turcs et le sérail, avait exigé que cette imitation ne fût montrée qu'à des Européens. Le peintre, par un trait de malignité, avait placé tout auprès de la jolie enfant, la figure du père dont il avait parfaitement saisi la hideuse ressemblance. Cet homme était renommé par sa laideur ; et la mère de la merveille de Milo, était presque aussi difforme que son mari.

La douce beauté que le crayon de *M. Ender* avait offerte à mes yeux n'avait pas quitté ma pensée, et je manifestai le désir de voir la fille du pilote. On voulut la faire appeler; je refusai cette offre qui me parut une profanation, et je gravis rapidement le village de Castro dont elle habitait la hauteur. Celle que je cherchais venait d'être prévenue à l'instant de ma visite; je la trouvai dans une toilette négligée à demi. Elle-même vint me recevoir avec ses nombreuses sœurs au seuil de sa porte. Je la reconnus sur-le-champ, tant était frappante la vérité du portrait : puis, pendant que sa mère m'accueillait et me conduisait vers un banc, seul siége de la maison, la jeune fille alla s'appuyer contre une des colonnes du lit qui était dans sa chambre, et, reposant sa jolie figure sur une main blanche, elle reprit, exprès sans doute, l'attitude que le peintre avait représentée; Maritza n'avait sur sa tête qu'une mousseline légère entrelacée dans ses cheveux et qui bordait son front; je n'ai jamais vu une aussi parfaite beauté, des yeux plus longs et plus noirs, un teint plus éclatant. Pendant que la jeune fille préparait pour moi des oranges et des confitures, sa mère me dit que, depuis le dessin du peintre, la famille avait vécu toujours en crainte des Turcs, et que, pour mettre fin à de telles inquiétudes, elle venait de fiancer Maritza avec un matelot de l'île de Cimoli. Elle ajouta que sa fille était bien d'âge à se marier, puisqu'elle avait dix-sept ans.

Maritza revint s'asseoir à côté de moi, et, après ses questions naïves et multipliées sur le vaisseau qui m'avait apporté, sur Constantinople qu'elle avait tant envie de voir, sur les pays que j'avais déjà parcourus, ce fut mon tour d'interroger. « — Comment passez-vous vos journées, « Maritza, car votre blancheur dit assez que « vous ne cultivez pas les champs? — Les soins « du ménage m'occupent d'abord, me répondit-« elle, depuis que je suis assez forte pour aider « ma mère; puis nous raccommodons les filets, « nous faisons sécher les poissons et les olives, « nous préparons les vêtements de nos frères, et « la quenouille ne nous quitte jamais dans nos « loisirs. — Et quand vient le jour du Seigneur « (Κυριακὴ), quels sont vos délassements? — Oh! « ce jour-là, nous sommes bien contentes; tantôt « nous nous réunissons quinze ou vingt jeunes « filles pour nous baigner aux sources chaudes, « au bas de la montagne, près de *Protothalassa*.

« Tantôt nous allons danser la *Romaikà* sous les
« arbres du monastère de Saint-Élie qui domine
« nos campagnes, nos côteaux couverts de blé,
« d'oliviers et de vignes, et d'où l'on voit si bien
« l'île de Cimoli. — Vos bateaux ne vous promè-
« nent-ils jamais dans la rade? — Bien souvent,
« reprit-elle; alors nous assistons aux pêches de
« nos marins dans nos petites chaloupes, ou de
« temps en temps nous traversons la mer dans la
« grande barque pour visiter nos amies et nos
« parents à Cimoli; car nos deux îles se touchent
« et communiquent journellement ensemble. »

Je m'aperçus que, comme Nausicaa, la belle Mélienne *éprouvait quelque pudeur à parler de son heureux mariage* [1]; mais que sa pensée y revenait fréquemment.

Je ne pus m'empêcher, même devant Maritza, de louer sa beauté en jeune homme; elle se hâta de m'interrompre, et prétendit que sa cousine était bien plus jolie; alors elle sortit précipitamment pour l'aller chercher. Elle revint quelques

---

[1] . . . Αἴδετο γὰρ θαλερὸν γάμον ἐξονομῆναι.

HOMÈRE, Odyssée, liv. VI, v. 66.

moments après, avec une grande fille dont M. Ender[1] avait fait aussi le portrait; celle-ci était très-
belle, sans doute; mais ses traits colorés, sa taille
robuste, étaient bien loin d'effacer l'élégance, la
grâce, la blancheur de Maritza et l'exquise perfection de son visage.

Alors Maritza m'offrit des oranges, des confitures et un verre d'eau fraîche. Je me soumis
volontiers à cette cérémonie hospitalière, dont
la cabane du pilote ne s'affranchit pas plus en
Grèce que le palais de l'hospodar; et quand, suivant l'usage, elle me dit, en me présentant la
conserve de rose, *que ce soit pour votre santé*,
je répondis à mon tour en lui souhaitant, non
point un mari, comme c'est l'usage encore, mais
un voyage prochain à Cimoli, ce qui était à peu
près l'équivalent. Elle rougit, sourit à la fois, et

---

[1] Depuis, j'ai retrouvé à Rome ce même peintre Allemand; et j'ai admiré dans l'ancien palais de Venise, chez
M. le comte Appony, un tableau où M. *Ender* avait représenté la jeune fille de Milo, avec son costume insulaire, et
dans tout l'éclat de son étonnante beauté; ce tableau, qui
représente aussi la cousine, est encore l'ornement d'un des
salons de l'ambassadeur d'Autriche, à Paris.

appela aussitôt ses sœurs, plus jeunes qu'elle, en me les nommant l'une après l'autre; je leur distribuai quelques parfums du sérail, ainsi qu'à la grande cousine; je donnai à Maritza un collier de grains de corail et de pâte de rose; puis je la quittai pour retourner à bord de mon vaisseau.

CHAPITRE NEUVIÈME.

SANTORIN. LA CILICIE.

LE FLEUVE LIMYRUS.

(1820.)

> *Lyciamque pererrat.*
> *Jam Cragon, et Limyren, Xanthique reliquerat undas.*
> Ovide, Métam., liv. ix, v. 644.

Il parcourut la Lycie; et déjà il avait quitté le Cragus, Limyra, et les flots du Xanthe.

Le 25 mai, nous appareillâmes au point du jour : une mer houleuse s'opposa longtemps à notre sortie de la rade; quelques manœuvres m'amenèrent en vue du champ qui venait de me céder Vénus; il ne me paraissait plus que triste et désert, et je me figurais que Pâris enlevant la plus belle des Grecques avait été moins heureux et moins fier que je ne l'étais de ma conquête si disputée. Nous passâmes plusieurs fois en louvoyant à portée de voix de la corvette l'*Espérance*. Le commandant de la division du Levant qui montait ce vaisseau venait relâcher à Milo pour essayer d'acquérir la statue que lui avait vantée M. Fauvel. Dès qu'il sut qu'elle était entre mes mains, il envoya un de ses officiers pour m'en féliciter; puis il vira de bord; et, négligeant Milo, il se dirigea vers les autres îles de l'Archipel.

Bientôt, une petite brise ayant soufflé de l'ouest, nous entrâmes avec toutes nos voiles dans le canal étroit formé par Mélos et l'Argentière; cette dernière île a été ainsi appelée par les Italiens, à cause des terres blanchâtres et argentées qui la signalent; ses *campagnes crayeuses* dont parle Ovide lui avaient valu autrefois le nom de Cimoli.

Tandis que le vaisseau avançait lentement, ravi de ce beau ciel où je ne voyais pas un seul nuage, de cette mer azurée où je ne pouvais découvrir l'écume d'une seule vague, j'étais allé m'asseoir sur les bastingues avec quelques livres et une lunette d'approche : je jouissais, dans cette espèce d'observatoire, de l'ombre des voiles, et de la fraîcheur de l'air qu'elles refoulaient. J'appelai auprès de moi le pilote grec que tout bâtiment prend à son bord comme un guide indispensable dans ces parages mal connus. Celui-ci était de Milo ; il me disait, à la vue des écueils que nous doublions, les exploits des pirates qui les rendent célèbres chez les modernes insulaires. *Polyaigos*, *Polycandros* et *Sikino*, dont nous avions côtoyé les rives escarpées et désertes, eurent chacune leur chronique ; mais à la vue de Nio, le pilote prit un ton lugubre, et me dit :

« Vous apercevez sans doute, seigneur, là-bas,
« à l'endroit où le rivage de Nio paraît s'avancer
« vers nous, un petit tertre couvert d'arbris-
« seaux. C'est le tombeau d'une vieille femme
« qui vivait il y a bien longtemps ; elle avait une
« petite maison, loin du village, où elle s'était
« retirée avec son fils ; les forbans pénétrèrent
« une nuit dans la cabane ; ils égorgèrent la mère,

« et ils crevèrent les yeux du fils. Après leur dé-
« part, cet homme, malgré sa cruelle blessure,
« eut le courage d'enterrer sa mère à l'endroit
« que vous voyez. Puis, quittant son île, il alla
« mendier dans tout l'Archipel. Comme les aveu-
« gles aiment la musique, il apprit à jouer du
« théorbe, et il composa des chansons qu'il ré-
« pétait dans toutes les villes de la Grèce. Ceux
« qui les ont entendues disent qu'elles sont plus
« belles que celles du pauvre *Riga*; et *Pétraki*
« *de Lesbos* n'est si fameux aujourd'hui que parce
« qu'il les sait et les chante presque toutes; cet
« aveugle devint vieux, et cependant il chantait
« encore. Enfin il mourut; on dit qu'il a voulu
« être enseveli là, près de sa mère, dont nous
« venons de dépasser le tombeau. »

Le pilote fut interrompu par le capitaine qui lui demanda quelques informations pour la route, et je restai quelque temps seul, pensant au chanteur aveugle; puis je me mis à feuilleter Strabon et Mélétius, que je consultais à la vue de chaque nouveau promontoire. Je ne puis dire quelle fut mon émotion en lisant que Nio est une des îles qui se disputent la tombe d'Homère, dont la mère, en effet, y avait été ensevelie. Le récit du pilote devint pour moi une vieille et poétique tradition. Je le fis appeler de nouveau : « Tiens, « lui dis-je, en lui montrant l'Odyssée, voilà « les chansons de ton aveugle. » Il lut aussitôt quelques passages, mais assez difficilement, et sans les comprendre tout à fait; puis, me rendant le livre : « Sauriez-vous, seigneur, me dit-« il, la chanson qui apprend à manœuvrer une « barque? » Je cherchai longtemps en moi-même ce qu'il voulait dire. Je me rappelai enfin le second livre de l'Odyssée, et je lus les vers suivants [1].

---

[1] . . . . ἦρχε δ' ἄρ' Ἀθήνη.
Νηῒ δ' ἐνὶ πρύμνῃ κατ' ἄρ' ἕζετο· ἄγχι δ' ἄρ' αὐτῆς
Ἕζετο Τηλέμαχος, τοὶ δὲ πρυμνήσι' ἔλυσαν.
Ἂν δὲ καὶ αὐτοὶ βάντες, ἐπὶ κληῗσι κάθιζον·
Τοῖσιν δ' ἴκμενον οὖρον ἵει γλαυκῶπις Ἀθήνη,
Ἀκραῆ ζέφυρον, κελάδοντ' ἐπὶ οἴνοπα πόντον.
Τηλέμαχος δ' ἑτάροισιν ἐποτρύνας ἐκέλευσεν
Ὅπλων ἅπτεσθαι· τοὶ δ' ὀτρύνοντος ἄκουσαν,
Ἱστὸν δ' εἰλάτινον κοίλης ἔντοσθε μεσόδμης
Στῆσαν ἀείραντες· κατὰ δὲ προτόνοισιν ἔδησαν,
Ἕλκον δ' ἱστία λευκὰ ἐϋστρέπτοισι βοεῦσιν.
Ἔπρησεν δ' ἄνεμος μέσον ἱστίον· ἀμφὶ δὲ κῦμα

« Mentor et Télémaque s'assirent l'un près de
« l'autre à la poupe; les matelots détachèrent
« les câbles du rivage; puis, remontant dans la
« barque, ils se rangèrent sur les bancs. Minerve
« aux yeux bleus leur envoya un vent favorable;
« c'était le Zéphyre venu de la montagne, dont le
« souffle retentissant obscurcit les flots. Aussitôt
« Télémaque ordonna à ses compagnons d'ins-
« taller les agrès nautiques; ils obéirent à sa voix;
« le mât de sapin fut élevé, posé dans le trou
« creusé pour lui, et assujetti par des cordages;
« les voiles blanches furent tendues par des liens
« de cuir tressé; le vent enfla le milieu de la
« voile; l'onde azurée bruissait sous la proue
« qui courait sur la mer, et franchissait l'espace.
« Alors replaçant sur les côtés de la barque noire
« et rapide les rames qu'ils amarraient, les ma-

Στείρη πορφύρεον μεγάλ' ἴαχε νηὸς ἰούσης·
Ἡ δ' ἔθεεν κατὰ κῦμα διαπρήσσουσα κέλευθον.
Δησάμενοι δ' ἄρα ὅπλα θοὴν ἀνὰ νῆα μέλαιναν,
Στήσαντο κρητῆρας ἐπιστεφέας οἴνοιο.
Λεῖβον δ' ἀθανάτοισι θεοῖς αἰειγενέτῃσιν.

HOMÈRE, Odyss. liv. II, v. 416.

« telots mirent près d'eux des coupes pleines de
« vin jusqu'au bord, et ils en firent des libations
« aux dieux immortels. »

Ces vers techniques que j'avais négligés souvent dans ma lecture, comme un minutieux et long récit de détails insignifiants, me frappèrent alors par leur vérité. J'y reconnus l'exacte description de toutes les manœuvres et cérémonies nautiques pratiquées encore aujourd'hui dans l'Archipel; la discipline européenne et les siècles n'y ont rien changé; si ce n'est que, pour le bonheur du monde, la *Panagia* a succédé aux dieux immortels, et que les libations ont fait place aux prières. Je ne fus pas surpris du plaisir que causait au pilote cette *chanson* qui contenait les instructions du métier de matelot; il m'assura que dans sa jeunesse, on lui avait fait apprendre ces vers traduits et commentés en grec moderne.

Le 26, le calme qui retenait l'*Estafette* près de l'île de Thérasia, me permit de me rendre à Santorin. Avant d'aborder au port, je traversai la rade dans son long enfoncement. Elle ne présente ainsi que des bords arides et escarpés :

les bâtiments qui naviguent dans les canaux intérieurs de Santorin ne peuvent y jeter l'ancre même aux parages les plus rapprochés du port; car, à quelques pieds du roc où l'on débarque, commence une mer sans fond. Les pêcheurs de l'île ont creusé sous la montagne des caves qu'ils habitent, et de longues voûtes qui leur servent d'arsenaux pour leurs barques et leurs filets.

En mettant pied à terre, un grand découragement me saisit; je me sentais comme écrasé par la hauteur perpendiculaire de la montagne qu'il me fallait gravir. Le jour était d'une chaleur accablante; je me mis en route à petits pas, et je marchai longtemps par un chemin tortueux et rude. Parvenu au sommet du mont, j'ai pu facilement lancer un caillou jusqu'à l'endroit d'où j'étais parti une demi-heure auparavant pour l'escalader. Le Santorinois qui me conduisait, accoutumé à cette ascension, riait de mon impatience et de mes fatigues. Cette échelle (et jamais ce terme consacré en Orient n'a trouvé une plus juste application) est tout à fait semblable à l'abord de *Sorrento* dans le golfe de Naples; je crois cependant que les rampes du chemin qui mène à la patrie du Tasse sont moins larges, et moins hautes que celles de Santorin.

Je m'arrêtai tout haletant au haut de l'énorme rocher; et mes regards dominèrent la plaine qui s'étend dans le sud-est de l'île. D'un côté, j'avais au-dessous de moi cette riche campagne dont l'uniforme verdure contrastait avec les rochers noirs qui l'entourent; de l'autre, je planais sur tous ces écueils volcaniques qu'on nomme l'Archipel de Santorin. J'apercevais la petite *Cammeni* (*île brûlée*) qui sortit de la mer en 1707. Autour d'elle une longue traînée de soufre teignait les flots d'un jaune pâle, et se perdait insensiblement dans l'azur de ces eaux si profondes. Les rocs ferrugineux que le volcan a poussés hors de la mer, sont nus, arides, et paraissent de nature à ne porter de longtemps aucune végétation. Ils offrent dans leurs contours, des abris aux bâtiments qui viennent s'attacher par des câbles à leurs pics aigus, et qui peuvent y trouver le bienfait d'un arsenal naturel; car le soufre du volcan, et le bitume des eaux mis en action par les feux sous-marins, détruisent d'eux-mêmes et en peu de temps, la rouille et la mousse qui s'attachent au cuivre des carènes.

Je fus étonné, en arrivant dans la ville, d'y voir un aussi grand nombre de belles et vastes maisons. Elles sont construites en pierre et revêtues d'une couche de chaux très-blanche qui en rend l'aspect fatigant pour la vue. La réverbération du soleil ajoute à cet éclat incommode dont les indigènes souffrent peu. Sous les voûtes de leurs salles aux grandes fenêtres on jouit d'une fraîcheur délicieuse, entretenue par les vents qui règnent toujours sur ces hauts points de l'île.

Ma visite aux religieuses dominicaines vaut bien que je la place dans ce récit où je consigne tous mes plaisirs : leur couvent est sous la tutelle de la couronne de France. Je m'y présentai, et, à peine étais-je assis au parloir, que l'abbesse y accourut. En apprenant que j'étais Français et que j'appartenais à l'ambassade du roi à Constantinople, ses yeux s'animèrent : je n'oublierai jamais l'expression de vivacité et de tendre reconnaissance qu'elle sut donner à sa douce physionomie. Elle était brune, jolie, et elle avait vingt-quatre ans. — Née à Naxos, elle parlait la langue grecque avec une grande volubilité et avec l'accent particulier à cette île.

« Vous êtes Français, me disait-elle, et nous « aussi, nous sommes Françaises, puisque la « France nous protége : oh! les Français sont la « couronne des nations : c'est à eux que nous de- « vons d'être si tranquilles dans nos monastères; « ils ne nous oublient pas, nous si éloignées de « leur pays : aussi nous prions, comme eux, pour « le roi de France et sa famille; et, comme eux, « nous pleurons le bon prince qui vient de périr « (*le duc de Berry*) : on dit qu'il aimait tant les « pauvres! Nous sommes bien pauvres aussi; « nous vivons des aumônes que nos frères les ca- « tholiques des autres îles et de celle-ci nous en- « voient; mais leur charité suffit toujours à nos « besoins, et nous sommes heureuses, oui, très- « heureuses. »

Pendant ma conversation avec l'abbesse, les religieuses se réunirent à la grille du parloir ainsi que les novices. Toutes étaient fort jeunes; la communauté entière s'élevait au nombre de dix-sept. Elles s'approchèrent d'abord timide- ment, curieuses et muettes; puis, quand elles remarquèrent que je comprenais le grec de Santorin, dialecte moins éloigné de la langue originelle que beaucoup d'autres patois des îles, la conversation devint générale et bruyante.

> Toutes les sœurs parlent toutes ensemble :
> En entendant cet essaim bourdonner,
> On eût à peine entendu Dieu tonner [1].

On m'accablait de questions, on me demandait de rapporter des chapelets de Jérusalem, on me promettait des prières. Enfin je recueillis les bénédictions de ces filles simples et pieuses; je les assurai de tout l'intérêt que leur portait le roi de France, comme de la protection spéciale de son ambassadeur. Elles me reconduisirent des yeux, et ne cessèrent de m'adresser leurs vœux pour mon heureux voyage, que lorsque je dépassai la porte du couvent.

Je dînai chez l'agent consulaire de France. Une bouteille d'un vin récolté en 1755 année de la naissance de la dernière île, et contemporaine du tremblement de terre de Lisbonne, fut vidée à la

---

[1] Gresset, Vert-Vert, ch. IV.

santé du roi : ce vin me parut exquis. Le produit des vignes de Santorin en est, avec les figues, le principal revenu ; j'y fis quelque provision de ce nectar très-renommé en Orient, mais qui parvient rarement en Europe.

Nous étions encore à table dans une grande galerie ouverte, d'où la vue s'étendait sur les mers et sur les îles au delà de Santorin, quand un coup de canon tiré de *l'Estafette* et retentissant au loin dans les rochers volcaniques de la rade, m'apprit que le vent était devenu favorable ; je repris le chemin du port au moment où le soleil baissait vers l'horizon et jetait sur les montagnes cette douce teinte d'un rose violet que je n'ai admirée qu'en Orient et quelquefois à Naples.

La brise du soir soufflait ; nous lui ouvrîmes toutes nos voiles, et, à la faveur de la lune qui se levait dans un horizon sans nuages, le vaisseau glissait sans secousse sur des ondes à peine agitées. Je jouissais profondément des délices de cette belle navigation. Tantôt, suspendu aux haubans, je regardais au loin les ombres des îles que nous dépassions et les feux épars sur les flancs des collines; tantôt, penché sur la dune, je voyais courir le vaisseau, je m'amusais de son mouvement et des lueurs du phosphore : quelquefois, étendu sur le pont, les yeux dirigés vers le ciel, je contemplais les étoiles qui brillaient au milieu des mâts et des cordages.

Nous côtoyâmes successivement les dernières îles de l'Archipel, *Astypalée*, *Épiscopia*, *Nisyre*, et tous ces écueils sans nom qu'Homère appelle les *Calydnes*. Ces îlots ont tous un aspect différent. Ici, c'est un rocher aigu qui s'élève du sein des flots; plus loin, une plaine verte et inculte; souvent un mont entrecoupé de ravins : les yeux passent rapidement de l'un à l'autre et viennent enfin s'arrêter sur Rhodes qu'ils ne quittent plus.

Nous arrivâmes assez près des remparts de la ville : la goëlette mouilla à l'ombre de l'antique et élégante tour qui domine l'entrée, et la chaloupe qui me conduisit au rivage me fit traverser le port qu'ombrageait jadis le colosse. Rien ne reste de cette fabuleuse merveille; un pélican solitaire nageait orgueilleusement dans la rade, et marquait son passage par les plumes blanches qu'il laissait à la surface des ondes. Les Turcs ont fait du second port un chantier de construction, et un arsenal où s'entassent les sapins de la Caramanie. J'aperçus de loin les mâts d'une frégate qu'on achevait de dresser. J'ai vu depuis cette frégate dans le port de Constantinople : elle avait été construite par les Grecs; elle fut armée contre eux, et ce fut un des vaisseaux qu'ils incendièrent, en 1821, dans la rade de *Tchesmé.*

Je ne devais passer que peu d'heures à Rhodes; j'achevai quelques lettres pour Smyrne, Constantinople, et ce tant doux pays de France que Rhodes, surtout, rappelait à ma pensée. Mes affaires finies, je me hâtai de chercher les traces des nobles guerriers de mon pays. La porte occidentale de la ville, qui donne sur la campagne, dont elle est séparée par de vastes fossés, me fit voir d'abord des lettres et des chiffres européens, que le temps et les Turcs ont respectés. J'y lus ceci : *d'Amboise* 1502. Puis viennent quelques ruines, des voûtes croulantes, des murs abattus qui furent le palais des grands maîtres. J'entrai dans la longue rue des Chevaliers par l'arcade où elle commence, et je suivis cette rue presque déserte, m'arrêtant à chaque maison et aux écussons sculptés sur les murs. J'en reconnaissais plusieurs; je nommais, en passant, les familles de ces vieux défenseurs de la foi. Je vis même, sur une large pierre noire, au-dessus d'une porte antique, les armoiries de ma mère; je tressaillis en retrouvant à Rhodes ces signes si familiers à mon enfance, et je pressai sur mon cœur ma croix de Malte. Oui, je l'avouerai, dans cette île si loin de France, ces titres d'honneur que j'avais appris à respecter, ces murs que des Français défendirent et arrosèrent de leur sang, enfin leur souvenir qui s'élève à chaque ruine, firent sur mon âme jeune encore et naïve une profonde impression. Après cette rue des Chevaliers, si pleine de vieux monuments, je traversai l'ancien port et je regagnai le vaisseau; je devais bientôt revenir à Rhodes.

Le vent fraîchit. Nous levâmes l'ancre, et nous fûmes rapidement portés vers les côtes de la Cilicie. Je reprenais chaque soir, pendant quelques heures, ma station favorite sous la grande voile. Les officiers s'y réunissaient en même temps, et mes conversations avec le capitaine avaient toujours un grand intérêt pour ma curiosité. Il

me racontait ses combats, ses voyages aux Indes et dans le nouveau monde; il me peignait ces vastes solitudes de l'Amérique qu'il avait visitées, ces lacs grands comme les mers que nous parcourions ensemble. J'aimais le contraste de cette nature colossale et primitive avec les belles régions de la Grèce. D'autres fois il cherchait à comprendre et à étudier avec moi les mœurs des peuples qui nous entouraient. Ce jour entre autres, frappé de ce qu'il avait vu dans l'île de Rhodes : « J'avais cru jusqu'ici, me disait-il, les
« Turcs intolérants et destructeurs, et cependant
« partout à Rhodes, dans la campagne comme
« dans les rues, j'ai vu des autels de Bacchus et
« d'Apollon bien conservés, des colonnes intac-
« tes; les écussons et les trophées de leurs en-
« nemis chrétiens sont au milieu d'eux, debout
« et respectés. Pourquoi donc calomnie-t-on ce
« peuple? »

C'est qu'il n'est pas connu, lui répondis-je; c'est qu'il faut avoir vécu avec cette nation, et étudié à dessein ses habitudes, en avoir même ressenti les effets et l'influence pour la deviner. C'est qu'il faut chercher longtemps le sens de sa religion et de sa politique; enfin méditer ce Coran qui cache sous une sublime poésie d'admirables préceptes, des subtilités, et mille contradictions. Lisez ce code qui, tantôt prescrit une guerre sans relâche aux chrétiens, tantôt conseille la trêve, si le musulman se sent plus faible que son ennemi; cette loi qui défend et permet tout, qui à la fois justifie et condamne, qui ordonne une ferme confiance en la désunion des princes de l'Europe, et qui, dans la guerre contre eux, offre aux soldats fanatisés une immortelle récompense, quel que soit le sort des combats; *le martyre ou la victoire; le trône là haut, ou ici bas la félicité* [1]. C'est encore du Coran que découlent ces maximes de conservation et de tolérance qui vous étonnent ici. Mais, au lieu de chercher le sens de ces formes religieuses et civiles, chaque voyageur apporte en Orient ses petites passions et ses opinions toutes faites. L'Anglais se révolte à l'aspect d'un despotisme apparent et de l'aristocratie des favoris; l'Autrichien y regrette que cette aristocratie ne soit pas héréditaire, et que le souverain rencontre de sérieux

---

[1] *Ya schehid, ya gazy; ya takht, ya bakht.*

obstacles à son autorité; le Français, qui se croit constitutionnel, méconnaît toute forme de gouvernement que deux chambres ne couronnent pas; le républicain crie contre l'esclavage, contre ce grand corps des *ulémas*, pouvoir mystique et tout-puissant : et tous passent, sans les approfondir, à côté de ces institutions qu'ils n'honorent même pas du nom de *système*.

« Sans doute, reprit le capitaine, les bases et
« les règles de l'administration ottomane ne sont
« pas toutes à mépriser; son habileté à mainte-
« nir l'ordre parmi des sujets fanatiques et igno-
« rants m'étonne sans cesse; mais ce que je
« comprends le moins, c'est ce sultan si despote
« en apparence, si peu indépendant en réalité. »
— Ne vous y trompez pas, répliquai-je, l'existence du sultan si dominatrice, si souveraine de loin, n'est de près qu'une lutte intestine et constante avec les grands corps des janissaires et des ulémas. Les premiers surtout sont pour le Grand Seigneur des adversaires toujours redoutables; mais en résistant à son autorité, en proscrivant ses ministres, ces soldats factieux adorent leurs maîtres : les esprits les plus rebelles à son pou-

voir n'ont jamais désiré d'autre chef que le descendant direct d'Osman; et il n'y a peut-être pas en Europe de nation qui professe une affection aussi unanime pour son souverain. Livrez à ce janissaire incendiaire et conspirateur son maître désarmé, loin d'attenter à ses jours, il déposera la torche à ses pieds et courbera le front jusqu'à terre. Pour contenir et maîtriser ce peuple qui ne ressemble à aucun autre, son chef a besoin d'une fermeté et d'une condescendance combinées, lesquelles forment un système politique aussi nouveau qu'intéressant à étudier.

Je ne pus m'empêcher de faire lire au capitaine un singulier passage de lord Byron, qui s'appliquait tout entier à notre entretien; c'est dans une note de *Childe Harold* que le voyageur poëte exhale ainsi son humeur et sa verve satiriques :

« Les Ottomans avec tous leurs défauts ne
« sont point un peuple méprisable; égaux au
« moins aux Espagnols, ils sont supérieurs aux
« Portugais. S'il est difficile de dire ce qu'ils
« sont, il est aisé de dire ce qu'ils ne sont pas:
« ils ne sont pas trompeurs, lâches, assassins; ils

« ne brûlent pas les hérétiques; ils sont fidèles
« à leur sultan jusqu'à ce qu'il devienne inca-
« pable de régner, et à leur dieu toujours sans
« inquisition. S'ils étaient un beau matin arra-
« chés de Sainte-Sophie, et remplacés par les
« Français ou par les Russes; il est douteux que
« l'Europe gagnât au change, au moins est-il
« certain que l'Angleterre y perdrait. Quant à
« cette ignorance dont ils sont si généralement
« et quelquefois si justement accusés, par quelle
« nation, si l'on en excepte la France et l'Angle-
« terre, sont-ils surpassés en connaissances et en
« industrie? Un sabre turc ne vaut-il pas mieux
« que ceux de Tolède? Un Turc est-il moins bien
« vêtu, logé, nourri et élevé qu'un Espagnol?
« Leurs pachas ont-ils moins d'éducation qu'un
« grand d'Espagne, et un effendi qu'un cheva-
« lier de Saint-Jacques? »

La nuit était survenue pendant cette conversation. J'avais aperçu au loin les campagnes
qu'arrose le Xanthe de Lycie, et la nouvelle ville
de Patera qui s'élève sur les ruines de Patare
chérie d'Apollon. Le vaisseau côtoyait lentement
les premières plages de la Caramanie.

Ainsi s'écoulaient mes journées et mes nuits sous ce beau ciel d'Asie, sur ces mers si tranquilles. Ces entretiens intimes, ce vaisseau compatriote, les monuments des peuples passés, les institutions des peuples nouveaux, leurs montagnes désertes, de grandes, tristes et poétiques images; tout m'offrait des jouissances profondes et d'ineffaçables souvenirs.

J'entrevoyais sur les montagnes de la Cilicie quelques nuages d'une fumée rougeâtre; c'en était assez pour me rappeler les exploits de Bellérophon, chassé d'Argos, accueilli dans la Lycie, et vainqueur du monstre l'effroi des rivages que je côtoyais; ainsi je remontais à grands pas les âges homériques, sans penser que les flammes de l'*ardente et terrible Chimère* [1] n'étaient autre chose que des branches de sapin allumées par les bergers du Cragus.

Nous vînmes jeter l'ancre dans la baie de *Fé-*

---

[1] Δεινὸν ἀποπνείουσα πυρὸς μένος αἰθομένοιο.

Hom., Il., ch. vi, v. 182.

nica, rade immense dont je n'ai trouvé la description chez aucun voyageur. J'avais à droite les montagnes qui séparent la Lycie de la Pamphylie, et je voyais commencer la longue chaîne du Taurus. Ses plus hauts sommets couverts de neige bornaient l'horizon à l'ouest; sur ses flancs inégaux, la végétation cessant partout à la même ligne, traçait comme un sillon entre la verdure et d'immenses rochers. J'avais à ma gauche les ruines d'une fortification turque, et un minaret à demi tombé qu'ombrageait un palmier chargé de dattes.

J'ai trois jours de suite parcouru cette campagne traversée par le Limyrus; et j'ai visité les bords du petit lac, fils des neiges, où le fleuve prend naissance. J'y ai rencontré quelques familles turques entassées dans des cabanes de paille : ces tribus errantes n'arrivent dans ces plaines qu'au printemps, pour y faire paître de grands troupeaux de chameaux, de chèvres et de cavales. Elles s'occupent encore à abattre les vieux sapins des montagnes, et les chênes qu'on fait rouler ou flotter jusqu'au rivage de la mer. Là ces bois sont rangés sur la plage, et les habitants des îles voisines, ou les vaisseaux en relâche sur les côtes de la Cilicie, viennent au prix d'un faible tribut, ou bien souvent *gratis*, y chercher leurs provisions.

La chaleur dans ces campagnes est intolérable jusqu'à midi : à cette heure j'ai vu, chaque jour, un orage noir parti de l'occident, s'avancer, couvrir la plaine de son ombre, gronder au loin dans les hautes vallées du Taurus, et s'éloigner sans mouiller d'une seule goutte de pluie les sillons altérés. Mais le passage de ces menaçantes nuées avait suffi pour rafraîchir l'air, et pour donner aux soirées la plus pure sérénité. Un pasteur de chameaux auprès duquel je m'étais réfugié pendant ces bruits de la foudre, m'apprit que durant trois mois le tonnerre ne cessait de se faire entendre dans ces parages où il ne pleuvait presque jamais. Accablé du poids de ce soleil du matin, je me plongeais dans le Limyrus, dont l'eau, s'échappant du lac neigeux, était presque glacée. Mes compagnons de voyage m'expliquaient inutilement l'insalubrité de ces bains. C'est en vain qu'ils me citaient la fièvre presque mortelle d'Alexandre le Grand, et le dangereux Cydnus si voisin de notre fleuve, et enfant des mêmes monts. Je continuais à jouir délicieusement de ces ondes rafraîchissantes.

Des ruines confuses et des constructions grossières, qui avaient échappé à nos premières investigations, furent découvertes plus tard derrière la petite forteresse délaissée par les Turcs. On rencontre aussi adossés à la montagne ces grands tombeaux de pierre si communs dans la Cilicie; quelques inscriptions trop effacées ne pouvaient indiquer l'âge de ces monuments sans bas-reliefs, et il faut une foi bien vive pour y reconnaître les traces de la ville de Limyra dont Strabon ne parle pas, mais que Pausanias a nommée. Au milieu de ces décombres, aux pieds des premières collines de l'Anti-Cragus, on voyait près du rivage un grand palmier dont la cime était chargée de dattes à peine mûres : ces fruits nous tentèrent; on essaya de les abattre en lançant des cailloux et des bâtons qui retombaient presque toujours sans effet. Alors quelques matelots accoutumés à courir sur les mâts, se déterminèrent à l'escalade; mais les aspérités de la tige, et les entailles que les feuilles de chaque année laissent après elles, déchirant leurs pieds et leurs mains, ils se rebutèrent; et nous allions abandonner l'entreprise, quand un de nos vieux marins s'approcha armé du cerceau d'une grosse futaille : il l'ouvrit, en entoura le bas de l'arbre, et le referma solidement sur lui-même; à l'aide de cet appui qui soutenait ses reins, et muni de gros souliers qui protégeaient ses pieds, il s'éleva le long du dattier, lentement d'abord, et n'usant de ses mains que pour transporter son cerceau d'étage en étage. Bientôt la vitesse de ses mouvements et de son ascension redoubla; et gagnant le faîte, il nous jeta des fruits en abondance : puis, chargeant ses épaules de régimes de dattes, il redescendit avec la même agilité, aux applaudissements de l'équipage. Il nous apprit ensuite qu'il avait longtemps pratiqué cette méthode fort usitée dans l'Inde et en Afrique. Je retrouvais là le procédé antique rapporté par Lucien, lequel substitue une corde au cerceau, en racontant l'adresse de ces hommes qu'il appelle *grimpeurs de palmiers* (φοινικοβατέοντας). Pline le naturaliste en décrit mieux encore l'ingénieux stratagème, et tient,

CHAPITRE IX.

quant à lui, pour le cerceau au lieu de la corde [1]. . . . . . Ne serais-je pas ici ce fanatique amant de l'antiquité dont parle Montesquieu, *démontrant par de doctes conjectures tirées des plus graves auteurs, que Cambyse fut blessé à la jambe gauche et non pas à la droite* [2] ?

Si de douces et solitaires jouissances touchent quelquefois le cœur autant que de grands souvenirs, comment oublierais-je ma navigation isolée sur le fleuve de Limyra? Le soleil venait de se lever : quelques nuages lointains dérobaient à mes yeux la cime du Taurus; le Cragus, plus rapproché, montrait devant moi ses sapins et ses neiges. J'étais dans une disposition d'esprit triste et pensive, et je me sentais *agité de je ne sais quelles inquiétudes, dont les hommes ne savent*

---

[1] . . . *Teretes atque procerœ densis gradatisque corticum pollicibus, ut orbibus, faciles se ad scandendum Orientis populis præbent, vitilem sibi arborique indutis circulum, mirâ pernicitate tum homine subeunte.*

PLINE, Hist. Nat., liv. XIII, ch. 4.

[2] MONTESQUIEU, Lettres Persanes, 142.

pas se rendre raison à eux-mêmes [1]. Je m'embarquai dans la petite chaloupe du capitaine que je dirigeais seul avec un officier de marine. Le sable amoncelé par les flots de la mer, à l'embouchure du Limyrus, nous opposa d'abord sa barrière. Mais bientôt je me trouvai dans le lit profond du fleuve; la mer s'éloigna; nous remontâmes lentement un courant presque insensible. Notre navigation n'était retardée que par les roseaux du rivage, et les vieux troncs des arbres qui croissent ou tombent dans les eaux. J'évitais ces obstacles, et je suivais ma route sons un berceau continuel d'arbres chargés de fleurs et du plus beau feuillage. Enfin à une demi-lieue de la mer, le lit de la rivière devint si étroit qu'il me fallut renoncer à pénétrer plus avant. Je gravai alors sur l'écorce d'un gros chêne, dont les branches passaient de l'une à l'autre rive, le *nec plus ultrà* d'Hercule. Puis j'attachai ma nacelle au rivage, et je mis pied à terre. Des myrtes à large feuille s'y entrelaçaient avec quelques grenadiers, dont les bouquets écar-

---

[1] Bossuet, Oraison funèbre de M. Letellier.

lates, et les fruits à peine formés, se penchaient sur les ondes; le laurier-rose, l'églantier, l'aubépine élevaient autour de ce silencieux asile des murs de verdure que la vigne sauvage tapissait de ses pampres et parfumait de ses fleurs. La brise du matin, chargée des exhalaisons printanières de la plaine, agitait doucement le feuillage. Je n'ai jamais plus profondément joui des beautés de la nature; et sur la rive du Limyrus, au pied des hautes montagnes de Lycie, une pensée mélancolique me ramenait aux jours de mon enfance, aux souvenirs de la patrie. Je rappelais ces ruisseaux, ces fleuves paternels qui me virent solitaire, et méditant un chimérique avenir. Séparé d'eux depuis bien des années, je regrettais mes prairies, mes ombrages, mes songes de vingt ans. Pauvre fleuve sans gloire, ton nom ne s'attache pas aux grandes époques d'un autre âge; je ne retrouve pas sur ta rive les monuments des temps passés; mais les flots, les fleurs, les arbres que tu baignes, ont rappelé à mon cœur les plaisirs de mes premiers ans; sur tes bords j'ai rêvé à la France, et je te dois une des plus douces heures de ma vie. . . . . . .

. . . .

Après ces pensées jetées vers mon pays, je détachai le lien qui retenait ma barque au tronc d'un saule, et je me laissai aller au courant qui m'entraîna sans l'aide des rames jusqu'à la mer; là, je retrouvai l'équipage du vaisseau se livrant sur le sable à mille jeux bruyants. C'était quitter un désert pour le tumulte du monde. On proposa une partie de pêche qui fut acceptée avec joie ; de longs filets furent disposés sur le rivage : bientôt, officiers, matelots, passagers, mousses, tous prirent part à cet amusement : nos filets retirèrent à diverses reprises de beaux poissons ; notre pêche même fut assez abondante pour fournir à plusieurs de nos repas, et pour rassasier l'équipage.

Le 31 mai, nous sortîmes de la baie de *Fenica*, et nous restâmes en vue des îles *Chelidoni* qu'il avait fallu doubler. De longs calmes, et d'incommodes chaleurs arrêtèrent notre marche pendant plusieurs jours. Le 4 juin, au coucher du soleil, au moment où la sérénité et la transparence de l'air sont le plus sensibles, j'apercevais encore, comme une traînée de nuages, la chaîne du Taurus, à plus de cinquante lieues de distance; tandis que les premières montagnes de Chypre, éloignées de trente lieues environ, paraissaient déjà comme des lignes de brume.

Je passais sous un ciel de feu. Point de vent; jamais un nuage : quelques haleines brûlantes; un calme pesant. J'en étais comme étouffé. Le capitaine me proposa un bain de mer : on installa aussitôt sur un des flancs du bâtiment, une des basses voiles; attachée aux vergues des mâts, elle plongeait dans les flots, et présentait au milieu de ses replis, une baignoire sûre et commode. Notre marche fort lente en renouvelait l'eau à chaque instant. Je profitai de ce bain ingénieux où les officiers du vaisseau me succédèrent; et je remarquai que pendant nos ablutions, un matelot s'était tenu constamment à la poupe, armé d'une carabine. Le capitaine m'expliqua que dans les grandes mers, cette précaution était ordonnée soit pour effrayer les requins qui suivent sans cesse les bâtiments, soit pour avertir le baigneur de l'approche du danger; dans la Méditerranée, ajouta-t-il, les requins sont fort rares.

Notre navigation s'était continuée au large,

dans la matinée du 5. Vers le soir, nous avions doublé successivement la pointe de Paphos, et le Cap Blanc; nous espérions même mouiller à Larnaca; mais le nouveau pilote que nous avions pris à Rhodes, déclara ne pas connaître assez la rade pour y arriver pendant la nuit. Cette impéritie nous retarda de vingt-quatre heures. Nous rencontrâmes un bâtiment français faisant voile pour Saint-Jean-d'Acre; je le chargeai d'annoncer au consul français ma prochaine arrivée. Enfin, le 6 juin, vers midi, après avoir longé les rivages d'Amathonte, nous jetâmes l'ancre dans le port de Larnaca.

CHAPITRE DIXIÈME.

L'ILE DE CHYPRE.

NICOSIE. HADGI PETRAKI.

IDALIE. LARNACA.

(1820)

—

Comme j'étais avec les Cypriens, dont j'ignorais les mœurs, je me résolus de me taire, de remarquer tout, et d'observer.

FÉNÉLON, Télémaque, liv. IV.

La ville de Larnaca, de quelque côté qu'on y arrive, présente un aspect peu agréable : ses maisons massives sont construites en dehors de toute symétrie; les murs et les toits ne sont qu'une terre argileuse entassée par couches grossières : et cette région de l'île de Chypre est une des plus insalubres, soit à cause des excessives chaleurs, soit à raison des vents de poussière qui y règnent. J'ai été fréquemment témoin de cet incommode phénomène. Le ciel, pur dans la matinée, se charge vers le soir, à l'horizon, d'un nuage jaunâtre qui rase la terre et accourt rapidement du fond de l'île : le vent qui amène ce nuage, toujours plus épais et plus jaune, souffle avec violence et par bouffées d'une étouffante chaleur ; il fait entrer avec lui, dans les appartements les mieux fermés, une poussière légère et fine qui dessèche tout ce qu'elle rencontre, et pénètre avec l'air dans le gosier en provoquant la toux ; les mains et la figure, que des gants ou des voiles ne garantissent pas même dans l'intérieur des maisons, s'y couvrent d'un sable imperceptible qui les rend rudes au toucher ; cet ouragan périodique, dont on cherche vainement à se préserver, et dont on évite à peine l'atteinte dans les souterrains les mieux clos et les plus obscurs, ne cesse que vers le coucher du soleil : souvent même ce nuage poudreux, parti de la rive, s'avance assez loin sur la mer pour interdire aux bâtiments mouillés dans la rade la vue et l'approche du port.

CHAPITRE X.

Après deux jours de repos, après quelques promenades autour de la ville, que je fis en cabriolet et qui n'augmentèrent nullement mon goût pour Larnaca, bien que ce soit le seul point des îles de l'Orient où il y ait des voitures européennes ; je songeai à me rendre à Nicosie. J'avais eu d'abord la pensée d'entreprendre cette excursion en observateur inconnu. Le consul français me pria, bien au contraire, de donner une certaine pompe à mon voyage : il m'assura que peu d'officiers de notre nation avaient parcouru les villes intérieures de Chypre; que mon passage officiel ajouterait à notre crédit : il connaissait trop bien le caractère vain et fastueux des habitants de son île pour ne pas me prier de céder à ces considérations.

Nous arrêtâmes donc que je voyagerais en homme important : en conséquence deux janissaires furent ajoutés à mon cortége; ils se rendirent auprès de moi, munis chacun de deux paires de pistolets, d'un sabre et de je ne sais combien de *kandgiars,* comme si je n'avais pas à traverser les campagnes les plus désertes et les plus paisibles. Les Orientaux qui ont le privilége de porter des armes ne croient jamais en avoir assez garni leur ceinture. Serait-ce en souvenir d'Agamemnon, *dont le poignard était toujours suspendu à côté du grand fourreau de son épée*[1] ? Nous devions tous monter d'excellentes mules du pays. Elles sont aussi solides que promptes à la course. Un cheval blanc de race arabe me suivait; le cheval, dans les contrées voisines de l'Arabie, est le signe caractéristique de l'homme de distinction : celui-ci était destiné à me porter quand j'approcherais de la capitale, afin de signaler mon entrée par un appareil imposant. Les chaleurs, dont le poids est plus insupportable encore à Larnaca qu'en Palestine et en Égypte, me firent décider que nous voyagerions la nuit.

En effet, je partis le 9 juin à onze heures du soir. Mes interprètes, mes domestiques, mes janissaires et mes guides formaient, avec mes bagages, un long train de cavalerie qui pouvait

---

[1] Ἀτρείδης δὲ ἐρυσσάμενος χείρεσσι μάχαιραν
Ἥ οἱ πὰρ ξίφεος μέγα κουλεὸν αἰὲν ἄωρτο.

HOMÈRE, Iliade, ch. III, v. 270.

ressembler à une petite caravane. A la faveur de

Cette obscure clarté qui tombe des étoiles [1],

nous traversâmes de grandes campagnes sans arbres, des collines arides, le lit de quelques torrents à sec, puis des plaines désertes sans verdure et sans eau : après deux heures de marche, nous arrivâmes à une fontaine que couvre un beau saule pleureur. Le bassin de cette source et cet ombrage sont dus à la générosité d'un Turc de Nicosie, qui, sans graver son nom sur le marbre, s'est contenté d'y écrire ce verset du Coran :

« N'adorez qu'un Dieu; soyez bienfaisants en-
« vers vos parents, les orphelins et les pauvres;
« faites la prière, et donnez l'aumône, le jour, la
« nuit, en public, en secret : vous en recevrez le
« prix des mains de l'Éternel. »

Je me désaltérai longuement, et je baignai mes mains et mon front dans l'eau pure et fraîche de la fontaine : la chaleur excessive du jour rendait les nuits tièdes et pesantes; je continuai ma

---

[1] CORNEILLE, le Cid, acte IV, sc. 3.

route sur des terres argileuses et blanchâtres, dont le reflet diminuait l'obscurité et marquait notre chemin.

Au point du jour, nous nous trouvâmes au village et près de la rivière de *Pyrrhoé*. Là, quelques traces de fertilité commençaient à se montrer; des champs d'orge et de lin s'étendaient vers le ruisseau qui ne coulait plus, mais dont le sable était encore mouillé des dernières pluies de l'hiver. Dans ces champs, paraissaient des femmes occupées aux travaux rustiques : elles portaient une pièce de toile blanche sur la tête; puis, pour tout vêtement, une longue chemise serrée autour du cou, descendant sans ceinture jusque sur les pieds. A la lueur du crépuscule, ces femmes ressemblaient assez à des fantômes, tels qu'on les représente échappés des tombeaux : quand nous passions près d'elles, leurs mains et leurs visages brûlés prêtaient encore à cette effrayante illusion. Étaient-ce donc là ces femmes et ces jeunes filles de Chypre *vainement parées, qui allaient, en chantant les louanges de Vénus, se dévouer à son temple* [1] ?

---

[1] Fénélon, Télémaque, liv. IV.

Les premiers rayons du soleil vinrent dorer les minarets de Nicosie; et, quand on a dépassé une petite colline qui arrête d'abord les regards, la plaine se déroule aux yeux dans toute son étendue. Ici, de grands champs de blé, autour de quelque cabane isolée bâtie en terre : plus près de la ville, de beaux jardins couverts de figuiers et de vignes; au delà, des bois d'oliviers et de térébinthes; puis de vastes campagnes incultes et des collines d'une terre qui blanchit au loin et que ne recouvre aucune végétation : la vue arrive ainsi par degrés jusqu'à la haute chaîne des montagnes qui divisent l'île en deux régions.

Dans cet immense bassin, Nicosie paraît de loin aux yeux, comme un champ enclos de murs. L'aspect en est plus pittoresque et plus riant que celui de la plupart des villes turques. D'anciens voyageurs ont comparé les abords de Nicosie à ceux de Florence; mais ici tout me paraît en faveur de Nicosie, située dans une large plaine, que de hautes montagnes terminent à une grande distance; tandis que les dernières collines de l'Apennin pressent Florence presque de tous côtés, et rétrécissent son horizon. On ne voit pas à Nicosie, comme dans les principales villes de l'empire ottoman, ces masses de constructions entassées que dominent quelques cyprès. Ici, les habitations sont séparées par des jardins arrosés d'eaux limpides : des palmiers élèvent partout leurs têtes élégantes au-dessus des édifices, restes de la ville des croisades; les vieux remparts démantelés ressemblent aux fortifications ruinées des villes antiques de Provence et d'Italie, et montrent partout le caractère de leur origine chrétienne. Les Turcs, en démolissant les tours et les créneaux de Nicosie, ont laissé subsister les grands fossés et les murs épais qui ceignaient la ville.

J'entrai par la porte de Famagouste : c'est la plus belle; sa voûte prolongée et le donjon ont conservé les formes primitives de l'architecture vénitienne. Après dix minutes environ de détours dans des rues désertes, autour de beaux jardins chargés de citronniers en fleur, j'arrivai au couvent de Terre-Sainte, vaste et solide édifice, monument des temps passés, mais triste et obscur comme des prisons souterraines. Un petit jardin attenant à cette sombre demeure offre aux pauvres religieux un peu d'air et d'ombrage; ils y cultivent la vigne et l'orange; ce soin les amuse et les distrait de leur solitude. L'église est simple, peu longue et fort étroite; mais il n'y a pas plus de cinq familles catholiques à Nicosie.

Trois moines espagnols habitaient ce couvent. L'un était très-dangereusement malade; et j'ai été sans doute le dernier voyageur qui se soit approché de son humble couche. Les deux autres m'accueillirent avec empressement : il me fallut payer leur hospitalité par de tristes nouvelles; j'avais à leur apprendre la récente révolution de leur patrie; et jusque dans l'asile de la religion et de la paix, je devais retrouver les traces de cette diversité d'opinions qui agite l'Europe. Un de ces prêtres, en apprenant l'adoption de la constitution des Cortès, se félicita ainsi que ses compatriotes de voir brisées les chaînes du despotisme. L'autre secoua la tête, et, levant ses vieilles mains au ciel, il demanda en gémissant, pour sa patrie, le maintien de la monarchie et de la foi. Le troisième, plus heureux sans doute que les deux premiers, écouta sans joie et sans émotion, ce dernier bruit venu d'Espagne; ses pensées, détachées de ce monde, cherchaient plus haut les vraies consolations.

Dès que l'interprète qui m'accompagnait eut fait connaître mon arrivée au gouverneur turc, et à l'archevêque grec, les deux puissances de l'île, je reçus leurs compliments qu'ils me firent porter l'un par son vizir, l'autre par son archidiacre. J'annonçai à ces deux dignitaires que je verrais leurs chefs dans la soirée, et je laissai à mon drogman le soin de régler l'étiquette de ma visite.

Vers cinq heures, je me rendis chez le *Muassil*; c'est le nom du gouverneur turc de Chypre, lequel a le rang et les pouvoirs de pacha à trois queues. Je traversai de grandes cours où des pages exerçaient des chevaux arabes : ils se rangeaient sur mon passage, et six d'entre eux me conduisirent jusqu'au kiosk où j'étais attendu. Le *Muassil* me fit asseoir près de lui : les honneurs de la pipe, du café, des sorbets, et des parfums commencèrent. On retrouve partout en Orient les formes et les usages de l'hospitalité, tels qu'Homère les a décrits. Nestor fait placer Télémaque à sa table, et l'engage à se délasser de ses fatigues, avant de lui permettre de dire son nom, et le motif qui l'amène à Pylos. « Il n'est « convenable, ajoute-t-il, de demander à ses « hôtes qui ils sont et de les interroger, que « lorsque le festin les a rassasiés et réjouis. [1] » On en use encore ainsi chez les Grecs de nos jours, surtout chez les Turcs; et avant de me demander l'objet de ma visite, le *Muassil* me laissa tout le temps de savourer ses confitures et ses délicieuses boissons.

Ce gouverneur paraissait n'avoir pas plus de vingt-cinq ans : il était vêtu d'une robe de soie rose, et d'un petit *caftan* rouge brodé d'or. Il portait ainsi le costume d'un brillant colonel bien plus que celui d'un grave magistrat. Il me demanda nonchalamment quelques nouvelles d'Europe; puis il avoua lui-même qu'il y prêtait peu d'attention, et qu'il avait bien assez des af-

---

[1] Νῦν δὴ κάλλιόν ἐστι μεταλλῆσαι καὶ ἔρεσθαι
Ξείνους οἵ τινές εἰσιν, ἐπεὶ τάρπησαν ἐδωδῆς.

HOMÈRE, Odyssée, liv. III, v. 69.

faires de Chypre pour occuper son temps et son esprit. Bientôt, par un signe de la main, le *Muassil* fit retirer sa petite cour qui nous entourait jusque-là ; et nous restâmes seuls. Je lui recommandai alors les intérêts des Français en Chypre : il répondit avec une bienveillance marquée. J'avais à traiter de plusieurs affaires avec lui : il me parut les connaître parfaitement lui-même, sans recourir à ses secrétaires ; et elles furent réglées à ma satisfaction. « Croyez-moi, me « dit-il en terminant, c'est avec raison que l'on « emploie aux affaires des hommes jeunes comme « vous et moi : l'intelligence prompte, et la viva- « cité active de notre âge vaut mieux que la pru- « dence dont nos vieillards font tant de bruit. »

Nous étions assis ou plutôt couchés sur des divans dans un kiosk qui dominait tout le jardin du pacha ; ce jardin couvert d'orangers et de palmiers touche aux remparts de la ville vers le nord : on apercevait aussi de nos fenêtres la grande plaine, le torrent, et le pont de Nicosie. Cette vue sur des campagnes presque stériles est plus étendue que riante et gracieuse.

Je demandai en partant la permission de voir

les mosquées de Nicosie; le pacha me donna aussitôt pour m'accompagner le capitaine-général de ses troupes. Celui-ci me conduisit d'abord à *Agia-Sophia*, Sainte-Sophie, qui me parut une assez belle église gothique, bien conservée; elle est à trois nefs, et dans ce temple comme dans celui du même nom que j'ai souvent admiré à Constantinople, les Turcs n'ont fait autre chose que placer deux flambeaux de cire pour signaler la direction de la Mecque aux croyants. Je ne pouvais me lasser de me promener d'un pilier à l'autre sous ces longues voûtes gothiques, élancées et sombres comme nos belles cathédrales françaises : et quand mes yeux retrouvaient l'élégante ogive, ils cherchaient aussi l'autel, l'orgue, enfin la croix, et retombaient avec douleur sur le pupître de l'Imam et sur les deux candélabres indicateurs de la Mecque. Quatre colonnes antiques soutiennent la dernière voûte de la mosquée de Sainte-Sophie, et sont aujourd'hui recouvertes de couches épaisses de chaux : trois de ces colonnes terminées par des chapiteaux modernes sans symétrie ni proportions, semblent écrasées sous leur ignoble fardeau. Mais la quatrième est d'un riche porphyre, et conserve toute sa beauté corinthienne.

Je visitai la chapelle des *Lusignan*, où je vis la tombe de ces rois-chevaliers ; et l'église de Saint-Dominique, aujourd'hui mosquée d'Omer ; là, dit-on, est enfouie, on ne sait où, la couronne des monarques chrétiens qui ont régné en Chypre. Partout, l'agent consulaire de France à Nicosie, vieux rejeton d'une famille vénitienne, me faisait toucher des pans de mur, me montrait des portes secrètes, frappait de son pied des dalles de pierre, et se penchait vers mon oreille pour me dire que d'immenses trésors, ignorés des Turcs, étaient cachés dans ces profondeurs : néanmoins toutes les fouilles entreprises pour retrouver les richesses des anciens seigneurs vénitiens et des gouverneurs sucesseurs d'Othello ont été inutiles jusqu'ici. Je parcourus encore les galeries et les voûtes d'une troisième église gothique qui est aussi devenue mosquée. On y remarque une jolie fontaine, dont l'eau jaillit dans une cour presque abandonnée où étaient des rosiers chargés de fleurs, des colonnes brisées, et les hautes tiges épineuses du *palma christi*.

Le capitaine général me conduisit ensuite jusqu'à la porte de l'archevêque grec, et il me quitta. Je me présentai aussitôt chez le Despote *Cyprianos* où je reçus plus que les honneurs usités. Lui-même vint m'accueillir au haut de son escalier, et me mena dans son salon de cérémonie. Je lui avais porté une lettre du patriarche de Constantinople; mais ce n'est pas sans doute à cette lettre que je dus l'accueil qui m'était fait; car il existe depuis longtemps une secrète jalousie entre le patriarche de Constantinople qui prend le titre d'OEcuménique (*universel*) et l'archevêque de Chypre qui prétend ne relever de personne. Le second se contente de reconnaître parfois la suprématie nominale du premier, et il décline son autorité, en lui refusant autant qu'il le peut sa soumission et son obéissance : il se tient ainsi vis-à-vis du patriarche à peu près dans la même position que le pacha d'Égypte garde envers le Grand Seigneur. Il est vrai de dire que dans l'île de Chypre, l'autorité civile semble répartie sur d'autres bases que dans le reste de l'empire ottoman. Ici, bien plus qu'ailleurs, l'archevêque est le premier magistrat des Grecs; c'est à lui que les Turcs portent leurs plaintes des délits de ses coréligionnaires dont il est, en quelque sorte, responsable : c'est même lui qui se charge seul de les punir, si le crime n'entraîne pas la peine capitale.

Cette autorité temporelle de l'archevêque de Chypre explique, sans les justifier, ses prétentions à l'indépendance; et s'il ne peut marcher l'égal du patriarche de Constantinople dans la hiérarchie ecclésiastique, il l'emporte sur lui en attributions administratives : au reste, une terrible égalité devait bientôt éteindre ces insignifiantes querelles; l'archevêque Cyprianos partagea la sanglante destinée du patriarche Grégoire : et quand éclatèrent les troubles de la Grèce, le glaive turc appesanti sur les deux rivaux, nivela les deux têtes.

Mes entretiens avec le Despote Cyprianos furent longs, et ne sauraient trouver leur place ici. Il connaissait les pensées du synode, l'esprit de ses compatriotes; et sa prépondérance en Chypre le faisait justement considérer comme un des chefs politiques de sa nation. Il voulut bien me presser d'accepter l'hospitalité dans sa riche demeure; je le priai de souffrir à mon tour que je ne me séparasse point de mes pauvres frères de religion, lesquels m'avaient ouvert avec tant de joie leur humble asile.

Après une courte visite aux deux secrétaires civil et religieux de l'archevêque, ou plutôt à ses deux ministres temporel et spirituel, je retournai au couvent.

J'avais désiré voir les ruines connues sous le nom de *Palais de la Reine*; l'archevêque Cyprianos ordonna à son trésorier, percepteur des dîmes ecclésiastiques, de me suivre sur tous les points de l'île qu'il me plairait de parcourir; de me faire ouvrir tous les monastères, et de veiller à ce que partout je fusse honorablement accueilli. Je partis le lendemain avec ce garde d'honneur, qui, lui-même, accompagné de son *tchibouktchi*, porteur de pipe, et de ses bagages, embarrassa notre caravane bien plus qu'il ne lui fut utile.

Hors des murs de Nicosie, à deux cents pas environ de la porte de Famagouste, étaient en grand nombre des cahutes de paille et des tentes dressées sans ordre; c'étaient les demeures des lépreux; on ne leur permet pas de résider dans les villes, *et on les chasse de l'enceinte; ainsi le voulait autrefois le Dieu de Moïse*[1]. Ils sont tous contrefaits, d'un teint olivâtre; leur peau est raboteuse, leurs traits repoussants. Cette tribu d'hommes séparés est nombreuse en Chypre; comme les Bohémiens de France, ils vivent en nomades, s'allient entre eux, et perpétuent ainsi leur effrayante difformité.

Nous traversâmes, sous les rayons du soleil le plus ardent, une plaine dévorée par les sauterelles, dont le nuage volait encore autour de nous; puis nous arrivâmes aux premières collines qu'on croirait sillonnées et tourmentées par des volcans intérieurs, et qui s'élèvent par des pentes assez douces jusqu'au pied de la haute montagne. Ces tertres sont des rochers noirs recouverts d'une couche d'argile, où vivent péniblement quelques arbustes épineux. Les ravins étaient remplis de lauriers-rose, tous en fleur,

---

[1] . . . *Et ejecerunt eos extrà castra, sicut locutus erat Dominus Moysi.*

BIBLE, Nombres, chap. v, v. 4.

lesquels présentaient de loin, à la vue, de larges bandes d'un vif incarnat, séparant entre elles ces collines brunes et calcinées.

Trois heures de marche nous avaient suffi pour gagner le monastère de Saint-Jean Chrysostôme, situé au tiers de l'élévation de la montagne. Un seul caloyer habitait le couvent, dépendant de l'ordre de Saint-Basile; je le laissai occupé à nous préparer un repas, que le trésorier de l'archevêque voulut surveiller lui-même, disait-il; ce fut le prétexte qu'il me donna pour se dispenser de gravir les précipices du *Palais de la Reine*. Je m'y rendis avec des guides montés comme moi sur des mules qu'il nous fallut bientôt quitter. Nous les attachâmes à quelques troncs d'arbres, et nous nous dirigeâmes vers le sommet, au milieu des roches et des buissons; l'ascension devenait de plus en plus difficile, nos bâtons ferrés ne suffisaient pas pour nous retenir sur ces rampes escarpées; il fallut s'aider de ses mains, s'accrocher aux ronces, grimper sur des rocs glissants, enfin subir les plus rudes fatigues pendant près d'une heure, pour atteindre ces ruines situées sur le point le plus élevé de l'île de Chypre. Quand je parvins à cette dernière cime, *toutes les collines, les penchants des promontoires, les vallées ombragées apparurent* sous mes yeux, et, suivant la grande expression d'Homère, *du haut du ciel jaillissait au loin une immense sérénité*[1]. Mon premier soin fut de reposer mes membres lassés et roidis par tant d'efforts; je vis ensuite les trois ou quatre pans de mur encore debout, qui forment des compartiments ou des chambres habitées maintenant par les hirondelles, et où les palombes cachent leurs nids.

Cette forteresse, qu'on appelait[2] *le Palais de*

---

[1] Ἔκ τ' ἔφανον πᾶσαι σκοπιαὶ, καὶ πρώονες ἄκροι,
Καὶ νάπαι· οὐρανόθεν δ' ἄρ' ὑπερράγη ἄσπετος αἰθήρ.

HOMÈRE, Iliade, ch. VIII, v. 558.

[2] Le Palais de la Reine fut bâti, dit-on, par une femme très-riche, ou par une princesse de l'île de Chypre, qui voulut mettre dans cette inexpugnable forteresse sa personne et ses trésors à l'abri des violences des templiers. Les Vénitiens nommèrent à leur tour ce palais le château de *Buffavento*, en raison de son exposition à tous les vents; puis ils le démolirent.

la Reine, avait été construite de manière à n'avoir point de porte principale. On n'y entrait, dans ses plus beaux temps, qu'au moyen des poulies et des cordes, qui, descendant au pied du roc, amenaient le visiteur à la hauteur de l'habitation, comme un seau, tiré du fond d'un puits, s'arrête sur la margelle : ce devait être une position imprenable sans doute, mais où l'on ne pouvait tenir longtemps. Sur l'autre penchant de la montagne le palais était tout à fait inaccessible, et la vue plonge sur des précipices si profonds qu'ils font reculer de frayeur. C'est le pic le plus élevé de la montagne aux Cinq-Doigts (Πέν-τε-Δάκτυλο) qui coupe Chypre en deux parts. L'œil y embrasse l'île entière, dont le contour est de cent quarante lieues environ; dans les jours où l'atmosphère est la plus pure, on aperçoit même, à vue simple, le continent d'Asie, qu'une lunette d'approche dont j'étais toujours muni me fit voir distinctement.

La région septentrionale de l'île est toute couverte de moissons et d'ombrages : la partie méridionale, au contraire, frappée des vents brûlants qui soufflent de l'Arabie et de l'Égypte, paraît au loin sablonneuse, crevassée et privée de toute végétation. Je découvrais sous mes pieds plusieurs villages rapprochés du *mont aux Cinq-Doigts* [1]; quelques villes dans les immenses plaines que je dominais au loin; puis, au bord de la mer, les ports et les promontoires célèbres : ainsi mes regards se portaient sur Chirina, Paphos, Famagouste, Larnaca, Amathonte, Nicosie, Idalie, Cythère; et je voyais à une grande distance, au midi, s'élever le mont Olympe de Chypre, qui n'a pas, comme ses homonymes, des neiges éternelles, mais dont les flancs portent les vins renommés *de la Commanderie*.

Je le sens d'avance, ces nomenclatures des beaux points de vue, en revenant si souvent dans mon récit, y jettent quelque monotonie; je voudrais me faire pardonner cette manie de voya-

---

[1] La montagne aux Cinq-Doigts était ainsi appelée, du temps du Bas-Empire, à cause de cinq énormes doigts de cuivre que les Cypriotes y avaient placés; les Grecs croyaient alors que ce métal écarte les vents pernicieux. Le roi Jacques de Lusignan fit fondre ces cinq doigts colossaux, et en battit monnaie.

geur, en expliquant qu'aucun pinceau ne peut donner l'idée de ces stations géographiques, dont je confiais aussitôt une description exacte à mon livre de notes : les panoramas sont rares; ils sont même souvent impossibles à exécuter en Turquie. Je m'efforce d'y suppléer, et, en retraçant scrupuleusement ces plaisirs de mes yeux, je désire associer ceux pour qui j'écris, à mes jouissances. Quant à moi, je me transporte si réellement par la pensée au centre de ces grands aspects, qu'en fermant les yeux je crois les contempler encore, et je les retrouve ainsi dans ma mémoire bien mieux que dans mon journal.

Je redescendis la montagne, en suivant la route que mes guides m'avaient tracée, au milieu des roches veinées de marbre et des précipices. La fatigue du retour fut double pour nous, car nos mules s'étaient détachées pendant notre absence; et comment les poursuivre dans ces immenses taillis bordés de ravins et d'abîmes? Il fallut les abandonner à leur instinct, qui ne manqua pas de les ramener au couvent peu de moments après nous. Nous revînmes à pied retrouver la fraîcheur et le repos sous les voûtes du monastère; le trésorier, dans sa sagesse, avait prévu que mon appétit serait vivement excité par mes courses matinales, et je fis, en cette occasion, un des plus singuliers repas de mon voyage.

Nous nous assîmes à terre, autour d'une table très-basse dressée dans la cour du couvent, *près d'une source à l'ombre d'un platane* [1]. Cette source eût fourni seule à notre repas, si le trésorier n'eût apporté avec lui une bouteille du nectar de Chypre *qu'il plaça près de moi pour en boire quand le cœur m'en dirait* [2]. On servit un chevreau et un cochon rôtis tout entiers. Je me récriai sur cette prodigalité; le caloyer me répondit par quelques mots polis, et vint s'asseoir auprès de moi pour me faire les honneurs de sa table; nous n'avions pas d'assiettes, mais chaque convive était armé d'une fourchette de fer et de couteaux en forme de poignard, sur le manche des-

---

[1] Καλῇ ὑπὸ πλατανίστῳ, ὅθεν ῥέεν ἀγλαὸν ὕδωρ.
Hom., Il. ch. ii, v. 307.

[2] Πὰρ δὲ δέπας οἴνοιο, πιεῖν ὅτε θυμὸς ἀνώγοι.
Hom., Od., ch. viii, v. 70.

quels étaient gravées des sentences en grec ancien. *Rien de meilleur que l'eau*, de Pindare ; *le pain est la moelle de l'homme*, d'Homère ; *garçon, donne de l'eau et verse du vin*, d'Anacréon ; *il est doux, l'été, de boire à la glace*, de l'Anthologie [1]. Je n'ai pas retenu les autres maximes gastronomiques. Le moine plaça sur le côté de la table qui était destiné à me servir d'assiette, à peu près le quart du chevreau et le tiers du cochon ; j'allais me récrier encore, quand je me souvins qu'Ulysse en avait offert autant au chantre Démodocus. Quelques abricots terminèrent ce repas homérique, après lequel je fis mes ablutions à la fontaine, dans un bassin qui avait dû être jadis un bénitier ; car on y lisait encore, en *style rétrograde*, ces lettres grecques, présentant les

---

[1] . . . . . . Ἄριστον μὲν ὕδωρ.

      Pind., première Olymp.

Ἄλφιτα μυελὸν ἀνδρῶν.

     Homère, Odyss., ch. ii, v. 290.

Δὸς ὕδωρ, βάλ' οἶνον, ὦ παῖ·

      Anacréon, Ode 36.

. . . . Ἡδὺ θέρους διψῶντι χιὼν ποτόν.

     Anth., liv. vii, ép. 206.

mêmes mots et le même sens, qu'on les prenne par la gauche ou par la droite :

Νιψὸν ἀνομήματα μὴ μονὰν ὄψιν.

Lavez vos péchés, et non pas seulement votre visage.

Je quittai le couvent dans l'après-midi : nous traversâmes la plaine haute qui s'étend à la première région du mont aux Cinq-Doigts; nous passions dans le lit des torrents desséchés, sur des roches entremêlées de buissons, et dans des taillis de myrtes. Après deux heures de marche sur un sol poudreux, à toute la chaleur du soleil que la montagne me renvoyait plus ardente, je parvins au haut de la vallée de Cythrée ou Cythère, que je prenais ainsi à sa naissance, et que je devais suivre dans toute sa longueur. Là m'attendaient la fraîcheur et l'ombre.

Jamais les plus fortunés vallons des Apennins ou des Pyrénées n'ont joui d'une telle fertilité et d'une si riche verdure : ces bienfaits sont dus à la belle source, on pourrait presque dire à la rivière que je voyais sortir à côté de moi des énormes rochers qui dominent Cythère. Je ne me souviens pas d'avoir admiré jamais un plus heureux phénomène. Qu'on se figure au milieu de ces régions arides sous les feux d'un soleil dévorant, au-dessous des cimes les plus stériles et les plus brûlées de l'île de Chypre, mais à une grande hauteur au-dessus des campagnes et de toutes les vallées, dans une grotte étroite creusée en forme de canal par l'art bien moins que par la nature; qu'on se figure, dis-je, un courant intarissable des ondes les plus abondantes et les plus claires : ces eaux, que les Grecs appellent (Κεφαλὸ-βριση), *Source de la Tête*, donnent à tout ce qu'elles touchent la fécondité. Le trésorier me raconta très-sérieusement qu'elles venaient des montagnes du Liban, et que, passant sous les abîmes, ou, ce qui était à son sens, plus croyable, traversant la mer sans s'y mêler, elles étaient miraculeusement envoyées de Dieu pour les plaisirs et la richesse des Cythéréens, la plus opulente et la plus heureuse tribu de l'île. Cette innocente superstition me parut un éclatant témoignage de reconnaissance envers ces ondes tellement bienfaisantes qu'elles ont semblé dignes d'une origine céleste.

Au bruit des cascades, au travers des plus vertes prairies, des orangers les plus fleuris, je descendis la vallée de Cythère, si peuplée de maisons et de jardins; à son extrémité, là où commence la plaine, était la vaste demeure de *Hadgi Petraki*, chez lequel je devais loger.

Pierre le Pèlerin, car telle est la traduction de ce nom, chef du canton de Cythère, était l'un des plus grands propriétaires de Chypre et faisait le plus noble usage de sa fortune. Sa maison était jour et nuit ouverte à tous venants comme les palais de Nestor à Pylos, et de Ménélas à Sparte. Je fus l'objet d'un accueil empressé. Je me représentais ainsi l'hospitalité antique. Premier magistrat de la plus belle vallée de l'île, *Pierre le Pèlerin* était plus riche que les rois-patriarches de l'Odyssée. *Tout voyageur*, me disait-il, en répétant à peu près les paroles d'Homère, *est digne de respect aux yeux de Dieu même* [1]. Dans ses vestibules, les mendiants s'arrêtaient pour être nourris, comme sous les *portiques retentissants*

---

[1] Αἰδοῖος μέν τ' ἐστὶ καὶ ἀθανάτοισι θεοῖσιν
Ἀνδρῶν ὅστις ἵκηται ἀλώμενος . . . . . .

HOMÈRE, Odyss., c. v, v. 447.

d'Ulysse : sa famille *dormait retirée dans un coin de l'édifice,* comme Pénélope. Mais ici s'arrêtait le parallèle. Loin de commander au peuple ainsi que les héros grecs, Hadgi Petraki était l'humble serviteur, j'ai presque dit l'esclave de tous les agas turcs grands et petits qui passaient à Cythère.

Mon hôte me conduisit dans tous les appartements de son habitation ; il me montra de loin le Gynécée, et son grand jardin, uniquement réservés à sa femme et à ses nombreuses filles. Je rencontrai ces dames dans les détours des allées, où je me promenais avec le seigneur de Cythère; mais je ne les vis ni dans la soirée ni à table. Mon hôte m'expliqua que ces coutumes si peu grecques étaient une garantie nécessaire à son repos, et qu'il avait dû en cela se conformer aux mœurs des pachas et des turcs qui fréquentaient sa maison. Pendant un long repas à demi européen, *Hadgi Petraki* me raconta combien ces visites lui étaient onéreuses; chaque fois que le *Muassil* ou quelque chef des districts de l'île se faisait annoncer chez lui, il fallait se préparer à joindre aux dépenses des somptueux festins, les plus riches présents à l'arrivée et au départ du dignitaire; enfin, l'insigne honneur de recevoir ses maîtres coûtait toujours à *Hadgi Petraki* autant que la somme annuelle de ses énormes contributions.

Malgré ces inconvénients de sa fortune, *Hadgi Petraki*, quand je le quittai, était encore tranquille et heureux. Pourquoi faut-il qu'à chaque pas de mon voyage j'aie à retracer les mêmes vicissitudes? Trois ans après, pauvre et fugitif, *le pèlerin Pierre* frappait à ma porte à Londres : dans les orages de la révolution grecque il était parvenu à s'échapper de son pays; sa famille était emprisonnée; ses biens séquestrés; et peut-être devait-il aux souvenirs de son hospitalité si généreuse envers les Turcs, de n'avoir point perdu la vie. Le malheureux *Petraki* abattu sous tant de calamités pleurait de douleur; et je me rappelais en le voyant ces tristes paroles de Cervantes :

« Ah! ceux qui virent il y a deux ans, dans
« son bonheur et son repos, cette île de Chypre
« si riche et si renommée, quand ses habitants
« y jouissaient de tout ce que la félicité humaine
« peut accorder; en les voyant aujourd'hui, soit

« exilés, soit captifs et misérables, peuvent-ils
« s'empêcher de pleurer tant d'infortunes [1] ? »

De si justes chagrins avaient porté quelque atteinte à la raison du pauvre *Petraki*. Il me récitait souvent des complaintes qu'il composait sur sa destinée; et, dans ses vers grecs, il n'y avait de remarquable que sa douleur. C'était encore l'esclave chrétien de l'immortel Espagnol qui avait aussi combattu contre les Turcs conquérants de Chypre, et se peignait peut-être lui-même sous les traits si touchants *du captif*.

« O ruines de la malheureuse Nicosie, arrosées
« du sang de vos vaillants et infortunés défen-
« seurs, si dans la solitude qui nous entoure
« vous vous ranimiez à ma voix, nous déplore-
« rions ensemble nos disgrâces; que dis-je? une
« espérance vous reste encore; vos *tours mal dé-*
« *truites* (*mal derribados torreones*) peuvent se
« relever, quoique jamais pour une aussi juste
« cause; mais moi, pauvre esclave, qu'ai-je à
« attendre de la vie? » — « Ainsi disait un captif
« chrétien à la vue des remparts renversés de

---

[1] Cervantes, novel. exempl : el amante liberal.

« Nicosie : l'insensé parlait aux ruines. Triste
« condition des affligés! ils font et disent bien
« des choses que réprouvent le bon sens et la
« raison. »

Je partis de Cythère à minuit, au grand regret du trésorier qui avait compté sur un long repos. Pendant six heures je traversai dans un autre sens la campagne que j'avais déjà parcourue pour me rendre à Nicosie; c'est la grande plaine de Messarée. Partout des terres incultes, et le désert.

J'arrivai à Idalie vers le matin. C'est une misérable réunion de quelques huttes mal construites et fort pauvres; on y voit de beaux arbres, un palmier, des orangers, et une petite source qui va se perdre dans un petit ravin sablonneux. Je cueillis sur ses bords une plante de marjolaine. *Idaliæ lucos, ubi mollis amaracus* [1]. Au reste, rien ne rappelle Idalie, si ce n'est le nom moderne de *Dalia*. Les mêmes mécomptes, je le savais, m'attendaient à Amathonte et à Paphos que j'avais aperçus en arrivant par mer. « Par-
« tout, me disait le trésorier, si vous vous arrê-

---

[1] Virgile, Énéide, liv. 1, v. 693.

« tez encore à ces mauvais villages, vous trou-
« verez les mêmes solitudes et les mêmes fatigues;
« là, point de couvents, point d'abri pour le re-
« pos du jour; rien à boire, rien à manger.
« Croyez-moi, seigneur, retournez à Larnaca. »
Je cédai à ces représentations de mon guide,
dont mes excursions nocturnes et ma curiosité
avaient épuisé déjà la patience et les forces. Après
avoir dépassé le petit village de *Sozomène*, et
entendu l'orage gronder sur le mont Olympe,
j'arrivai à Larnaca dans la soirée du 12 juin.

Le reste de mon séjour en Chypre fut donné aux
affaires qui m'y avaient appelé. Je tentai cependant encore une course assez lointaine, et j'as-
sistai à une chasse qui m'amena dans la plaine
de Famagouste. Pour gagner une ferme abandonnée, lieu du rendez-vous, j'avais quelque
temps longé le rivage de la mer, et traversé de
grands champs de melons qui couvraient toute
la plage; ces beaux fruits étaient déjà mûrs et
si abondants, que le mendiant ou le voyageur
pouvaient en prendre à leur aise et sans nulle
contestation.

Je passai la nuit sur un tas de paille; et le

I.   22

lendemain, avant l'aube, j'étais dans les champs. Nous chassions au milieu de terres crayeuses : sur les traces des torrents de l'hiver croissaient en taillis de grands lauriers-rose ; ailleurs on ne voyait que quelques herbes défleuries et brûlées. Des lièvres, des cailles égarées, et de nombreuses volées de perdrix rouges fuyaient devant nous. Nous tuâmes quelques perdrix d'Égypte aux couleurs si vives et si variées. Je vis alors le gros lézard d'Orient, qu'il vaudrait autant nommer le petit crocodile de terre. Ces reptiles portent si haut leur tête de crapaud, que, de loin, je les prenais pour des perdrix courant sur la plaine. Ils en égalent la vitesse ; j'essayai vainement toutes les ruses du chasseur pour en approcher ; tantôt je rampais comme eux, à plat ventre ; tantôt je m'avançais derrière les lauriers-rose : à mon approche, ils se cachaient dans les rocs ou dans les fissures du terrain, et les plombs que je leur envoyais dans mon dépit n'arrivaient pas jusqu'à eux.

Je gravis un tertre d'où j'aperçus dans le lointain les tours de Famagouste, et les villages plus rapprochés de *Pyla* et de *Bergamo* ;

la chaleur était étouffante dans ces plaines sans arbres. Nous nous étions fait suivre par un mulet chargé d'eau, tant pour nous que pour nos chiens; et plusieurs périrent malgré cette précaution.

La veille de mon départ, je fis une visite à l'aga qui commande à Larnaca; et comme je me plaignais du climat brûlant de Chypre, il m'envoya une provision de glace : il me donna aussi des caisses de pâtes d'Italie, et quelques moutons que je fis distribuer à l'équipage de l'*Estafette*. Partout, dans mon voyage, j'ai trouvé chez les Turcs la politesse la plus recherchée et la plus généreuse. J'achetai à Larnaca du vin de la Commanderie. Les habitants en gardent pour eux de vieux tonneaux qu'ils ne livrent point au commerce, et qu'ils se transmettent de père en fils, comme une partie essentielle de l'héritage. On me fit goûter une bouteille de ce nectar, vieille de quatre-vingts ans ; et l'on m'assura que pour gagner cet âge, ce vin avait dû être déposé dans les parois creusées d'un puits profond, les meilleures caves de Larnaca n'ayant pas une assez grande vertu conservatrice.

Il était temps pour moi de quitter l'île de Chypre. Les chaleurs extrêmes et les vents de sable y rendaient l'air de plus en plus malsain. Mon domestique y ressentit plusieurs accès d'une fièvre lente qui lui ôtait toutes ses forces; et moi-même j'éprouvais un malaise général.

Nous partîmes de Larnaca le 14 juin à quatre heures du matin par une brise très-favorable. La goëlette faisait dix milles à l'heure. Vers le soir, Chypre ne se montrait plus, et le Liban nous apparut au coucher du soleil avec ses grandes lignes bleuâtres. Le lendemain, nous étions à peu de distance des montagnes. Elles semblaient s'avancer vers nous, en même temps que nous vers elles; et, déployant sous nos yeux leurs vastes contours, leurs longues vallées, elles nous firent voir d'abord des masses confuses de verdure, puis quelques blanches maisons, enfin les tiges des cyprès, des peupliers et des pins d'Italie qui ombragent leur penchant. Nous nous dirigeâmes vers les deux pics de l'Anti-Liban, qui, par leur forme, servent de reconnaissance maritime à la ville de Seyde.

CHAPITRE ONZIÈME.

LADY ESTHER STANHOPE.

(1820.)

—

Do you know I am a woman? When I think, I must speak.

SHAKSPEARE, As you like it., act. III, sc. 2.

Ne savez-vous pas que je suis une femme? Ce que je pense, il faut que je le dise.

J'ÉTAIS à Seyde (l'ancienne Sidon) le 15 juin 1820, un mois après mon départ de Constantinople. Une faible brise de l'ouest amena l'*Estafette* à l'abri de l'écueil qui forme à lui seul la rade de la ville, depuis que le célèbre prince des

Druses, Fakhr-el-din (Facardin), en a fait combler le port pour éloigner les flottes turques.

A notre arrivée devant chaque ville, avant de saluer le pavillon ottoman, le capitaine envoyait un officier à terre pour y régler cette cérémonie : ici, l'enseigne de vaisseau détaché pour la négociation, revint nous assurer de tout le désir qu'on avait de nous rendre notre politesse maritime; mais en même temps le château, se trouvant totalement privé de poudre, le gouverneur turc priait le capitaine français de lui en faire passer autant de charges qu'il désirait de coups de canon. Cette réponse égaya l'équipage; et il fut stipulé qu'on se dispenserait de part et d'autre de l'étiquette. Mais je ne sais pourquoi j'ai plus d'envie de croire à l'avarice du gouverneur qu'au dénûment de la citadelle.

Le mouillage de Seyde étant peu sûr, je vis la goëlette mettre à la voile pour Saint-Jean d'Acre où nous nous donnâmes rendez-vous, et je restai seul sur la côte de Syrie.

Quelques Français nés sous cet heureux climat m'accueillirent avec tout ce qu'ils pouvaient rappeler de notre langue qui fut celle de leurs pères, mais qu'eux-mêmes ne parlent plus aujourd'hui. Quelques mots usuels leur sont venus par tradition. Le consul lui-même, familiarisé avec de nouvelles mœurs, avait peine à se souvenir en ma faveur des habitudes françaises. Mon oreille, accoutumée aux sons rapides et doux de la langue grecque, aux articulations lentes et sonores de l'idiome turc, se trouvait entièrement étrangère au ton de l'arabe vulgaire, et semblait frappée par instants de quelques phrases harmonieuses, au milieu des cris d'un jargon guttural.

Cet isolement complet redoubla le désir que j'avais depuis longtemps de me rapprocher du seul Européen habitant de ces contrées ; je savais que lady Esther Stanhope s'était établie en Syrie depuis huit ans, et qu'elle était alors dans sa maison d'Abra, voisine de Seyde.

Cette illustre Anglaise avait résolu, après la mort de son oncle, le célèbre Pitt, de voyager longtemps loin de son pays. Peut-être même dès lors se promit-elle de ne plus revenir en Angleterre. Elle visita d'abord la France et l'Italie, puis l'Allemagne, la Russie, et Constantinople. Elle passa trois mois dans la ville de Brousse en Bithynie, au pied du mont Olympe, et fut tentée de s'y fixer pour toujours. Mais Brousse a une population de soixante mille âmes; c'est la province la plus voisine, et la plus dépendante du sérail; il fallait autour de lady Stanhope de la solitude et de la liberté. Elle passa en Égypte; elle fut la première femme qui osât pénétrer sous les voûtes de la grande pyramide; puis, elle fit naufrage sur l'île de Chypre. Après avoir vu Jérusalem, Damas et Palmyre, elle choisit le Liban pour sa résidence : elle y fit construire une maison; elle apprit l'arabe. Le costume des femmes syriennes lui parut incommode, et propre seulement à la vie sédentaire et intérieure; l'habit européen l'exposait trop à la curiosité et à l'attention des Druses; elle adopta donc les vêtements des hommes du pays. On lui fait passer de Londres ses revenus : sa fortune est en Syrie au moins égale à celle d'un scheik puissant. Elle fait le bien autour d'elle, et elle s'est acquis une véritable considération par ses bienfaits, comme par la noblesse de ses manières et

CHAPITRE XI.

son goût pour la solitude, grande vertu aux yeux des hommes du désert.

Tous ces détails que j'avais recueillis sur lady Esther Stanhope excitaient de plus en plus mon intérêt; mais j'étais fort embarrassé pour obtenir d'être admis dans sa retraite. J'avais appris que plusieurs voyageurs qui s'étaient hardiment et sans préambule présentés chez elle, en étaient partis sans l'avoir vue. J'essayai d'intéresser à mon tour sa curiosité; et je sollicitai la permission de la voir par un billet très-laconique, où je n'ajoutais ni mon nom, ni aucune des politesses de convention en Europe. Ce billet même semblait tenir quelque chose de la rudesse du désert; il ne contenait que ces mots. « Un jeune « Français passant à Seyde prie lady Esther Stan- « hope de lui permettre de la voir. »

Lady Stanhope m'a avoué depuis que j'avais en effet attiré son attention; elle ne pouvait croire, disait-elle, qu'une demande sans compliments ni emphase, fût d'un voyageur uniquement indiscret ou curieux. Elle y répondit en m'envoyant un guide chargé de remettre au consul la lettre suivante:

« Monsieur le consul,

« J'ai reçu le billet d'un jeune Français, et je
« vous adresse ma réponse pour lui, puisqu'il ne
« me dit ni son nom ni sa demeure. Je vous serai
« bien obligée de lui faire savoir que si la visite
« qu'il désire me faire est dictée par un motif de
« curiosité ou de simple politesse, je le prie de
« m'en dispenser, attendu que je suis tout à fait
« reléguée, et que je ne vois personne. Si, au con-
« traire, il a quelque chose à me dire, il peut
« très-bien vous remettre une lettre pour moi :
« et dans le cas où il serait pressé de partir, dans
« ce cas seulement il pourra venir avec le por-
« teur de ces lignes, qui est un homme à mon
« service.

« Esther-Lucy Stanhope. »

Je me déclarai *très-pressé de partir*, et je choisis la dernière alternative que m'offrait lady Stanhope. Je me mis aussitôt en route avec l'Arabe
qu'elle m'avait envoyé. Le village d'Abra où elle
réside est à une lieue de Seyde. J'avançai peu à
peu vers la montagne, au milieu des beaux jar-

dins et des ruisseaux qui entourent la ville : puis, traversant des collines arides formées des couches d'une roche blanchâtre, je me trouvai au pied des premières chaînes du Liban. Après quelques minutes d'une ascension pénible, j'arrivai près de la maison de *cid Milady* (*seigneur Milady*). C'est le nom que donnent les Arabes à la femme extraordinaire que j'allais voir.

Sur le devant d'une grande maison bâtie en terre, comme la plupart de celles du pays, était un petit perron, que défendait des rayons du soleil un toit de chaume supporté par quelques piliers. C'est là que je vis de loin un Bédouin assis sur une peau d'ours ; et, sans m'étonner de reconnaître sous ce costume lady Stanhope, j'allai directement à elle. En me voyant, elle mit la main sur son cœur, à la manière dont les Arabes saluent ; et, sans se lever, elle me fit place à ses côtés. Je remarquai, avant tout, ses vêtements d'homme asiatique, dont l'adoption, l'avouerai-je, ne me parut pas ridicule ; bientôt même mes yeux et mon esprit s'y habituèrent au point d'oublier le sexe de mon hôte, et ce n'était pas l'habit seul qui prêtait à l'illusion.

Lady Stanhope portait un manteau de drap jaune foncé; une tunique rayée de couleur violette et blanche descendait jusqu'à ses pieds; de longues manches ouvertes laissaient apercevoir la blancheur de ses bras; des babouches en cuir jaune s'élevaient jusqu'à la moitié de sa jambe; un cachemire blanc couvrait entièrement sa tête, et un mouchoir peint de mille couleurs, ainsi qu'on les fabrique à Smyrne, entourait son visage. Les deux bouts de ce mouchoir tombaient sur ses épaules. Elle m'en expliqua l'usage : l'un servait à assujettir son turban, et l'autre à cacher sa figure, quand elle voulait ne pas être reconnue. Ce costume est à peu de chose près celui que portent les hommes arabes; mais, à sa richesse, il n'aurait pu appartenir qu'au chef d'une tribu.

J'admirai sous ces habits une femme d'une haute stature; ses yeux grands et vifs s'arrêtaient autour d'elle avec douceur et bonté. Sa figure, allongée et pâle, aurait peint le sentiment, si elle n'avait voulu lui faire exprimer l'énergie et le courage. Je la trouvai belle, et je lui aurais donné quarante ans.

CHAPITRE XI.

Lady Stanhope me demanda mon nom : je vis que les journaux qu'on lui envoyait de temps en temps, malgré ses ordres, ajoutait-elle, le lui avaient déjà prononcé; j'ajoutai que des fonctions m'attachaient à la résidence de Constantinople d'où je venais; et elle me parla de quelques hommes d'État anglais que j'avais dû y voir.

« Le secrétaire-interprète de l'ambassade, me
« dit-elle, M. Terrik Hamilton, grand orientaliste,
« n'a pu néanmoins retracer que faiblement,
« dans sa traduction du poëme d'*Antar*, le ca-
« ractère poétique et guerrier des Arabes. Un
« seul homme était digne de commander aux
« Arabes comme au monde. Les rois de l'Europe
« l'ont exilé. . . . . Ils en seront punis, ils le
« méritent. Depuis que cet homme n'est plus sur
« le trône, tout est changé; le trouble reparaît
« partout. L'Espagne n'a plus de roi. L'Angle-
« terre et l'Allemagne sont déchirées de factions.
« Un horrible assassinat vient de recommencer
« la révolution en France; je vous plains tous et
« je vous fuis. Mes sentiments, monsieur, ne doi-
« vent pas être les vôtres, je le sais; mais vous
« apprécierez ma franchise, et je ne dois point

« payer votre visite par une dissimulation qui
« n'est pas dans mon cœur. Mais entrons, nous
« causerons plus à notre aise. »

Je me fis répéter cette invitation, car j'étais plongé dans une rêverie profonde. Le soleil se couchait dans la mer de Chypre; mes regards planaient sur la verte plage de Seyde; la chaîne du Liban, chargée de nuages noirs, se prolongeait vers le nord; ma pensée errait dans cette immensité; et les accents prophétiques que je venais d'entendre, échappés à une femme revêtue du caractère et presque du costume des antiques sibylles, ces paroles solennelles, dis-je, donnaient à mes impressions quelque chose de sauvage et d'imposant.

Je suivis mon étrange guide dans l'intérieur du Harem; c'est ainsi que lady Stanhope, s'identifiant avec le sexe dont elle empruntait les habits, appelait son appartement intime. Sa maison se compose d'une multitude de chambres disposées autour d'une cour carrée, comme dans un couvent. Cette cour est un jardin garni de fleurs odoriférantes. Toutes les ouvertures de la maison donnent sur ce jardin intérieur. Ainsi trois des façades de l'édifice ne sont que de grands murs sans ouvertures; et la quatrième, par où j'entrais, offre du côté de la mer une seule porte, et un péristyle, si l'on peut nommer ainsi quelques tiges de cèdre supportant un toit de chaume.

J'entrai sur les pas de mon hôte (je n'oserais dire mon hôtesse) dans un salon garni de sophas: quelques arcs et deux carquois remplis de flèches étaient suspendus aux murs. Sur un côté du divan paraissait un grand tableau représentant un cheval libre franchissant un torrent, et derrière ce cadre, je reconnus un portrait de Bonaparte presque entièrement dérobé à la vue. Lady Stanhope se coucha dans l'angle gauche du divan : c'est, en Turquie, la place du maître de la maison. Je me couchai à l'autre angle, vis-à-vis d'elle. J'avais refusé de souper : elle fit apporter des abricots blancs, dont l'espèce est inconnue en Europe, des figues bananes, puis des sorbets. Je n'oublierai de longtemps ce repas offert par une Anglaise à un Français sur un pic du Liban.

« N'êtes-vous pas surpris de mon costume?
« me dit lady Stanhope, en pressant sur ses lè-
« vres l'ambre d'une longue pipe. — Non, Ma-

dame, répondis-je; je voulais voir lady Stanhope, et, sous quelques vêtements qu'elle paraisse à mes yeux, j'espère que mon hommage aura pénétré jusqu'à son cœur. — Oui,
« Monsieur, reprit-elle, j'ai du plaisir à vous voir,
« et il faut que cela soit pour que je le dise; car
« depuis longtemps mes compatriotes m'ont dé-
« goûtée des voyageurs; ils se croient en droit
« de tourmenter mon existence, et aucun Anglais
« ne viendrait en Syrie sans prétendre examiner
« ma vie et mes discours. Je suis pour toujours
« brouillée avec eux. Je n'en reçois plus : et que
« viendraient-ils faire en Orient ? Loin d'égaler
« les hommes qui l'habitent, ils ne sont pas
« même faits pour les observer. Le dernier fut
« ce jeune Banks que vous avez vu à Constan-
« tinople. Je l'ai fait conduire dans le désert,
« vers la ville qu'il dit avoir découverte. Il me
« doit bien des facilités apportées à son voyage,
« et il s'en est montré peu reconnaissant. Mais
« je sais oublier les ingrats. J'ai bien oublié un
« voyageur plus célèbre qui porte le même nom,
« et qui fut l'ami de mon oncle. Je n'aime pas
« les traîtres. M. Pitt avait eu à se plaindre gra-

« vement de sir Joseph Banks, et le prince ré-
« gent voulut un jour m'engager à le suivre chez
« le compagnon de Cook qu'il allait voir. — Ja-
« mais, répondis-je, Esther Stanhope ne verra
« sir J. Banks ; un homme qui trahit son ami est
« capable de trahir son roi.

« Bien d'autres Anglais passagers en Syrie
« m'ont obsédée de leurs persécutions. Pour les
« éloigner de moi, j'ai dû y répondre par
« des brusqueries ; mais elles ont produit l'ef-
« fet que j'en attendais, et je ne les ai point
« vus. Ils se vengent par des publications de
« leurs voyages, où chacun d'eux me fait figurer
« à sa guise, et toujours pour m'accabler de ri-
« dicule. Cette arme est aiguë en Europe ; ici,
« elle s'émousse, et d'ailleurs j'y suis insensible
« depuis bien longtemps. » — « Quoi ! ces jugements si défavorables, ces portraits si peu res-
semblants que la presse multiplie, n'ont-ils rien
qui puisse vous choquer, milady ? » — « Oh ! point
« du tout, reprit-elle en riant ; que me font-ils
« de la part de ceux qui ne m'ont jamais connue ?
« Si mon nom peut procurer à leurs ouvrages
« des lecteurs, et des acheteurs à leurs libraires,

« je m'en réjouirai très-sincèrement, car je veux
« faire le bien, de quelque manière que ce soit. »
— « Je le sais, repris-je, et je dois vous témoigner
toute ma reconnaissance de vos bontés pour mes
compatriotes. J'avais su que plusieurs Français
malheureux avaient trouvé chez lady Stanhope
le plus généreux et le plus favorable accueil. »

« Oh! les Français, dit-elle avec feu, ont des
« droits tout particuliers à mes sentiments. Vous
« aurez beau faire, fort heureusement pour vous,
« vous ne ressemblerez jamais à vos voisins. J'es-
« time votre ambassadeur (*M. le marquis de Ri-*
« *vière*). C'est un fanatique dans son dévoue-
« ment pour ses maîtres, mais il l'est de bonne
« foi. Le monde serait plus heureux s'il n'y
« en avait eu que de semblables. Au reste,
« son exemple est peu contagieux. Ces vieux
« modèles de l'honneur ne sont plus de no-
« tre siècle. Aujourd'hui la fidélité n'est que
« de la niaiserie, et la faveur va au plus in-
« grat. Votre Europe si corrompue fait mal à
« voir. Imitez les Arabes au moins; chez eux la
« parole d'un homme ne change et ne trompe
« jamais. . . . . . . Et ce pauvre colonel Bou-

« tin [1], que n'ai-je pas fait pour prévenir ses mal-
« heurs? Je les ai au moins bien vengés. Il revenait
« chez moi, quand un caprice de curiosité le con-
« duisit chez les Ansariés, où il a péri on ne sait
« trop comment. J'appris sa mort par hasard; aus-
« sitôt, appuyée des ordres du pacha de Damas
« qui me traitait comme sa fille, j'expédiai par-
« tout des émissaires, mais je ne pus recueil-
« lir que des renseignements incertains, et je
« ne savais où diriger mes poursuites. Alors
« j'écrivis au chef dont l'influence domine dans
« la montagne, en lui envoyant une superbe paire
« de pistolets. — *Abba Mehhemed*, je t'arme
« mon chevalier. J'ai à me plaindre des Ansariés
« qui ont massacré un de mes frères; j'espère
« que ces pistolets ne manqueront jamais per-
« sonne, qu'ils protégeront tes jours, et qu'ils
« vengeront la cause de ton amie. — Il partit, et il
« brûla cinquante-deux villages. La route est sûre

---

[1] Cet officier français a péri en 1812 dans les montagnes
voisines d'Antioche; il avait longtemps parcouru l'Arabie,
et il rapportait des notions fort étendues sur l'existence et
les mœurs des tribus du désert.

« aujourd'hui ; vos officiers n'ont plus rien à
« craindre des Ansariés. » — « Que n'avez-vous pu,
dis-je alors, porter vos secours à un autre voyageur, dont l'entreprise devait être plus utile encore, le malheureux Ali-Bey. » Lady Stanhope
s'émut à ce nom. « Vous renouvelez, reprit-elle,
« toute ma douleur : pauvre Ali ! combien je l'ai
« regretté ! Mais soyez franc, ajouta-t-elle après
« un moment de silence : avez-vous ordre de me
« parler d'Ali-Bey ? » — « J'ai l'honneur de vous répéter, milady, que ma visite auprès de vous est
entièrement désintéressée, et n'est point un article de mes instructions. Mes questions relatives
à Ali-Bey que j'ai connu, viennent d'un homme
qui s'intéressait vivement au résultat de sa dernière expédition. »

« Eh bien, Monsieur, reprit lady Stanhope, je
« crois que Dieu vous envoie pour me délivrer
« d'une véritable peine, et je me confie entièrement
« à vous. J'ai une lettre qu'Ali-Bey m'écrivit peu
« d'heures avant de mourir. J'ai aussi un paquet
« de la rhubarbe empoisonnée à laquelle il croit
« devoir sa mort. Il a voulu que ces deux objets
« fussent envoyés au ministre de la marine en

« France. Jusqu'ici je n'ai osé les confier à per-
« sonne. Promettez-moi que vous les lui remet-
« trez vous-même, quelle que soit l'époque de
« votre retour à Paris; et les dernières volontés
« du pauvre voyageur seront ainsi accomplies. »

Je le promis. Lady Stanhope alla chercher un petit paquet enveloppé de papier qu'elle me donna; elle me dicta deux lignes, que, par ses ordres, j'écrivis sur la lettre même. Ces lignes indiquaient qu'Ali-Bey avait été enterré au château de Balka, à quatre ou cinq journées de Messirib, dans le désert.

« Incertaine de sa mort, j'envoyai, continua-
« t-elle, un courrier monté sur un dromadaire,
« pour suivre ses traces et avoir de ses nouvelles.
« Celui-ci fit en treize jours le voyage de la
« Mecque, et il ne rapportait que des notions
« vagues, quand il fut attaqué et pris dans le dé-
« sert. Il n'a pas reparu depuis deux ans; j'ai soin
« de sa famille. Je fus instruite plus tard, par
« quelques Arabes, de la fin d'Ali-Bey. Ma pre-
« mière pensée fut de croire à quelque vengeance
« des Musulmans. Dans son premier voyage, pu-
« blié à Paris, il avait dévoilé les mystères de la

« Mecque, et décrit en détail les mosquées et le
« tombeau de Mahomet, qu'il avait été admis à
« vénérer sous ses habits orientaux. On avait pu
« chercher à punir une telle indiscrétion; mais
« je sus bientôt qu'il n'en était rien, et lui-même
« attribue sa mort à d'autres causes.

« Je fis de grands efforts pour me mettre en
« possession des manuscrits et des instruments
« astronomiques d'Ali-Bey; on m'avait dit que le
« chef des Maugrebins en était le détenteur. Je
« priai le pacha de Damas de les retirer et de les
« placer dans son *khasné* (trésor) particulier; il
« le fit; et ils furent scellés des cachets du mollah
« et des cadis de la ville; j'entrevis l'espérance
« de les avoir en ma possession; je fis entendre
« au pacha qu'Ali-Bey s'occupait uniquement
« d'astronomie; qu'il allait à la Mecque par ordre
« de son roi pour y mesurer le soleil, qu'il savait
« bien y être plus grand qu'ailleurs (c'est une
« croyance de l'islamisme); que ce qu'il laissait
« après lui formait l'héritage de son fils Otman-
« Bey, qui habitait le royaume de Fez; et qu'en-
« fin, pour profiter des écrits de ce savant, il
« fallait traduire ses observations en arabe : j'of-

« frais de me charger de ce travail; mes motifs
« allaient être goûtés, je m'en flattais du moins,
« quand le pacha fut destitué. Je l'ai regretté sin-
« cèrement, car il avait pour moi une amitié
« particulière. »

« Ce fils d'Ali-Bey, interrompis-je, existe-t-il
en effet? ou votre récit n'était-il qu'une fable
adroite? » — « Pas du tout, reprit lady Stanhope;
« dans son voyage à Fez, Ali-Bey, qui, grâce à
« son costume et à sa profonde connaissance des
« idiomes de l'Orient, pénétrait dans les sérails
« comme dans les mosquées, eut des relations
« avec une sœur du roi de Fez, et la laissa grosse
« d'un enfant qu'on nomme aujourd'hui Otman-
« Bey. L'existence de ce jeune fils peut servir de
« base aux réclamations qui auraient pour objet
« d'obtenir les manuscrits et les instruments,
« seul héritage de son père. »

Lady Stanhope apprit avec plaisir que le voyage
d'Ali-Bey avait un autre but que des découvertes
astronomiques, et qu'il avait la mission de se rendre à Tombuctoo. « L'expédition des Anglais au
« pôle nord, disait ce savant dans une de ses der-
« nières lettres que j'ai lue, et mon voyage au

« centre de l'Afrique, doivent résoudre les deux
« grands problèmes géographiques qui nous res-
« tent sur le globe, avec la différence que, si je
« réussis, ma mission produira infiniment plus
« de résultats utiles à l'humanité que le voyage
« au pôle. » Lady Stanhope déplora doublement
la mort prématurée de cet intrépide voyageur, et finit par me dire qu'on la devait, comme
il l'assure lui-même, au poison et à la jalousie
des Européens.

« Les Arabes, ajoutait-elle, auraient aimé un
« homme de son caractère. Tout le monde n'est
« pas né pour voyager chez eux. Cet illustre Po-
« lonais, par exemple, si grand amateur de che-
« vaux, qui s'est montré en Syrie il y a deux ans,
« n'a nullement les qualités propres à l'Arabie : il
« est vrai qu'il y a à peine pénétré. J'ai appris
« avec étonnement que ses voyages avaient dé-
« rangé sa fortune; je ne lui ai jamais vu qu'un
« équipage très-mince, et il s'est beaucoup plus
« occupé des femmes d'Alep que des hommes du
« désert.

« Je ne sais comment j'ai pu plaire aux Bédouins
« et me faire parmi eux des amis : quelques traits

« de fermeté et d'énergie y ont peut-être contri-
« bué. J'ai été, pendant deux jours, avec une fai-
« ble escorte de cinquante Arabes, poursuivie
« par trois cent cinquante cavaliers. Dans les
« ruines de Palmyre, un chef de deux cents cha-
« meaux a levé le poignard sur moi ; mes regards
« et ma contenance l'ont vaincu ; il est tombé à
« mes pieds. J'ai passé huit jours dans la grotte
« d'un santon retiré dans les rochers du Liban ;
« je couchais près de lui sur des feuilles sèches ;
« il m'expliquait le Coran et m'initiait aux secrets
« de sa vieille expérience. La première fois que
« j'entrai à Damas, on m'avait préparé, au quar-
« tier des Chrétiens, une maison séparée. Je fis
« dire au pacha que j'étais fatiguée de voir des
« chrétiens et des juifs ; que j'étais venue faire
« connaissance avec les Turcs et les Arabes, et
« que je voulais une autre habitation. J'en choi-
« sis une au milieu des Musulmans, en face de la
« grande mosquée, et j'y séjournai pendant quel-
« ques mois.

« Non, les Arabes ne sont point tels qu'on les
« représente en Europe. C'est surtout chez eux
« que réside cet *honneur* dont vous avez inventé

« autrefois le mot en France, et qui n'existe
« point dans la langue anglaise. Ils sont bra-
« ves, généreux, indépendants. Il y a, dans le
« désert, des hommes tellement instruits par leur
« observation assidue de la nature, par leur vive
« intelligence, et leur habitude de réfléchir,
« qu'on ne peut lutter de science avec eux :
« d'autres, à une grande ignorance allient un
« bon sens et une sagacité qui étonnent. Je les
« aime, et je continuerai de vivre avec eux. Je
« ne suis pas anglicane, je ne suis pas musul-
« mane non plus, quoique je cite parfois le Co-
« ran. Je ne sais pas comment se nomme mon
« culte ; mais j'adore un Dieu maître du monde
« qui me récompensera, si je fais le bien, et me
« punira, si je fais le mal. Comment choisir dans
« ce mélange de mille sectes? Le désert, en cela
« semblable à l'Europe, en présente une in-
« croyable variété. J'ai habité trois mois à quel-
« ques pas des grottes mystérieuses où les Dru-
« ses, peuple franc-maçon, se livrent à la fois
« à leurs cérémonies religieuses et à de noctur-
« nes débauches. J'ai longtemps hésité, je l'a-
« voue. Au milieu de toutes ces idolâtries, je

CHAPITRE XI. 365

« n'osais me créer une divinité ; mais aujourd'hui
« ma croyance est fixée ; et à force de bienfaits
« versés sur mes semblables, je veux mériter les
« bontés de ce Dieu, seul et tout-puissant, dont
« mon âme tout entière reconnaît l'existence. »

« Vous ne reviendrez donc jamais en Europe, milady ? » — « Je l'ai quittée depuis huit ans, et pour
« toujours. Que voulez-vous que j'y regrette ?
« des nations avilies, et des rois imbéciles ? C'est
« le mien que j'accuserais d'abord, s'il n'était
« établi qu'un roi d'Angleterre ne doit jamais
« régner ; et que Stuart ou Orange, fou ou sensé,
« ses affaires doivent aller sans lui. La femme de
« ce pauvre roi est venue en Syrie, passer comme
« une Anglaise obscure ; tandis que lady Stan-
« hope y jouait le rôle que la princesse de Galles
« n'eût jamais dû quitter. Pauvre princesse Char-
« lotte ! elle aurait été une grande reine ! elle était
« sans préjugés. Le duc d'York a autant de pro-
« bité que de faiblesse ; mon frère est son aide
« de camp. Je l'aime, ce frère [1] ! Mais il est un

---

[1] Le colonel Stanhope désigné ici, était membre de la chambre des communes. En 1825, dans un accès de fièvre

« autre Stanhope qui a osé en plein parlement
« calomnier la nation française, la grande nation !
« Ne sait-il pas que jamais l'Angleterre n'atteindra
« à la glorieuse hauteur de sa rivale? Avant peu
« vous verrez tous ces trônes bouleversés dans
« leurs fondements. Alexandre joue plus long-
« temps, et mieux qu'un autre, son rôle de Tar-
« tufe ; mais il cédera lui-même au torrent... »
« Pardon, Monsieur, je froisse peut-être vos opi-
« nions que je devine. Au reste, presque tous mes
« amis à Londres, quand j'en avais, pensaient
« comme vous ; et je leur livrais de rudes assauts
« politiques ; mais je les estimais : je ne méprise
« que les transfuges, quels qu'ils soient ; et, en
« cela, j'étais tout à fait Arabe, bien avant d'ha-
« biter ces solitudes. Ici, on ne croit pas à ces
« sentiments qui changent avec la fortune, à ces
« dévouements éphémères, qui, morts avec le
« vaincu, renaissent pour le vainqueur, et sautent
« de l'un à l'autre, avec une agilité toujours plus

---

chaude, qu'on attribua à sa douleur de la perte de sa femme, il s'est pendu dans le bois de *Caen-Wood*, maison de campagne de son beau-père lord Mansfield, à dix mille de Londres.

« souple. Au désert, la vie jusqu'à la tombe reste
« fidèle à la haine ou à l'amitié du berceau. Est-ce
« l'effet de l'honneur mieux compris, ou d'une ci-
« vilisation trop arriérée? je le laisse à votre choix. »

Cette conversation, qui dura depuis sept heures jusqu'à deux heures après minuit, fut interrompue à diverses reprises par des pauses et des rafraîchissements. Nous restâmes entièrement seuls pendant tout ce temps; et je n'ai tracé ici que le résumé de nos entretiens. Lady Stanhope m'avait quitté un instant dans le cours de la nuit; je la vis revenir bientôt, et je m'aperçus qu'elle boitait; je lui en demandai la cause. « Je
« visitais mes juments arabes, suivant mon ha-
« bitude de tous les soirs, me répondit-elle, et
« je viens de recevoir un coup de pied qui m'a
« atteinte légèrement. » En effet, en passant la main sur son genou, elle la retira sanglante. Je la priai d'appeler ses femmes, elle se mit à rire.
« Des femmes de chambre! me dit-elle; je n'en
« ai plus; elles n'ont pu supporter la vie du
« désert, je les ai renvoyées en Europe; quelques
« Arabes me servent ici; je parle leur langue, et
« leurs soins me suffisent. »

J'avais manifesté l'intention de retourner à Seyde dans la nuit même; lady Stanhope ne voulut pas le permettre, et elle m'engagea à passer quelques jours auprès d'elle : je dus m'y refuser à mon tour; mes moments étaient comptés, et je m'excusai sur mon pèlerinage. « Vous allez
« à Jérusalem, me dit-elle; vous n'y verrez que
« des prêtres haineux, et des dissensions inter-
« minables. Puisque vous voulez me quitter si-
« tôt, je vais prendre congé de vous. On va vous
« conduire dans la chambre qui vous est destinée.
« Un Arabe sur le Liban ne vous recevra pas
« comme une Anglaise à Londres; mais acceptez
« de bon cœur ce que je vous offre de même.
« — Adieu, Monsieur, ajouta-t-elle en mettant la
« main sur son cœur, le bonheur vous accom-
« pagne! Je vous ai vu avec plaisir, et c'est ce
« que je dis bien rarement des autres voya-
« geurs. »

Je répondis à ses vœux par des expressions sincères. Elle me quitta. En arrivant dans la chambre qui m'était préparée, on m'apporta de sa part une écritoire : elle me faisait prier de lui laisser mon adresse. Agité de souvenirs, je ne pus fermer l'œil du reste de la nuit; et au point du jour, j'appelai mon guide. Deux chevaux arabes étaient à ma porte. Je les acceptai jusqu'au bas de la montagne. Je les renvoyai de là, et je repris lentement le chemin qui conduit à Seyde.

Nota. Pour compléter ce récit de mon entrevue avec lady Esther Stanhope, je dois reproduire ici ma lettre à M. de Lamartine, insérée dans son *Voyage en Orient.*

LETTRE

DE M. LE VICOMTE DE MARCELLUS

A M. DE LAMARTINE.

> . . . . ἀτὰρ καὶ ὁμήλικες ἐσμέν·
> Ἥδε δ' ὁδὸς καὶ μᾶλλον ὁμοφροσύνῃσιν ἐνήσει.
>
> Homère, Odyssée, ch. xv, v. 197.

Nous sommes du même âge, et ce voyage doit nous unir bien plus encore par la conformité de nos pensées.

Je n'ai encore lu de votre *Voyage en Orient*, mon cher Lamartine, que les extraits insérés dans divers journaux, et déjà je ne puis résister au désir de vous dire tout ce que je vous dois de jouissances renouvelées. Vous avez ranimé mes vieilles impressions; j'ai retrouvé en vous, s'il n'y a trop d'orgueil à le dire, ces émotions grandes et fortes qui m'agitèrent, douze ans plus tôt, à l'aspect des mêmes lieux. Je me livrais alors tout entier à la contemplation de ces majestueuses beautés; le désert, le Liban m'apparurent sous ces couleurs sublimes que votre pinceau fait revivre : j'ai vu les mêmes ruines, j'ai gravi les mêmes montagnes; la même poussière s'est attachée à mes sandales de pèlerin; et je ne m'abuse pas en croyant que cette fraternité de voyages et de pensées ajoute un lien de plus à notre amitié.

Vous avez nommé lady Esther Stanhope, et dès lors je n'ai pas cessé de lire et de relire votre intéressant épisode. Je l'ai médité comme une page de mes propres souvenirs écrite en traits de feu; vous m'avez transporté de nouveau aux pieds de cette femme dont je n'osai tracer le portrait, et que vous ne jugez pas vous-même. Mes impressions alors, je l'avoue, lui furent presque toutes favorables, soit qu'il y eût dans ma jeunesse quelque sympathie plus réelle avec cette vie tout en dehors des autres vies, soit que je n'aie voulu voir rien que de grand et de neuf dans le désert. Moi aussi, je consignai ces impressions dans un récit fidèle; mais ce récit simple et décoloré sécha comme une feuille jetée aux vents, et mourut dans le gouffre des *Archives*, où tant de ces esquisses politiques que nous avons essayées, vous et moi, sont allées finir.

Cependant ma visite à lady Esther fut racontée à Louis XVIII; il voulut en savoir les détails, et désira s'en entretenir avec moi. Je dus à lady Stanhope cette bienveillance qui accueillit et fit connaître quelques-unes de mes *aventures* en Orient : ainsi le récit de mes promenades vers l'école d'Homère avec les jeunes filles de Scio, aux derniers jours de leur vie ou de leur liberté; ainsi les détails de la découverte, de l'acquisition et de l'enlèvement de la *Vénus de Milo*, ce chef-d'œuvre de la sculpture antique que mon pays, je le dis avec quelque vanité, doit à mes soins; ainsi d'autres épisodes de mes voyages obtinrent une sorte de faveur à l'abri du nom de mon hôtesse du Liban; et si je ne tentai pas alors de faire partager au public mon admiration pour elle, c'est que mon voyage se rattachait à une mission politique. Vous m'approuverez si, fidèle aux devoirs de notre commune carrière, je pensai qu'elle m'imposait un rigoureux silence. Arraché depuis à cette carrière, l'étude de ma vie, par des tempêtes où tant d'intérêts bien autrement précieux ont péri, j'ai cru devoir lui obéir encore, quand je n'hésitais pas à l'abandonner; et mon silence a survécu à mes fonctions.

Aujourd'hui, en disant mieux que moi ce que j'aurais pu raconter d'étranger à la politique, vous avez évoqué mes souvenirs; vous seul jugerez si quelques traits que j'avais conservés méritent d'être ajoutés à vos brillants tableaux.

Lady Esther Stanhope, plus rapprochée de l'Europe et de sa vie primitive, n'avait pas encore, quand j'eus l'honneur de la voir, oublié le monde, mais elle continuait à le mépriser. Elle n'avait pas appris en Syrie, de quelques hommes contemplatifs, l'art d'attacher les destinées de notre hémisphère à l'influence des astres et du firmament; elle savait encore en suspendre plus haut la chaîne; dégoûtée des cultes de l'Europe qu'elle avait imparfaitement connus, réprouvant les nombreuses sectes du désert, dont elle avait sondé les mystères, elle s'était créé un déisme à son usage, et ne conservait de la religion chrétienne que la pratique de la bienfaisance, et le dogme de la charité.

La nièce de Pitt s'était mêlée, dès sa jeunesse, aux agitations du parlement britannique; plus tard, dans ses voyages, elle avait étudié et approfondi les vues des cabinets européens; de là, dans notre entretien, ses jugements si sévères sur les hommes qui ont dirigé le monde depuis trente ans : de ces hommes, plusieurs sont tombés du pouvoir, quelques-uns dominent encore; le plus grand nombre a cédé à l'effort du temps. Lady Stanhope les frappait d'un mot, les stigmatisait d'une épithète, et presque tous ont justifié ses effrayantes prophéties. Les couleurs de ces portraits, ses révélations, ses haines qu'elle disait avoir héritées de son oncle, je n'ai pas dû les faire connaître; mais ses répugnances pour l'Europe, je puis les redire.

Reverrez-vous l'Angleterre? lui demandai-je. — « Non, jamais, répliqua-t-elle avec feu; votre « Europe! elle est si fade! laissez-moi mon dé-

« sert; qu'irais-je faire en Europe? voir des na-
« tions dignes de leurs chaînes, et des rois indi-
« gnes de régner . . . . Avant peu,
« votre vieux continent sera ébranlé jusqu'en sa
« base. Vous verrez Athènes; vous allez voir Tyr.
« Voilà ce qui reste de ces nobles républiques
« protectrices des arts, de ces monarchies reines
« de l'industrie et des mers. Ainsi sera l'Europe :
« tout y est usé; les rois n'ont plus de race; ils
« tombent emportés par la mort ou par leurs
« fautes, et se succèdent en dégénérant. L'aris-
« tocratie, bientôt effacée du monde, y donne
« sa place à une bourgeoisie mesquine et éphé-
« mère, sans germe ni vigueur. Le peuple seul,
« mais ce peuple qui laboure, garde encore un
« caractère et quelques vertus. Tremblez, s'il
« connaît jamais sa force. . . . Non, votre Europe
« me fatigue; je détourne l'oreille aux derniers
« bruits qui m'en viennent, et qui expirent bien
« affaiblis sur cette plage isolée. Ne parlons plus
« de l'Europe; j'en ai fini avec elle. »

Et alors, dans de longs récits, lady Stanhope
déroulait les merveilles du désert. Elle me racontait son existence nomade et dominatrice, ses

secours et sa protection voués à tous les voyageurs, et surtout aux Français, en mémoire de Napoléon ; la mort du colonel Boutin, égorgé par les Ansariés, dans la dernière chaîne du Liban ; la vengeance éclatante qu'elle exigea de cette mort : le poison versé sous une tente dans la plaine de Messirib, à un autre voyageur plus célèbre, qui se cachait en Orient sous le nom musulman d'*Ali-Bey*, et en Europe sous le nom espagnol de *Bahdia*. Elle me disait ses visites aux santons de la montagne, ses courses à Palmyre. . . . . .

« Je partis un jour de Damas pour revoir Bal-
« beck et ses ruines. Le pacha, mon ami, m'avait
« remise à la garde du cheik Nasel, chef de
« cinquante Arabes. Mes gens suivaient à une
« journée de distance. Nous voyagions tantôt la
« nuit, tantôt le jour ; et trois soleils s'étaient
« levés depuis mon départ, quand un messager
« monté sur un dromadaire accourt vers notre
« caravane : il dit un mot au cheik Nasel, qui
« se trouble, et change de visage. Qu'avez-vous ?
« lui dis-je. — Rien, répond-il, et nous conti-
« nuons. Bientôt un second dromadaire nous

« aborde, et la tristesse de Nasel redouble. J'in-
« siste pour en connaître la cause. — Eh bien !
« Cid Milady, puisqu'il faut vous le dire, mon
« père à qui j'ai enlevé une de ses femmes, me
« poursuit avec une troupe trois fois supérieure
« à la mienne, et va nous atteindre. Il cherche
« ma mort, je le sais ; de telles offenses veulent
« du sang ; mais vous m'avez été confiée, je pé-
« rirai plutôt que de vous abandonner. — Par-
« tez, fuyez, m'écriai-je ; j'aime bien mieux rester
« seule dans le désert que de vous voir égorger
« par votre père. Je l'attendrai, et je veux
« tenter votre réconciliation : en tout cas, Bal-
« beck ne peut être loin, et le soleil sera mon
« guide. . . . . . . Je le quitte à ces mots ; il
« s'élance, et disparaît avec les cinquante Ara-
« bes. . . . . J'étais seule depuis
« une heure, sans autre société que ma jument,
« sans autre garde que mon poignard, quand
« un nuage de poussière s'élève à l'horizon ; des
« cavaliers accourent à toute bride ; en quelques
« minutes Nasel est auprès de moi. — Honneur
« à Cid Milady ! s'écrie-t-il ; il porte un cœur de
« guerrier ; tout ce que je vous ai dit n'était que

« pour éprouver votre courage; venez, mon
« père vous attend. Je le suivis; je fus ac-
« cueillie sous ses tentes avec toutes les pompes
« du désert. Des gazelles et de jeunes chameaux
« fournirent à nos repas. Des poëtes célébrèrent
« les exploits des temps passés. J'ai fait alliance
« avec cette tribu qui, depuis ce jour, m'aime
« et me respecte. . . . . . . »

Grâce, mon cher Lamartine, grâce pour ces souvenirs de mes vieux voyages; je me laisse aller au charme qu'ils ont pour moi, et je ne sais pas plus finir que les conteurs arabes des kans de Ptolémaïde, qui répètent les hauts faits d'Antar.

Je pense, en vous écrivant, à ce soleil qui disparaissait derrière les montagnes de Chypre, et jetait ses dernières teintes sur les pics de l'Anti-Liban; je pense à cette mer si bleue, dont les vagues, mourant sans écume, frappaient à peine le rivage de Sidon. Mieux que personne, vous comprendrez combien l'imagination et la mémoire sont fortement saisies, et comme le cœur bat vite, lorsque, au sein d'un tel amphithéâtre, une Anglaise, que les Arabes, oubliant son sexe, ont nommée *Seigneur*, voilée sous le costume d'un Bédouin, laisse tomber de telles paroles dans le silence du désert.

Adieu, je vous quitte pour vous relire et pour me ressouvenir encore. Si jamais vous envoyez votre ouvrage à lady Stanhope, prononcez-lui de nouveau le nom d'un homme plein de sa mémoire, et fier d'être à la fois un des rares voyageurs qui l'ont cherchée sur ses montagnes adoptives, et l'un des nombreux amis qui vous ont admiré dans votre vallée natale, si voisine de ma retraite.

Le vicomte DE MARCELLUS.

12 avril 1835.

CHAPITRE DOUZIÈME.

SIDON. TYR.

L'ARCHEVÊQUE DEBBAS.

LE PUITS DE SALOMON.

LE CHEMIN D'ALEXANDRE.

(1820.)

Quæ est ut Tyrus, et quæ obmutuit in medio maris?

ÉZÉCHIEL, ch. XXVII, v. 32.

Qui est semblable à Tyr ? et cependant elle s'est tue au milieu de la mer.

Je descendais la dernière colline du Liban, et je n'étais plus qu'à une faible distance de la mer, lorsque je rencontrai plusieurs femmes arméniennes, revêtues de longues robes brunes, et du grand châle peint qui enveloppe leur tête, en retombant sur leur dos. C'était une partie du costume de Didon.

Sidoniam picto chlamydem circumdata limbo [1].

Elles semblaient glisser mystérieusement comme des ombres parmi les arbres des jardins qui bordent la route. Une de ces femmes en passant près de moi releva le voile à longs plis qui cachait son visage; et sans s'arrêter, elle me dit en français : *Si vous êtes catholique, suivez-moi.* Je renvoyai le janissaire qui m'accompagnait, en disant que je retournerais seul à Seyde. Après quelques détours le long des ruisseaux et dans la fraîche vallée qui s'étend au pied des premiers rochers du Liban, j'arrivai, en suivant mes guides, à des grottes profondes et contiguës; ces grottes antiques furent creusées dans la montagne par les rois de Syrie, et leur servaient de tombeaux. J'y trouvai réunie une foule de femmes agenouillées; un autel grossièrement construit supportait quelques flambeaux et des fleurs. Un prêtre y parut bien-

---

[1] Virgile, Énéide, liv. IV, v. 137.

tôt, et dit la messe en arménien. Je me souvins alors des persécutions que les catholiques arméniens, sujets de la Sublime Porte, venaient d'éprouver à Alep et à Damas : quelques prêtres, en fuyant, étaient parvenus jusque dans les environs de Seyde; j'avais partagé avec un de ces proscrits, ma chambre au couvent de Terre-Sainte où je logeais; et je compris ainsi pourquoi cette retraite et ce mystère. Je n'étais pas le seul homme dans la grotte; mais les femmes y étaient en bien plus grand nombre, et donnaient à la fois l'exemple de la piété et du courage.

Trop jeune témoin de la révolution de France, ce fut la première fois, et la dernière fois sans doute, que j'aie dû, pour assister à nos cérémonies religieuses, arriver en secret et cacher mes pas. Il me sembla que ces persécutions et ces dangers donnaient à nos prières communes plus de recueillement et de ferveur. En me retirant, après la messe, je rencontrai de nouveau la personne qui m'avait indiqué cette pieuse réunion. C'était une Française, née à Marseille; elle y avait épousé un négociant qui vint s'établir en Syrie, et y mourut fort peu riche après vingt ans de commerce. La pauvre veuve continuait à habiter Seyde; elle avait adopté les vêtements et les coutumes des femmes catholiques de la montagne : elle me conduisit jusqu'aux aqueducs qui apportent l'eau du Liban à Sidon, et nous nous séparâmes pour toujours.

J'avais envoyé un messager à Tripoli; en attendant son retour, je fis de longues promenades dans les beaux jardins de Seyde. Quand je passais dans les sentiers qui les séparent, leurs possesseurs m'invitaient à y entrer; ils m'offraient des bananes, des cannes à sucre, et des abricots blancs : ces derniers fruits sont dans une telle abondance, et si salutaires, que dans la saison, les Arabes, communément très-sobres, en font leur aliment presque exclusif. Les habitants de Sidon ont pour coutume de transporter leurs tapis auprès des sources ou des ruisseaux de leurs jardins, aux pieds des abricotiers qui leur fournissent cette exquise nourriture; et ils passent ainsi des journées entières à l'ombre, au milieu de leurs champs, entre leurs mets et leur breuvage.

C'était surtout vers le chemin qui mène par le bord de la mer à Bayruth (*l'antique Béryte*), que je me dirigeais de préférence; j'y admirais l'ancien pavé en mosaïque, et les ruines des vieux portiques construits sur le rivage. Là je rêvais à cette Sidonienne Didon, si belle, et si malheureuse (*pulcherrima, miserrima*). Je répétais sur la plage solitaire les adieux à la vie de l'amante d'Énée, ces vers si passionnés et si mélancoliques.

« Gages si chéris tant que les destins et les
« dieux m'ont protégée, recevez aujourd'hui
« mon âme, et délivrez-moi de toutes ces dou-
« leurs. J'ai vécu, j'ai achevé la course que m'a-
« vait assignée la fortune [1] . . . . . . »

Mes yeux se mouillaient de larmes à ces accents tristes et harmonieux; les vagues mourant sur la grève, y mêlaient seules leurs sourds gémissements. Je revenais ensuite pour laisser

---

[1] *Dulces exuviæ, dum fata deusque sinebant,*
Accipite hanc animam, meque his exsolvite curis;
Vixi; et quem dederat cursum fortuna peregi.

VIRGILE, Énéide, liv. IV, v. 652.

passer la chaleur du jour, sous les voûtes du couvent de Terre-Sainte, ou du caravansérail qu'habitent cinq ou six familles françaises résidant encore à Seyde; puis, je visitais les beaux chevaux arabes que M. le vicomte de Portes venait de réunir dans le pachalik de Damas, et qui allaient s'embarquer pour la France : lady Stanhope les avait admirés et disait qu'ils ne cédaient en rien aux quatorze chevaux qu'elle avait acquis elle-même, et choisis à grands frais pendant huit ans dans toute l'étendue du désert. J'allais aussi parcourir l'édifice ou plutôt l'espèce de prison que l'on nomme le palais du pacha. Des murs noircis, des tours ruinées, de grandes cours solitaires, un petit jardin envahi par les ronces; rien enfin que le temps n'ait dégradé, si ce n'est une magnifique tombe couverte d'arbres de la plus riche verdure. Voilà tout ce qui reste du sérail d'un des plus puissants satrapes de l'Empire ottoman. Ce titre même de pachalik n'appartient plus à Seyde : les tyrans de la Syrie ont porté leur résidence à Ptolémaïde ; et la Sublime Porte, obstinée dans ses coutumes, a beau refuser à Saint-Jean d'Acre le titre de chef-lieu de la province (*Eïalet*), les pompes, les richesses, les honneurs ont suivi la cour du pacha.

Depuis plusieurs années même, le commerce de Seyde est nul; le dernier consul de France, pendant un séjour de sept ans, n'a vu entrer dans la rade qu'un seul bâtiment français jeté par la tempête vers ces parages abandonnés. Quelques négociants du pays, lassés de spéculations stériles, ont embrassé l'état un peu plus lucratif de médecin. Je riais au récit de leurs visites payées d'un peu de lait, de quelques œufs ou de riz, salaire proportionné sans doute à leurs talents improvisés.

Enfin, toute l'opulence de Sidon a passé chez ses deux voisines, Béryte et Acre. Cette première ville est devenue l'entrepôt où les Arabes du Liban et du désert s'approvisionnent; c'est aussi l'échelle ou le port de Damas, et l'un des plus importants débouchés de la Syrie. Peu de jours ont suffi pour dépouiller Seyde de toutes ses prérogatives.

Le soir, quand la brise commençait à souffler, je venais m'établir avec le consul français sur le toit aplati du couvent de Terre-Sainte; on y étendait quelques tapis; et, couchés sur ces divans portatifs, nous passions des heures entières à considérer les barques des pêcheurs, la rade, l'écueil de Fakhr-el-din, les chaînes des grandes montagnes qui se prolongent vers Antioche et Ptolémaïde, enfin, la vaste plaine des mers et les voiles rares qui blanchissaient au loin. La nuit même ne pouvait nous arracher à notre contemplation : sous ce beau ciel de Syrie, l'air est si pur, le vent si frais, les étoiles si brillantes!

Le 18 juin, à trois heures du matin, je partis à cheval de Seyde avec un guide et un janissaire arabes : en longeant le bord de la mer, je traversai des campagnes couvertes des plus belles plantes de coton et de tabac. Cette plaine qui s'étend jusqu'aux montagnes de l'Anti-Liban a environ deux lieues de large; elle est d'une admirable fertilité. On me montra, près du rivage, le village d'Élie; c'est un petit hameau bâti sur les ruines de la ville de Sarephta [1], qui

---

[1] *Sarephta Sidoniorum.* —Bibl. Reg. III, ch. 17.

nourrit le prophète pendant les années de sécheresse. Je m'arrêtai ensuite sur les bords d'une rivière assez rapide qui venait des montagnes, à l'endroit où un pont de bois la traversait; c'était le fleuve Léontès dont les eaux profondes accourent des vallées voisines de Baalbek. Les Arabes le nomment Nakhr-el-Kasmieh, *fleuve du partage*, parce qu'il sépare la province de Sour de celle de Saïd, c'est-à-dire, le territoire de Tyr de celui de Sidon. Là, pendant que je me reposais sur la rive du fleuve, je vis paraître un Arabe à demi nu sur son cheval; armé d'un long roseau, comme d'une lance, il pêchait dans la plus sérieuse immobilité : le cheval et l'homme avaient l'air de statues guerrières. Après quelques essais infructueux sur un point, le cavalier se portait au grand galop vers de plus heureux parages, et jetant de nouveau sa ligne il reprenait, avec son coursier, son attitude si merveilleusement fixe : il s'approcha bientôt de nous avec le produit de sa pêche; j'achetai quelques poissons que mon guide suspendit à sa ceinture à côté de son *kandgiar* et de ses pistolets.

J'étais à Tyr avant midi. Je parcourus lentement l'antique chaussée d'Alexandre. Le temps et la mer en détruisant la ville des Tyriens, ont ajouté à la solidité du môle d'Alexandre le Grand; c'est encore aujourd'hui une jetée qui a près d'une lieue de longueur.

Je passai des portes à demi ruinées, et je descendis de cheval auprès d'une chaumière attenant à une chapelle. C'étaient le palais et la cathédrale de l'archevêque de Tyr. Ce vénérable vieillard vint me recevoir à la porte de sa cabane : une barbe épaisse et blanche descendait sur sa tunique violette où brillait une croix d'or. Il me conduisit vers le divan de son unique chambre; et tandis que deux belles Tyriennes préparaient notre repas, il se livra à une conversation douce et familière.

Cette hospitalité de l'Orient ne ressemble à nulle autre : à peine vous touchez le seuil de votre hôte, que déjà vous êtes son ami, son confident, son fils adoptif : il vous raconte sa vie, ses espérances, ses occupations, comme s'il devait vous y associer pour de longues années. Voici ce que me dit l'archevêque de Tyr; il s'exprimait en italien avec facilité, et même avec élégance.

CHAPITRE XII.

« Vous êtes étonné, je le vois bien, de cette
« humble demeure, et de la pauvreté de l'arche-
« vêque de Tyr. Mais quoi? n'avez-vous pas été
« plus surpris encore de la misère de sa métro-
« pole? Je vis au milieu des ruines, et je ne suis
« moi-même qu'un débris. Pourquoi me plaindre?
« J'ai cependant connu le luxe et les délices de
« la vie européenne, mais je leur ai préféré le
« Liban, ma pauvre cabane et la ville de mes
« pères. Je suis né à Tyr où je mourrai sans doute
« bientôt. Je perdis mes parents de bonne heure.
« Je n'avais qu'un frère; vous le verrez, il ha-
« bite avec moi : ses deux filles ont soin de ma
« vieillesse. Après avoir passé mon enfance, at-
« taché au service d'un couvent sur la montagne,
« je désirai être prêtre, et les chefs catholiques
« du Liban me firent partir pour Rome. J'arrivai
« d'abord dans la nouvelle Tyr, cette ville cons-
« truite au milieu de la mer comme celle-ci, et,
« comme elle, reine du commerce : mais je ne
« passai que quelques jours à Venise dans sa dé-
« cadence; on m'a dit depuis qu'elle a imité Tyr
« jusqu'à la fin, et que *la couronne est tombée de*
« *sa tête*[1]. Je reçus du pape Clément XIV le plus

---

[1] Jérémie, Lamentations, ch. v, v. 16.

« bienveillant accueil; il abrégea pour moi le
« temps des études et des préparations au sacer-
« doce. Néanmoins je dépérissais à Rome de re-
« gret et d'ennui : c'étaient bien des ruines aussi,
« mais ce n'étaient pas les ruines de ma pauvre
« patrie. Enfin je repartis prêtre pour le Liban;
« et plus tard, Pie VI daigna m'envoyer cette
« croix d'or. Je suis archevêque de Tyr depuis
« trente-deux ans, et j'en ai soixante-et-dix-huit. »

J'adressai à l'archevêque quelques questions sur l'état de la religion catholique en Syrie. Il y répondit de la sorte.

« La ville de *Sour* où vous êtes est presque en-
« tièrement catholique : j'ai douze cents diocé-
« sains, et je suffis avec un seul prêtre aux be-
« soins spirituels de cette faible population. Quant
« au Liban, il contient cent soixante mille habi-
« tants environ : cent vingt mille professent la
« religion catholique; il y a vingt couvents de
« femmes, et trois cents religieuses; cinquante
« couvents d'hommes; et en tout douze cents
« prêtres, plusieurs évêques et quatre patriar-
« ches. Tous ces couvents ont des revenus; les
« terres qui en dépendent sont cultivées par les
« moines eux-mêmes. Le nombre des catholiques

« n'a ni augmenté ni diminué depuis vingt ans :
« mais en l'absence des missionnaires français,
« la foi s'est attiédie, et votre révolution de
« France a porté atteinte à la religion jusque
« dans le Liban. Ici l'exercice du culte est libre,
« mais les impôts que payent nos frères sont ex-
« orbitants, et les avanies fréquentes des pachas
« de Damas et d'Acre pèsent également sur nos
« prêtres; les Turcs ne font sentir leur autorité
« dans la montagne, que par la levée des impôts;
« les schismatiques grecs, très-peu nombreux,
« n'y nuisent point aux catholiques; mais ceux-
« ci ont tout à souffrir des sectateurs druses.
« L'Émir Béchir, *prince de la montagne*, et chef
« de ces Druses, a cependant embrassé notre
« foi; mais il n'ose encore la professer publique-
« ment; et la moindre faveur accordée à ses co-
« religionnaires pourrait le perdre pour toujours.
« Bayruth et Séide sont peuplées de catholiques.
« Je ne vous dis rien des villes de la Palestine,
« vous en jugerez vous-même. »

Je ne me lassais pas d'interroger le bon archevêque; et puisque, appelé par des devoirs impé-
rieux et pressants à Jérusalem, je ne pouvais vi-

siter moi-même les cîmes du Liban et les cèdres, je le priai de me les décrire.

« Vous avez lu, me dit-il, cette touchante « églogue hébraïque où l'épouse, pour composer « au divin époux une couronne de louange et « d'honneur, compare sa tête à l'or, ses cheveux « aux branches du palmier, ses lèvres aux lis, « ses yeux aux yeux des colombes, et pour der- « nier trait, ajoute : *Sa beauté est semblable à* « *celle du Liban.* (*Species ejus ut Libani.*)

« C'est qu'en effet le Liban est la plus belle « des montagnes. Il a presque cent lieues de tour. « Il a un pied dans la Phénicie, l'autre en Syrie : « la Méditerranée le baigne à l'Ouest; la Pales- « tine le borne au Midi; et il touche au désert « par ses contrées orientales.

« Ses monts entassés les uns sur les autres « peuvent se diviser en quatre régions.

« La première, délicieuse et douce, est ornée « de beaux jardins, de mille fontaines, couron- « née de bocages : l'olivier, l'oranger, le bananier « y mûrissent; ses moissons sont riches; ses vins « sont savoureux.

« La seconde région, âpre et semée de rochers,

« renferme des cavernes et des précipices que ca-
« chent des buissons stériles et épineux, et les
« grands arbres des bois. Mais là, sur un plateau
« élevé, est le village d'Éden, *lieu de volupté* :
« et c'est réellement un séjour de délices, où j'ai
« passé sous l'abri des couvents les plus heureux
« jours de ma vie, au milieu des eaux limpides
« et des plus frais ombrages.

« La troisième région est celle où les forêts
« cessent, et où l'herbe commence jusqu'à la
« neige : de nombreux troupeaux et quelques
« bergers y vivent pendant la saison brûlante,
« entourés des plus abondants pâturages. Au haut
« de cette troisième zone qui sert, en quelque
« sorte de piédestal à la dernière, se trouvent les
« cèdres. Quand j'étais jeune, et que j'allais les
« admirer, j'en comptais treize; on m'a dit qu'il
« y en a moins encore aujourd'hui.

« Le lieu où règnent ces grands vieillards de la
« montagne est froid, triste, solitaire, et d'un
« abord assez difficile. Au-dessus il n'y a plus de
« végétation, mais seulement des frimas; et c'est
« là que commence la quatrième région presque
« inaccessible, où souffle un vent glacé, où la

« neige d'une année attend toujours la neige de
« l'année suivante, et ne laisse jamais voir le roc
« à nu.

« Je compare quelquefois dans mes souvenirs
« ces zones aux saisons de l'année. J'éprouvais
« au pied de la première région du Liban les
« plus ardentes chaleurs de l'été. Éden me don-
« nait, à la seconde, toute la fraîcheur du prin-
« temps ; la troisième me rappelait l'humidité de
« l'automne : la quatrième, c'est l'hiver.

« De ces hautes cimes s'échappent mille tor-
« rents, et quatre principaux fleuves.

« Le *Jor-dan*, Jourdain, *fleuve de la science*,
« que vous allez bientôt voir se perdre dans la
« mer Morte.

« Le *Nakar-Rachan*, *fleuve rapide*, qui roule
« en torrent vers la Syrie, et désole souvent les
« campagnes.

« Le *Nakar-Rossena*, *fleuve capital*, dont la
« source est merveilleuse ; car il naît dans Éden,
« à droite du grand autel de l'église archiépisco-
« pale, au pied d'un immense rocher hérissé de
« mille cyprès. —

« Enfin, le *Nakar-Kadisha*, *fleuve saint* ; vous

« verrez ses eaux réunies dans le puits du Liban,
« à une heure de Tyr. Il est l'enfant des neiges,
« et il s'élance des plus grandes hauteurs en nap-
« pes écumeuses. J'ai suivi son cours pendant
« deux journées au milieu des abîmes, et presque
« assourdi par le bruit de ses cascades et de ses
« bonds impétueux. (*Puteus aquarum viventium*
« *quæ fluunt impetu de Libano.*)

« Tel est le Liban ma patrie, que je préfère à
« tout ce que j'ai vu de l'Europe et dont ma
« vieille imagination me représente sans cesse les
« rochers, les couvents, les ombrages. C'est là
« que je suis né, c'est là que je veux mourir. »

Le repas était prêt; les nièces de l'archevêque apportèrent une table à nos pieds : leur père, plus jeune de douze ou quinze ans que son frère, vint y prendre place. Les poissons du fleuve Léontès, quelques concombres, des œufs, du lait et des fruits nous furent offerts successivement par les deux Tyriennes, qui, debout derrière l'archevêque, épiaient nos mouvements pour nous servir. Ces belles jeunes filles avaient une démarche lente et noble, une taille élancée et gracieuse; elles étaient revêtues de longues tuniques bleues, serrées par une large ceinture de cuir, et descendant en plis onduleux jusqu'à leurs pieds nus. Leurs bras étaient nus aussi, et leurs cheveux tellement chargés de fleurs, qu'on voyait à peine leurs yeux noirs et brillants. Avec les fruits, elles apportèrent un vin qu'on récolte dans le Liban, et dont j'avais déjà bu à Constantinople; on le nomme *vin d'or*; il est en effet d'une couleur dorée, bien qu'il soit le produit d'un raisin rouge, et on le prendrait à l'œil comme au goût pour du vin de Roussillon très-vieux.

Après le café et la pipe, car c'est en Orient l'usage de tous les cultes et de toutes les nations, l'archevêque, courbé sur son bâton blanc, me conduisit à son église; les Tyriens s'agenouillaient sur son passage, et les enfants couraient d'une place à l'autre pour recevoir plus d'une fois sa bénédiction. Le prélat du Liban étala sous mes yeux, avec une pieuse vanité, des habits pontificaux si simples ou si pauvres, qu'à peine un prêtre de nos campagnes eût voulu en orner son autel; sa cathédrale est une chapelle presque en ruine, tout juste assez grande pour contenir le très-petit nombre de ses diocésains. Je ne voulus pas que le vénérable vieillard me suivît dans la ville et sur le rivage de la mer; il me fit accompagner par son frère; mais avant de me quitter, il me remit un petit livre écrit de sa main en italien, en me priant de le lire dans le cours de ma promenade.

Je fus conduit d'abord aux magnifiques restes de cette église gothique à trois nefs, détruite dans les dernières guerres des croisades, peu de temps après sa construction; c'est là que fut placée la tombe de l'empereur Frédéric Ier, dit Barberousse; c'est là que fut aussi, dit-on, le tombeau d'Origène. Rien de si beau que ces grandes voûtes aujourd'hui ouvertes à la lumière, ces arceaux isolés, enfin cette vieille architecture chrétienne gisant sur la poussière de Tyr!

Cet édifice, magnifique témoignage de la puissance des croisés, est sur un promontoire d'où mes yeux dominaient d'un côté le môle d'Alexandre, les grands aqueducs, et les anciens remparts de Palætyr; de l'autre, la mer et ses récifs, où j'apercevais de belles colonnes de granit oriental, couchées et noircies par les flots. J'étais à cent toises au-dessus des vagues, mes regards plongeaient sur une partie de l'ancien port égyptien.

Je m'assis sur la pierre d'une tombe, pensant à Carthage, à Alexandrie, à Venise, qui toutes, depuis Tyr, ont brillé sur les mêmes mers, et sont tombées comme elles. J'avais beau mêler les âges, je retrouvais partout la prospérité tout près de la ruine. Quelques barques d'Alexandrette, d'Antioche et de Sidon paraissaient rares dans cet immense port que les flottes du monde couvraient autrefois. Fatigué de réflexions infinies, je pris en main le petit manuscrit de l'archevêque; c'était une traduction italienne des passages de la Bible qui se rapportent à Tyr. Sur la première page je lus ces mots : *Toi donc, fils de l'homme, pleure sur Tyr* [1]. Puis, feuilletant tout l'écrit, je m'arrêtai sur ces versets détachés :

« N'est-ce pas là cette ville qui se glorifiait de « son antiquité depuis tant de siècles? Ses enfants ont fui à pied, bien loin vers les terres

---

[1] ÉZÉCHIEL, ch. XXVIII, v. 11.

« étrangères. . . . . . . Qui donc a formé ce
« dessein contre Tyr, autrefois la reine des ci-
« tés, dont les marchands étaient comme autant
« de princes?. . . . . . C'est le dieu des ar-
« mées qui l'a voulu, pour enlever à la gloire
« son orgueil, pour réduire à l'ignominie les
« grands du monde. . . . . . . O fille de la
« mer! tu n'as plus de ceinture; ta force est dé-
« truite; ô Tyr! on t'oubliera[1] ! »

Ainsi disait Isaïe dans son style à la fois naïf, élégant et sublime : plus loin, c'était Ézéchiel avec sa parole indignée, son accent sombre, terrible, et ses grandes images.

« Le Seigneur a dit : . . . . Tyr, je
« marche à toi, je ferai monter contre toi des
« peuples nombreux, comme la mer fait monter
« ses flots. . . . . . Ils détruiront tes murs,
« ils abattront tes tours, et j'en raclerai la pous-
« sière : tu seras au milieu de la mer un écueil
« à sécher les filets. . . . . . Est-ce que les
« îles ne trembleront pas au fracas de ta ruine,
« aux cris de tes fils mourants?. . . . .

---

[1] Isaïe, ch. XXIII.

« Les princes de la mer descendront de leurs
« trônes, et, assis sur la terre, ils seront frappés
« de stupeur à ta chute soudaine. . . . .
« Ils gémiront, et diront : Comment es-tu tom-
« bée, ville superbe, toi qui vis dans les flots,
« toi qui faisais trembler l'univers?. . . . . .
« Les vaisseaux frémiront en voyant ta terreur,
« et les îles s'étonneront de ta solitude. . . .
« Le Seigneur a dit : Quand je t'aurai désolée
« comme ces villes qu'on n'habite plus; quand
« j'aurai fait fondre sur toi les abîmes des eaux,
« quand tu seras aussi déserte que de vieilles so-
« litudes, alors je te réduirai à rien, tu ne seras
« plus; et si on te cherche, on ne te trouvera
« jamais. . . . . Ainsi dit le Seigneur
« Dieu. . . . . . [1] »

Je lisais ceci à l'ombre des voûtes croulantes
de la grande église de Tyr, assis sur une tombe,
contemplant la mer immense, le port abandonné,
les colonnes brisées éparses sur les écueils; et
sur ces écueils, quelques filets étaient là tendus
au soleil; et de pauvres pêcheurs passaient seuls

---

[1] Ézéchiel, ch. XXVII, XXVIII.

dans ces solitudes ruinées. Bien des années se sont écoulées depuis ce jour, et je ne puis encore, sans un saisissement de cœur, rappeler les profondes émotions que me causa cette lecture; mon voyage m'a donné souvent ces jouissances intimes et sérieuses; mais jamais je ne les ressentis à un si haut degré, si ce n'est à mon entrée à Jérusalem.

Il fallut m'arracher à mes méditations et à ce spectacle. Je descendis sur le bord de la mer; dans les rochers du rivage mon guide me montra une sorte de petit coquillage qui sert à teindre en pourpre, et qui fit jadis la gloire de Tyr. Il l'écrasa entre ses doigts qui se colorèrent bientôt du plus vif incarnat. *Tyrioque ardebat murice lana* [1].

Je ne pouvais rester plus longtemps à Tyr; je revins auprès de l'archevêque; je lui demandai son nom que je ne voulais plus oublier. Il s'appelait *Cyrille Debbas*; il étendit sur moi ses mains desséchées, il me bénit d'une voix trem-

---

[1] Virgile, Énéide, ch. IV, v. 262.

blante, et nous nous séparâmes tristes comme de vieux amis.

Je sortis par une porte étroite et dégradée; je me retrouvai sur la chaussée d'Alexandre, puis sur la longue plage qui unit le reste de la ville avec les ruines de Palætyr. Je traversai quelques eaux échappées d'un ancien aqueduc, et je suivis le chemin tracé entre les décombres des vieux remparts et la mer; j'atteignis enfin, après une heure de marche, et avant le coucher du soleil, les belles sources auprès desquelles j'avais résolu de passer la nuit.

Je visitai scrupuleusement ces merveilleuses fontaines qu'on appelait autrefois, et qu'on appelle encore de tous les noms anciens et modernes qui indiquent l'abondance des eaux: *Callirhoé, Mégalobrisi*, etc. C'est aussi *ce puits d'eaux vivantes qui accourent des sommets du Liban*, dont m'avait parlé l'archevêque de Tyr. Un grand bassin, entouré jadis de portiques, aujourd'hui entièrement dégagé de constructions, contient cette eau pure et profonde; les bords en sont fort élevés au-dessus du sol, et on y monte par des degrés pratiqués de trois côtés. Ce bassin présente ainsi une coupe de figure octogone, large de plus de soixante pieds, construite de gros quartiers de pierre qu'unit et recouvre un indestructible ciment. Les eaux qui arrivent invisiblement du fond de cette coupe sont tellement abondantes, que ce qui s'en échappe par trois canaux différents donne naissance à trois rivières, dont deux portent bateau dès leur origine : elles se rendent toutes à la mer éloignée d'une lieue environ, et elles fertilisent dans leur cours les plus vertes prairies. Ce grand réservoir des ondes du Liban appartenait, suivant la tradition, à un palais de Salomon situé sur cette éminence ; on le nomme encore le *Puits de Salomon*.

Après avoir fait plusieurs fois le tour de la grande source, suivi le lit des rivières, et joui à mon aise de la fraîcheur et de l'ombrage que l'on doit à ses bienfaisantes eaux, je revins m'asseoir sous des platanes où mon janissaire avait étendu ma natte. Il s'était établi lui-même près de quelques Arabes autour d'un feu en plein air, qui cuisait la farine, et réchauffait le café de leur repas du soir. J'essayai vainement de dormir ; la conversation animée et criarde de mes voisins ne me permettant pas un instant de repos, et la lune s'étant levée vers minuit, je décidai mon guide à se remettre en route.

Nous cheminâmes encore longtemps à travers la plaine, et me laissant aller au pas de mon cheval, je jouissais de tous les charmes d'une belle nuit de Syrie avec sa sérénité azurée, sa fraîcheur, et ce grand silence interrompu seulement par le bruit lointain et régulier des vagues se brisant sur la grève. Mais dès que nous eûmes atteint les *roches du cap Blanc*, il fallut mettre pied à terre pour éviter les précipices, et suivre de roc en roc les sinuosités de la montagne. Ce passage périlleux qu'on nomme aussi *le chemin d'Alexandre*, fut creusé dans les rochers du cap Blanc, comme une sorte de canal; il a de six à sept pieds de largeur, et presque une lieue de long. Quelques pierres dans les endroits les moins dégradés forment une espèce de petit mur ou de parapet du côté de la mer, qu'on domine à une grande hauteur, comme sur quelques points du chemin de *la Corniche* à Gênes.

Le jour naissant me montra le *Gaffar* ou corps

CHAPITRE XII. 409

de garde; là, quelques soldats turcs sont censés garder le détroit. Après un long repos exigé pour l'orge de mes chevaux, les pipes et le café de mes guides, nous reprîmes les passages montueux, et au bout d'une heure d'un chemin difficile, je m'arrêtai tout saisi d'étonnement à la vue du magnifique tableau qui se déroula sous mes yeux; c'étaient les champs de la Palestine, tous chargés de moissons, de jardins et de verdure, le mont Carmel qui bordait l'horizon, à gauche les montagnes de la Galilée, puis les minarets et les remparts de la ville d'Acre baignée par une mer resplendissante de soleil.

En descendant la dernière colline de l'Anti-Liban, je vis s'évanouir insensiblement ce beau spectacle, et je me retrouvai, après cette brillante apparition, dans un vaste champ d'absinthe, marchant lentement vers une ville que je ne voyais plus. Enfin, j'arrivai aux aqueducs ruinés qui précèdent les murs de Ptolémaïde. Les jeunes pages du pacha exerçaient leurs chevaux sur le sable, et déchargeaient leurs pistolets contre les tiges des palmiers. A la porte de la ville, un officier arabe qui ne savait pas lire, vint pour la forme, reconnaître mon firman de route, et j'étais, avant dix heures du matin, au kan des Français.

CHAPITRE TREIZIÈME.

LA PALESTINE.

PTOLÉMAÏDE. HAIM-FAHRI.

NAZARETH. LE MONT THABOR.

ABOU-GOSH.

(1820.)

Aspexi, et ecce Carmelus desertus, et omnes urbes ejus destructæ.

JÉRÉMIE, ch. IV, v. 26.

J'ai regardé; et voilà que le Carmel est désert, et toutes ses villes sont détruites.

Je n'avais vu jusqu'ici que des villages arabes, Séïde presque abandonnée, et Tyr couverte de ruines. Ptolémaïde présente l'aspect animé d'une ville de guerre; des remparts construits récemment autour et au-dessus de ceux qui repoussèrent les Français, se voient de tous côtés; car, depuis cette époque, les pachas, en multipliant les boulevards de Saint-Jean d'Acre, ont cru partager la gloire de sa résistance.

Des soldats arabes se montraient en grand nombre dans les rues, dans les places publiques, et surtout dans les cafés, où la fève de Moka, la pipe et l'opium les attiraient. Là, comme sous les voûtes larges et hautes des basars, les conteurs arabes disaient à un auditoire accroupi et silencieux les merveilles de la vie d'Antar, le premier des guerriers et des poëtes des temps passés. J'admirais ces groupes attentifs à la lecture, et quelquefois aux chants de l'ancien poëme. Ce n'était pas, comme sur les quais de Naples, autour des *chanteurs de Renaud*, des matelots à demi nus, et les enfants déguenillés des pêcheurs, riant aux gestes de l'historien, ou l'interrompant par des réflexions bruyantes. Ici c'étaient des hommes sérieux, drapés d'un long manteau blanc, assis à terre, écoutant avec une sorte de gravité religieuse le récit de cette vie héroïque, qui leur offre à la fois de sages préceptes, et un noble modèle.

CHAPITRE XIII.

J'allai loger chez notre consul, au milieu du kan de France. Le commerce français possède encore quelques-uns de ces grands édifices dans la plupart des villes du midi de l'empire ottoman ; ce sont comme de vastes couvents avec une immense cour entourée sur ses quatre faces de bâtiments mal distribués ; une galerie intérieure règne partout au premier étage, et amène aux divers appartements des locataires : nos compatriotes se trouvent ainsi réunis sous le même toit, et le consul réside au milieu des négociants de sa nation.

Je ne pouvais visiter la citadelle qu'après avoir vu le pacha, et par son ordre. Je me contentai le premier jour de parcourir les rues obscures et humides de la ville, le nouveau port où des barques seules peuvent pénétrer, l'extérieur de la mosquée de marbre, et quelques murs ruinés qui avaient vu l'ordre hospitalier de Saint-Jean régner sur les plages de Ptolémaïde ; le reste de ma journée, je le passai occupé à regarder de la fenêtre du kan français la rade de Caïffa, les plaines de la Palestine, et le mont Carmel ; la brise de la mer venait me rafraîchir sur le divan où j'étais à demi couché, et tempérait la chaleur des heures brûlantes.

Pendant ce repos délicieux que les Ottomans expriment par un mot presque intraduisible, lequel signifie en une seule syllabe, *bonheur intime et inaction ;* (*khefh*) un Turc entra dans la grande chambre où je me tenais ; il passa lentement devant moi, en portant la main à la bouche et à la tête ; c'est le salut de l'Orient ; puis il alla s'asseoir en silence dans un coin du sofa. Après les premiers honneurs de la pipe, je m'approchai de lui, et je priai l'interprète d'adresser à notre visiteur quelques questions sur la ville d'Acre. « Ne prenez pas la peine de faire traduire vos « paroles, me dit le Turc en souriant ; ce se- « rait la seule manière de me les rendre inin- « telligibles ; je ne sais pas l'arabe, à peine le « turc ; je suis Français tout comme vous ; et « c'est pour revoir un Français que je me suis « empressé de venir ici dès que j'ai su votre ar- « rivée. »

Je fus aussi surpris que charmé de la découverte, et mes questions n'en furent que plus pressantes. Mon compatriote y répondit avec un flegme ottoman, entremêlé de certains sourires français, peignant sa barbe d'une main, et remuant entre les doigts de l'autre les grains d'un collier d'ambre, comme si, en vrai musulman, il eût ainsi compté les perfections de Mahomet. Il me nomma sa famille; elle était connue en France, et j'ai depuis rencontré plusieurs personnes qu'il m'avait désignées comme ses parents. Il me raconta toute sa vie en peu de mots.

« J'étais, me dit-il, fort jeune encore, officier
« d'état-major dans l'armée qui, sous Bonaparte,
« alla conquérir la Prusse; après un an de vic-
« toires, lassé de nos triomphes comme je me
« lasse de tout, je traversai l'Allemagne, et je
« passai en Illyrie : on y parlait beaucoup d'Ali-
« Pacha, de sa puissance, de sa cour, de ses
« femmes, de ses palais; tout cela piqua vive-
« ment ma curiosité; je me rendis auprès de lui,
« je le servis; ce fut la plus courte de mes fan-
« taisies. Je n'avais encore adopté cependant que
« l'habit des musulmans; bientôt, et je me re-
« proche tous les jours cette faiblesse, j'embras-
« sai leur culte. C'est ici, à Saint-Jean d'Acre,

« qu'a eu lieu cette conversion, ou, si vous l'ai-
« mez mieux, cette singerie.

« J'avais fui l'Albanie avec dégoût, et après
« quelque séjour en Crète, où je ne pus m'accli-
« mater, l'idée me vint d'entrer au service du
« pacha d'Acre, en qualité d'ingénieur militaire;
« je fus parfaitement accueilli par Soliman, pré-
« décesseur du pacha actuel. J'eus l'inspection
« des remparts de la ville, de forts appointements,
« et une existence en apparence douce et heu-
« reuse, mais dont je commence à me fatiguer.
« Je ne suis mahométan, si je le suis, que depuis
« deux ans. Ce caprice est-il plus pardonnable
« que les autres ? Jugez-en : j'aimais, ou je crus
« que j'aimais Nedjimé, une des plus belles filles
« de Ptolémaïde. Vous connaissez le fanatisme
« de ces femmes arabes; elle jura qu'elle ne se
« donnerait jamais qu'à un homme de sa religion;
« c'est ce qui me décida.

« Je pris le nom d'*Ibrahim*, et pour éviter les
« cérémonies préliminaires qui devaient m'ini-
« tier complétement à l'islamisme, je fis un court
« voyage à Damas, pendant lequel je prétendis

« avoir subi toutes les épreuves. . . . .
« Enfin, depuis vingt-cinq lunes, ajouta le cheik
« Ibrahim, en bâillant, je suis l'heureux époux
« de Nedjimé : néanmoins sa sévérité religieuse
« m'impatiente parfois ; je me cache pour boire
« encore quelques gouttes de ce nectar qui a
« nourri mes premières années ; je néglige plu-
« sieurs des ablutions ordonnées par le Coran ;
« j'oublie ma prière du point du jour. Nedjimé
« me gronde pour mon peu de zèle ; elle devient
« exigeante, acariâtre ; mes voisins sont vigilants
« et soupçonneux ; enfin ma vie habituelle com-
« mence à faire jaser ; et je vois que pour éviter
« un sort qui serait peu de mon goût, il me fau-
« dra quitter Saint-Jean d'Acre, mes fonctions
« militaires, et même Nedjimé. »

Ce récit de mon compatriote me donna quelques craintes pour lui, et me suggéra l'idée de le ramener en France, en l'arrachant à une destinée qui ne pouvait être que triste et courte. Je lui proposai de me suivre sur le bord de l'*Estafette* ; il mit à me refuser une sorte d'indifférence résignée. « Il faut que j'achève, me dit-il ; « dans peu je passerai en Égypte, pour complé-

« ter mon cours de chevalerie errante ; et de là, si
« je me lasse bientôt du Nil et de ses rivages, ce
« qui est probable, je reviendrai en Europe, où
« nous nous retrouverons peut-être un jour. »
Je ne pus rien obtenir de plus du cheik Ibrahim,
si ce n'est qu'il échapperait le lendemain à la
surveillance de Nedjimé pour venir boire avec
moi une bouteille de vin de Bordeaux.

Avant de rendre visite au pacha, je me fis annoncer, c'est l'usage, chez son premier lieutenant. Ce vizir n'est point ici, comme dans d'autres provinces, un Turc puissant et honoré, mais bien un humble juif. *Haïm Fahri* s'est élevé par ses talents et son habileté, du fond de la classe la plus méprisée en Turquie, jusqu'aux honneurs du plus important ministère. Il regorge de richesses, et comme il fournit abondamment au jeune gouverneur l'or que celui-ci répand en profusion, il est plus pacha que le pacha lui-même. Il possède à Damas des palais et des trésors; il est intéressé dans toutes les entreprises commerciales de la Syrie. Surtout il a su se ménager un grand crédit parmi les Bédouins. Il est en paix avec le désert; et ses caravanes respectées vont en Perse et jusqu'aux grandes Indes.

Haïm Fahri reçut ma visite dans une maison simple, sans aucun luxe, et je n'y vis qu'une médiocrité étudiée. Il resta constamment près de moi dans l'attitude de l'esclave le plus respectueux, debout, les mains cachées, tandis que je reposais sur ses divans, et que je l'accablais de questions. Comme presque tous les juifs de l'Orient, il parlait assez bien l'espagnol. Si je n'avais connu d'avance l'histoire de sa vie, j'aurais jeté un cri d'horreur à son aspect; il était cruellement défiguré. Son premier maître, le terrible Dgezzar lui avait d'abord accordé toute sa confiance, mais dans un moment de soupçon, « *Haïm*, s'écria le tyran, si je t'aimais moins, tu « serais perdu; je veux bien te ménager. On va « te couper le nez, cette garantie me suffira; « reste mon ministre, et sers-moi de tout ton « pouvoir. » Quand on me cita ces paroles, je me souvins des beaux vers de Racine :

> Roi cruel, ce sont là les jeux où tu te plais,
> Tu ne m'as prodigué tes perfides bienfaits,
> Que pour me faire mieux sentir ta tyrannie,
> Et m'accabler enfin de plus d'ignominie [1].

---

[1] Racine, Esther, act. III, sc. I.

Cette sanglante chronique me fut racontée telle que je la rapporte ici. L'horrible exécution eut lieu; la victime obéissante vit croître sous les auspices de son bourreau ses honneurs et son crédit; son pouvoir se maintint sous Soliman par une administration sage et heureuse; Haïm est aujourd'hui le confident et le tuteur du jeune Abdallah; il préside à tous ses actes, et l'on prétendit qu'il avait dicté jusqu'aux moindres paroles qui me furent adressées par le gouverneur.

Haïm Fahri ne me permit pas de m'apitoyer sur sa destinée. Il était, disait-il, heureux et content; je lui parlai de l'Europe, de la sécurité, des honneurs même qu'y trouvaient déjà à cette époque des juifs riches et habiles; il me répondit qu'il mourrait en Syrie comme il y avait toujours vécu. En effet, quelques années après, il reçut encore un châtiment de la main de ses doux maîtres; mais celui-ci fut définitif.

Après cette première visite, je me rendis chez le pacha. Son palais était autrefois celui du grand maître des chevaliers de Saint-Jean de Jérusalem; il a été augmenté de toutes les constructions nécessaires aux mœurs et à la vie orientales; de grands appartements y ont été pratiqués pour les femmes; et les restes d'un hospice d'architecture chrétienne, mêlés aux pavillons et aux cours intérieures d'un palais musulman, en font un édifice vaste et confus, sans symétrie et sans apparence. Abdallah-Pacha avait vingt-trois ans; c'était hériter bien jeune du pouvoir, et d'un pouvoir tel que le terrible Dgezzar l'avait fait. Le nouveau gouverneur de la Palestine ne cherchait pas à imiter ses prédécesseurs. Perdu dans les plaisirs faciles de son âge, il laissait à son ministre le soin de tout diriger : son harem n'avait pas assez de mystère pour que le nom et le nombre de ses belles favorites ne fussent connus. On savait, si j'ose parler en style arabe, que des jardiniers habiles parcouraient chaque année les bocages de Damas, les forêts du Liban, et même les plaines du désert, pour y choisir et en rapporter les brillantes fleurs dont le parfum devait embaumer le sérail de Ptolémaïde.

Le jeune seigneur me reçut dans la grande salle de son palais; on y avait placé sous une tente quelques divans séparés par une estrade de la foule des officiers qui nous entouraient.

Plus de deux cents fonctionnaires de ce petit sérail formaient cercle autour de nous. *Haïm Fahri* ne parut pas ; il ne tient aucune place dans ces représentations solennelles, et il se contente de la réalité du pouvoir sans en rechercher la pompe extérieure.

A peine étais-je assis auprès du pacha, que le café nous fut apporté dans des tasses d'or. Des pipes, enrichies de diamants, nous furent présentées par de jeunes pages revêtus des plus brillants costumes; on nous offrit ensuite, dans des vases de cristal, de délicieux sorbets. Abdallah me parla longtemps de la révolte du pacha de Janina, qui était alors la grande nouvelle des provinces turques; de la puissance toujours croissante du vice-roi d'Égypte : et en effet, ces exemples pouvaient occuper l'esprit et les pensées du jeune pacha. Acre tient la troisième place dans le rang de l'indépendance; c'était, après les gouvernements d'Albanie et d'Égypte, celui qui méritait le plus de ménagements. La Palestine touche de si près aux tribus arabes qui se dérobent à l'autorité de la Sublime Porte ! Fidèle, elle est le plus sûr boulevard contre l'ambition de l'Égypte ; révoltée, le Liban et le désert la sauvent des vengeances de Constantinople.

Un des traits les plus remarquables de la politique d'*Haïm Fahri*, c'est d'avoir su concilier successivement à ses maîtres, l'estime et l'amitié de ces redoutables tribus arabes. Divers traités d'alliance écrits garantissent le territoire du pachalik d'Acre de toute incursion ; d'autres stipulations verbales ont cimenté la paix : car, il est une diplomatie toute de bonne foi sous les tentes nomades, et la parole d'un cheik n'a jamais trompé. Je demandai un sauf-conduit pour mon voyage à Jérusalem ; le pacha me le fit remettre par l'officier qu'il avait chargé de me montrer la citadelle.

Je quittai le palais pour visiter les remparts qui s'élèvent au-dessus de la partie du port comblé par Dgezzar. Le tchaouch qui me conduisait me répétait avec orgueil que ces murs avaient résisté aux armes de Bonaparte, et je lui répondais fièrement à mon tour que la gloire en était due à deux émigrés français [1], dont le

---

[1] L'un s'appelait Phélippeaux ; il était de Bourges. L'autre se nommait Tromelin.

nom vit encore chez les Arabes. Je fis le tour entier des fortifications de la place, en revenant par le bastion neuf, et par la porte de Nazareth.

Je partis le soir même pour me rendre à bord de l'*Estafette* qui m'attendait dans la rade de Caïffa. La chaloupe que le capitaine m'avait envoyée eut quelque peine à sortir du port, dont l'entrée était assiégée par de grosses houles de l'ouest. La traversée fut longue et fatigante ; enfin, après trois heures, j'abordai la goëlette ancrée à l'ombre du mont Carmel. J'y passai la nuit ; et le lendemain, je demandai à être de nouveau débarqué, avec le consul français et son interprète, qui m'avaient suivi.

La mer était calme ; le temps superbe ; nous n'avions qu'un mille à franchir pour atteindre Caïffa. Il est malheureux sans doute d'avoir à placer ici le seul naufrage dont j'aie à me vanter pendant tout le cours de ma navigation ; et pour l'intérêt du récit, je voudrais de bon cœur en faire une catastrophe ; mais quoi ! il m'était réservé d'échouer sur ce beau rivage, sans danger, sans tempête, et sans espoir de faire frissonner un jour mes amis. A deux cents pas de la grève, un récif sur lequel la chaloupe toucha, la fit complétement chavirer : nous fûmes bientôt tous à la nage, et presque aussitôt un fond de sable soutint nos pas. Les cordages, les bancs, et les rames de la chaloupe flottaient bien çà et là, comme dans les grandes descriptions, mais la perruque du vieux consul flottait aussi ; et quand sur la rive, exposés à un soleil ardent qui sécha promptement nos habits, nous jetâmes un coup d'œil en arrière sur la scène de notre mésaventure, il nous fut difficile de ne pas rire d'un péril, s'il y en avait eu, sitôt passé.

Pendant que mon domestique étalait sur la plage quelques livres, la Bible, Homère, le Tasse, qui avaient partagé ma fortune, et qui reposant aujourd'hui dans ma bibliothèque, conservent encore les traces de l'eau de la mer, je traversai avec le consul, l'unique étroite et sale rue de Caïffa; et j'arrivai à une cabane, nommée couvent dans le pays, parce qu'un moine l'habite. Là, mon compagnon de voyage voulut se reposer des fatigues de notre bain imprévu, et faire préparer un repas nécessaire pour ranimer ses forces.

Je m'acheminai avec le drogman du consulat vers le mont Carmel que je voulais gravir avant tout. Nous longeâmes d'abord longtemps le rivage de la mer, et quelques champs bordés de caroubiers et de figuiers. Puis, nous passâmes sans insulte (et cela est rare en Syrie où les soldats sont fanatiques et indisciplinés) à travers les tentes d'un camp d'Arabes armés que le pacha d'Acre tient à sa solde, et qu'il fait bivouaquer ainsi à quelques lieues de la capitale. Enfin, nous commençâmes à nous élever sur les flancs arides et escarpés du Carmel; il nous fallut presque une demi-heure d'une ascension pénible pour en atteindre le sommet.

Le couvent et l'église étaient abandonnés; un vieillard arabe et catholique entendit seul la cloche que nous avions sonnée à la porte d'entrée; il nous guida parmi les ruines, et nous montra l'une après l'autre, les chapelles et les cellules. Le monastère de Saint-Élie n'est plus qu'une vaste solitude. Un gardien infirme est encore là pour accueillir les pèlerins, recevoir leurs aumônes, et pour hisser le pavillon français qui flotte sur les décombres, lorsque par hasard un vaisseau de notre nation approche de ces parages déserts.

Je quittai la grotte de Saint-Élie ; et j'avançai vers le promontoire : il est élevé de quatre ou cinq cents toises au-dessus du niveau de la mer qui vient ronger sa base ; hauteur double de celle du palais de Tibère à Caprée. Je voyais à mes pieds des vagues d'un bleu foncé, se briser en écume blanche sur les récifs ; et les oiseaux de la mer planer au-dessous de moi. Au loin, quelques voiles courant vers l'Égypte, mais autour du mont, pas une barque : d'un côté, les montagnes rudes et sauvages qui dominent les ruines de Césarée ; de l'autre, la dernière chaîne de l'Anti-Liban ; les grèves du cap Blanc, les plaines de la Palestine, et la ville d'Acre : cette scène était grande et solitaire.

Je restai quelque temps, comme le prophète Élie, assis sur le sommet du Carmel, reposant ma tête sur mes mains et mes genoux. Cependant la brise commençait à souffler ; *un petit nuage, pas plus grand que la trace du pied de l'homme* [1], s'apercevait à l'horizon ; tout à coup

---

[1] *Nubecula parva, tamquam vestigium hominis.*
BIBL., Reg. lib. III, cap. 18, v. 45.

le vent se déchaîna; les cieux se voilèrent de nuées, la mer battit avec fureur le pied du promontoire; placé si haut dans les airs, je jouissais avec délices de cette tempête; bientôt les nuages chassés rapidement de l'ouest, s'enfuirent vers le mont Thabor; le soleil brilla de nouveau; la brise s'établit sans violence, la mer seule mugissait encore.

Je redescendis le Carmel, et je revins à Caïffa, où le moine italien chez lequel m'attendait le consul, nous offrit des concombres, du riz, et une vieille bouteille d'un vin blanc de Bethléem qui me parut excellent. Ce pauvre ermite du Carmel est commis par son supérieur résidant à Rome, à la garde du monastère de Saint-Élie. C'est le prêtre le plus malheureux de l'Orient; il est le seul de son ordre (*carme déchaussé*), puisque tous les religieux de la terre sainte sont franciscains. Quelques aumônes des pèlerins qui passent, soutiennent son existence; il habite des ruines, loin des villes et des hommes. Mais là, soldat à son poste, courageux et résigné, il ne se plaint pas; et il attend chaque jour les avanies des pachas, le poignard des Arabes, ou un ordre de son chef spirituel qui le rappelle, et lui envoie un successeur aussi malheureux que lui.

Je voulais retourner à pied à Saint-Jean d'Acre, en suivant la plage. La distance est de trois lieues; on trouva pour le consul un de ces petits ânes noirs si intelligents et si robustes, sur lequel il acheva la route. D'abord à une lieue de Caïffa, je passai le lit du torrent de Cison que les chaleurs avaient déjà desséché; et dont les eaux fort abondantes au printemps et en automne, n'arrivaient pas aujourd'hui jusqu'à la mer. Ce fleuve intermittent prend sa source sur les flancs du mont Thabor, et traverse la partie méridionale de la Galilée; on m'a dit que quelques tigres, d'une très-petite espèce, se cachaient dans les bois et les halliers de ses rives; des chasseurs ont souvent rencontré des hyènes au milieu des taillis de lentisques et d'oliviers sauvages qui couvrent le Carmel.

Je marchais le long de la mer sur un sable jonché de sauterelles mortes; chassées par le vent du désert jusque dans les flots, elles y périssent, et sont rejetées en monceaux sur le rivage [1]. Elles y infectent l'air, et cette putridité

---

[1] *Oravit Dominum qui flare fecit ventum* . . . . . *ve-*

donne naissance aux fièvres dangereuses qui tiennent les cultivateurs éloignés, et laissent ces vastes terrains en friche. Près d'Acre, je traversai le fleuve Bélus à son embouchure; je le passai sur quelques planches suspendues qui forment un pont très-peu solide. Il est large comme la plus petite de nos rivières, ou comme le plus gros de nos ruisseaux. C'est là, s'il faut en croire Pline, que le hasard fit inventer le verre. Le sable de ce fleuve, et celui qu'on recueillait sur le bord de la mer entre Tyr et Acre, se transportaient à Sidon, où les Sidoniens *habiles en tous métiers*, comme dit Homère, (πολυδαίδαλοι [1]) le transformaient en cristal.

Je rentrai par la porte des Maugrebins et je préparai tout pour mon départ. Je choisis un guide pour la route, un Arabe pour mon escorte; une dizaine de bons chevaux pour toute ma caravane à laquelle j'agrégeai *don Tomasso*, frère franciscain, qui arrivait d'Italie, et venait

---

hementissimum, *et arreptam locustam projecit in mare.*
BIBL., Exod., cap. x, v. 19.

[1] HOMÈRE, Iliade, ch. XXIII, v. 743.

habiter pendant trois ans les couvents de la terre sainte.

Le consul de Russie, M. Catafago, voulut bien me conduire lui-même jusqu'à Nazareth où il avait une maison de plaisance occupée par sa femme et ses filles. Ce vieil habitant de Ptolémaïde faisait dans sa toilette habituelle le plus bizarre mélange des vêtements européens et orientaux. Il portait des bottes jaunes, un large pantalon rouge, une pelisse d'étoffe de soie à ramages brochée en or, puis une énorme cravate blanche, et une perruque poudrée surmontée d'un grand chapeau à trois cornes. Le costume, après tout, donnait une assez juste idée de l'homme turc et franc à la fois. Ces habits, identifiés avec le caractère public du consul, passaient pour une espèce d'uniforme, et avaient fini par inspirer le respect, au lieu d'exciter le rire.

M. Catafago, monté sur une superbe jument arabe, vint me chercher au kan français. Il ouvrit la marche; chemin faisant, il me racontait l'histoire des manchots et des borgnes que nous rencontrions à chaque pas, et qui tous dataient du temps de Dgezzar. Le consul connaissait toutes ces sanglantes chroniques; il me les récitait avec une sorte d'orgueil et d'emphase, comme s'il était fier d'avoir échappé lui-même à de pareilles rigueurs, et de conserver ses deux oreilles, ses yeux et son nez.

La route de Nazareth, avant de gagner les hautes collines qui bornent cette première plaine de la Galilée, traverse, pendant près de deux lieues, des terres couvertes des plus riches moissons : le blé, le maïs, le coton, le tabac, revêtent partout ces fertiles campagnes; les melons et les pastèques y mûrissent de tous côtés. La chaleur était très-forte; et pour la première fois je remarquai ce phénomène atmosphérique si fréquent en Égypte : un lac, ou pour mieux dire, une vaste mer aux vagues bleues semblait s'étendre à un mille devant moi, et reculer insensiblement à mon approche. Les arbres vers lesquels je marchais, et des rivages imaginaires se détachaient sur ce fond d'azur, où je croyais voir des îles lointaines de verdure. Ce mirage, qui fit disparaître pour quelques moments la monotonie de la plaine, se dissipa tout à fait quand j'atteignis la colline de Telkissan, plantée d'oliviers, de figuiers et de vignes.

M. Catafago, jaloux de me faire admirer les beautés de son pays, s'arrêta sur le sommet de cette colline, et me pria de me retourner pour jouir d'un superbe coup d'œil. Une immense campagne bornée au sud par le Carmel, au nord par l'Anti-Liban, à l'est par les montagnes que nous venions de gravir, déroulait un large tapis vert. Plusieurs villages, quelques bosquets de mûriers, et de grands palmiers en variaient l'uniformité; et vers l'occident, les minarets et les coupoles blanches des mosquées d'Acre se dessinaient sur les ondes bleuâtres de la mer de Chypre qui terminait ce grand tableau. En même temps, l'atmosphère d'une admirable sérénité me rappelait ces vers d'Homère, le grand peintre du ciel.

« La lumière du soleil rapide et pénétrante se
« déployait au loin, et aucun nuage ne parais-
« sait sur toute la terre, ni sur les montagnes [1]. »

---

[1] . . . . Πέπτατο δ' αὐγὴ
Ἡελίου ὀξεῖα, νέφος δ' οὐ φαίνετο πάσης
Γαίης, οὐδ' ὀρέων.
          HOMÈRE, Iliade, ch. XVII, v. 372.

Nous venions de quitter le territoire de la tribu d'Aser pour entrer dans les domaines de la tribu de Zabulon. Un murmure sourd nous avertit bientôt que nous approchions de l'armée des sauterelles. Ces insectes dévorants qui flétrissent tout ce qu'ils touchent, venaient des campagnes de Samarie, de Nazareth, et se rapprochaient de la mer pour y périr : la terre disparaissait sous leur multitude; et, dans une prairie où l'herbe avait cédé entièrement à leur dent vorace, le sol était couvert à deux ou trois pouces de hauteur de leurs corps verts et effilés [1]. Les pieds de nos chevaux en écrasaient des centaines et en effrayaient des millions; elles s'élevaient toutes ensemble, étendant leurs ailes rouges, et, sans hyperbole, leur nuage nous voilait un moment le soleil. Cette sauterelle est longue, très-verte et malheureusement fort commune. Il est une autre espèce plus rare et moins malfaisante dont

---

[1] *Operueruntque universam superficiem terræ, vastantes omnia ; devorata est igitur herba terræ et quidquid pomorum in arboribus fuit. . . . . nihilque omninò virens relictum est in lignis et in herbis terræ.*

BIBL., EXOD., cap. X, v. 15.

les Arabes se nourrissent. Je m'arrêtai un moment pour les entendre brouter la verdure; ce bruit continu ressemble à celui que fait un bœuf en ruminant. Les oliviers qui entourent la fontaine de Zabulon n'avaient plus de feuilles; nous avions espéré vainement y trouver quelque ombrage; elle ne nous offrit que de l'eau fraîche.

M. Catafago me raconta qu'à peu près à l'endroit où nous faisions halte, deux muletiers arabes avaient détourné de la suite de la princesse de Galles un mulet chargé d'une cassette précieuse et de quelques malles appartenant à un noble chevalier italien qui suivait l'auguste voyageuse. Ces voleurs s'étaient réfugiés avec leur proie dans les environs du lac de Tibériade; il fallut toute la sévérité de la police de Soliman-Pacha pour découvrir cette retraite. M. Catafago, alors agent de presque toutes les puissances européennes, mit en œuvre tout son crédit dans cette occasion; et il eut la satisfaction de remettre lui-même à la princesse sa cassette, à laquelle il ne manquait, me dit-il, que l'or et les bijoux. Quant au noble chevalier italien, il en fut pour ses bagages.

Nous étions en route depuis sept heures, quand, après avoir tourné une montagne, nous découvrîmes la vallée et la petite ville de Nazareth. L'aspect en était horrible, les champs dépouillés de verdure, les arbres sans feuillage, l'herbe tondue et jaune; c'était l'hiver à la fin de juin. Nous reconnûmes à ces désastres le fléau des sauterelles; depuis quelques jours seulement elles venaient de quitter Nazareth, où rien ne restait plus à détruire. Nous apprîmes le soir de nouveaux traits de leur affreuse voracité : ayant pénétré dans la boutique mal close d'un marchand de draps, en son absence, elles rongèrent presque toutes ses étoffes; et un enfant laissé dans son berceau pour quelques heures, eut la figure et les bras dévorés.

Une avenue d'oliviers sans feuilles nous conduisit à la ville. Il y a aujourd'hui à Nazareth quatre ou cinq cents familles presque toutes catholiques. Je logeai au couvent, grand édifice construit en forme de forteresse. Trois pères franciscains m'y reçurent, et me conduisirent au réfectoire, où je partageai la collation de la communauté. Après ce repas, chacun se retira dans sa cellule, et, vers neuf heures, tout dormait dans le couvent.

J'allai le lendemain entendre la messe dans la grande église consacrée à la vierge Marie; cette église a trois nefs; elle est grande et belle, quoique irrégulière, et construite, à diverses époques, sur les débris d'une autre église bâtie par sainte Hélène, dont il ne reste plus de trace. Partout on lit sur les murs le nom de Marie; partout on y retrouve ses images et ses statues entourées de parures et de fleurs. On montre une colonne grossière, qui soutenait, dit-on, la maison de saint Joseph; et c'est dans une espèce de grotte que se trouve l'autel principal. Là, sur une table de marbre, au bas d'un large escalier, sont ces mots :

HIC VERBUM CARO FACTUM EST.
ICI LE VERBE S'EST FAIT CHAIR.

Que dire après de telles paroles!...

Je partis à cheval avec un père du couvent pour visiter le mont Thabor. En deux heures, j'arrivai au pied de la montagne, après avoir traversé de grands bois où quelques chacals effrayés fuyaient devant mes pas. Je laissai mon cheval dans les halliers, à une certaine hauteur, et, de là, il me fallut près d'une heure encore pour gagner à pied le dernier sommet. Les chapelles construites sur la route et sur le penchant de cette superbe montagne n'offrent aujourd'hui que des ruines. Le Thabor domine entièrement la Galilée, la Palestine, une partie de l'Idumée et de la Phénicie. Quel théâtre plus pompeux pouvait être choisi pour la sublime scène de la transfiguration!

Je voyais à mes pieds le lac de Tibériade dans toute son étendue; sur ses bords, la nouvelle ville de *Tabarié*, dont les bains sulfureux attirent de fort loin les Turcs et les Arabes. Un petit village, bâti sur les ruines de Capharnaüm, paraissait aussi sur la rive du lac. Le Jourdain ne coupe pas la mer de Génézareth dans sa longueur, comme le Rhône traverse le lac de Genève; c'est, au contraire, dans le sens de sa plus petite largeur, de l'est à l'ouest. De la hauteur où mes regards dominaient, je voyais le fleuve sacré s'échapper du lac de Tibériade, puis mes yeux le perdaient dans la longue vallée qui le conduit à la mer Morte, dont je ne pouvais apercevoir que les montagnes sillonnées de ravins. Le religieux qui m'accompagnait me montrait au loin les plaines intérieures de la Syrie qui mènent à Damas; les pics de l'Anti-Liban où naît le Jourdain, et j'embrassais ainsi d'un coup d'œil tout le cours du fleuve, depuis ses sources jusqu'à son embouchure. Je voyais ensuite, sur un plan plus rapproché, dans les campagnes de la Galilée, le vallon où eut lieu le miracle de la multiplication des pains, *la montagne* dite *des Béatitudes*, et le minaret de la mosquée de Cana, construite sur l'emplacement de la maison des noces; enfin, en face de moi, les collines de Dan, la vallée de Jesraël, et le Liban avec ses cimes neigeuses : *ce Liban*, dit Tacite, *qui, sous un ciel de feu, reste fidèle aux neiges et aux ombrages*[1].

Le Thabor, comme toutes les grandes monta-

---

[1] *Libanum, mirum dictu, tantos inter ardores, opacum, fidumque nivibus.*

Tac., Hist., lib. v, cap. 6.

gnes, jette des eaux abondantes, qui vont entretenir la mer de Tibériade, ou s'échappent vers le torrent de Cison pour se dégorger dans la rade de Caïffa. En regardant du côté de Jérusalem, je n'apercevais qu'une plaine immense, la plaine d'Esdrelon traversée par une ligne blanchâtre; c'était la route que je devais suivre le lendemain.

J'étais de retour à Nazareth vers midi : je me rendis chez M. Catafago, dans sa prétendue maison de plaisance. Une échelle assez large, mais un peu tremblante, conduisait du rez-de-chaussée au premier étage, ou plutôt de la cave au grenier. Point de jardin, rien de commode; partout une chaleur inévitable. Je compris que cette retraite était préférée par la famille du consul, parce que, catholique elle-même, elle y vivait parmi des catholiques et dans un repos dont on ne pouvait jouir au milieu du bruit des armes et des cris de Ptolémaïde.

Là, sur un divan, près d'une fenêtre donnant sur une rue étroite et sombre, paraissaient madame Catafago et ses deux filles, vêtues en femmes arabes. Elles n'avaient point, comme le consul, marié dans leurs habillements les modes de l'Europe aux modes de l'Asie. C'était le costume oriental dans toute sa pureté. Les deux jeunes filles quittèrent leur position immobile sur le sofa pour m'offrir le café et les fruits confits de Damas. Elles mirent ainsi en mouvement les pièces d'or qui bordaient leurs tuniques, et qui brillaient suspendues au bonnet de coton rouge dont leurs cheveux étaient couverts : le bruit de ces pièces de monnaie, qui s'entre-choquaient, ressemblait assez à celui d'une multitude de grelots agités ensemble.

Je pris congé de M. Catafago et de sa famille pour parcourir les environs de Nazareth. Je fis seul, à pied, le tour de la ville, et je m'arrêtai auprès de la fontaine *de Marie*, où s'empressaient les jeunes Nazaréennes. C'était, comme au temps d'Éliéser, *hors de la ville, près d'une source, le soir, au moment où les femmes ont l'habitude de sortir pour puiser l'eau*[1]. Elles portaient une

---

[1] *Extrà oppidum, juxtà puteum aquæ, vespere, tempore quo solent mulieres egredi ad hauriendam aquam.*

GENÈSE, ch. XXIV, v. 11.

grande chemise à bandes blanches et rouges, serrée par une ceinture de cuir; leurs jambes étaient nues jusqu'au genou; leurs cheveux flottaient en tresses sur leurs épaules, et un bonnet de coton plat couvrait leur tête. C'était, à peu de chose près, la coiffure des filles du consul russe; mais ici, l'étoffe était grossière, et les pièces d'or étaient remplacées par de petites monnaies de cuivre.

Ces filles, à la taille haute et dégagée, venaient chaque soir, vers la même heure, comme Rébecca, remplir leurs cruches à la fontaine : les plus sages, la tête chargée de leur fardeau, s'en retournaient aussitôt vers leur chaumière; les autres déposaient leurs cruches sur le gazon et riaient ou causaient entre elles. Je m'amusai quelque temps de leurs jeux, que je regardais d'assez loin pour ne pas les troubler; mais une catastrophe les termina. Une cruche, heurtée par sa voisine, vint à se briser; et la fille à la cruche cassée, abandonnée de ses compagnes, qui s'enfuirent aussitôt, resta seule à pleurer près des débris. Ces larmes étaient faciles à sécher; je m'approchai de la jeune Nazaréenne et je lui jetai quelques paras; elle les reçut avec joie, se mit à sourire, et courut à toutes jambes vers la ville.

Le 24 juin, le soleil, en se levant, nous vit quitter Nazareth. Le frère Thomas se séparait sans regrets du premier couvent qu'il eût vu en Palestine, et il m'exprimait naïvement son inquiétude sur la vie qu'il allait mener, si différente de la sécurité, des loisirs et de l'abondance des monastères italiens. « Ici, me disait-il, point « de pompes religieuses, point de fleurs à culti- « ver, point de douces conversations, nul repos « d'esprit; une nourriture à peine suffisante; « des dangers continuels, des avanies, mille cha- « grins enfin, et une seule consolation, mais « celle-là est la plus puissante : servir Dieu près « du saint tombeau, et obéir à sa volonté. »

Les plaines voisines du Thabor se couvrent de moissons abondantes; elles sont irrégulièrement cultivées par des Arabes nomades qui promènent leurs tentes, leurs troupeaux et leurs soins d'une vallée à l'autre. Je vis à de grandes distances plusieurs familles agricoles de la même tribu, campées sur la lisière des champs. Des couvertures en poil de chèvre, tendues et soutenues par des piquets, servent d'asile à chaque ménage, et une trentaine de ces grossiers pavillons forment un hameau; on voit errer tout autour de nombreux troupeaux de moutons et quelques cavales sans frein.

Pendant que je traversais la plaine d'Esdrelon, grand désert où la terre si féconde languit presque partout sans culture et se couvre d'immenses pâturages, des gazelles qui paissaient le long du chemin s'effrayèrent de notre marche et s'éloignèrent de nous assez vite; mon janissaire arabe, pour me donner une idée de la rapidité de ces beaux animaux, lança son cheval à toute bride et tira un de ses pistolets en l'air : en un clin d'œil les gazelles furent à l'extrémité de la plaine et hors de vue.

Ces campagnes étaient sans arbres, et cependant nous les parcourions depuis cinq heures par un soleil ardent : l'arche à demi ruinée d'un pont nous offrit un abri; le torrent avait encore, dans le creux d'un rocher, tout juste assez d'eau pour fournir à notre repas du matin. Après cette courte halte, nous reprîmes notre route à travers des bois, des vallées et de grands semis de melons et de pastèques. Nous dépassâmes une de ces citernes si bienfaisantes dans ces solitudes sans ruisseau ni source; c'était le rendez-vous des bergers, où des milliers de moutons se pressaient, comme du temps des voyages de Jacob aux terres orientales [1].

Je venais de franchir ces longues campagnes de Jesraël qu'entourent le Thabor, les montagnes de Gelboé, d'Hermon, et qui virent la mort de Saül. J'avais remarqué, sur le penchant des collines, des villages détruits, dont les ruines portent encore les noms d'Endor et de Naïm; mais, dans la plaine, rien que quelques tentes basses et noires qui cachent les laboureurs et les pasteurs arabes, puis de rares lignes de verdure et de moissons au milieu des terres incultes et abandonnées.

Vers trois heures, j'étais au village de Kakoum. Je venais de passer sur le territoire de la tribu

---

[1] *Jacob venit in terram orientalem; et vidit puteum in agro.... greges ovium accubantes juxtà eum, nam ex illo adaquabantur pecora.*

GENÈSE, ch. XXIX, v. 2.

d'Issachar. Kakoum est fermé par de vieux murs crénelés; son château, bâti sur une éminence, domine toute la plaine que je venais de traverser et celle que j'avais encore à parcourir. Je voulais m'arrêter à peine à Kakoum; j'envoyai mon Arabe, muni de mon firman et de mes lettres de recommandation, vers l'aga, et j'attendais son retour auprès des portes de la forteresse, lorsque le soldat revint m'annoncer que le gouverneur désirait boire avec moi le café de l'hospitalité, et que si je ne voulais pas venir jusqu'à sa maison, il viendrait lui-même me trouver là où je serais.

Je ne pouvais me refuser à de telles instances; l'aga me fit en effet un accueil très-bienveillant et tout fraternel; après le café et la pipe, il fit apporter des melons et du raisin déjà mûr dans ces chaudes régions (le 24 juin). « J'aime les « Français, me disait-il; on a toujours parlé « d'eux dans mes déserts; je les ai combattus « sans les haïr; je fus laissé parmi les morts à la « bataille qu'ils nous livrèrent près de Gebel-el-« Tor (*Mont-Thabor*). Dans ce temps-là c'était « la haine et la guerre; aujourd'hui, c'est la paix

« et l'amitié; cela vaut mieux. Qu'est devenu ce
« général au grand cœur et aux injustes entre-
« prises? Est-il toujours dans cette île si éloignée
« où on l'a relégué? » Je racontai tout ce que je
savais de l'Empereur depuis son exil; l'aga m'é-
coutait attentivement; mais il mettait dans ses
questions plutôt un amour-propre indirect qu'un
véritable intérêt; ce sentiment me fut tout à fait
dévoilé par les dernières réflexions de notre entretien. « C'était un grand homme de guerre, me
« dit-il, aussi puissant qu'habile; cependant nous
« lui fîmes lever le siége d'Acre. »

Ce n'était ni le lieu ni le temps de contester
au gouverneur de Kakoum sa part de gloire dans
les événements qu'il rappelait; il essaya, pour
en parler plus longtemps et plus à son aise, de
me retenir chez lui. Et déjà un agneau cuit dans
du lait arrivait sur notre table pour y remplacer
les pastèques, quand j'expliquai mon impatience
de reprendre ma route, longue encore jusqu'au
repos de la nuit. Le frère Thomas, qui d'abord
n'avait pas eu peu de frayeur de notre visite
chez un chef arabe, s'était tout à fait familiarisé
avec le gouverneur, qui se montrait, en effet,

fort bon homme. Poussé de la faim, et fatigué de la journée, il m'engageait à céder aux instances de notre hôte; je lui offris de le laisser, s'il le désirait, à Kakoum, et je riais déjà du tête-à-tête d'un moine de Rome avec un Bédouin; mais don Thomasso préféra me suivre. Nos chevaux furent amenés dans la cour du château; l'aga me vit partir de sa fenêtre, et me suivit longtemps des yeux et des gestes les plus bienveillants.

Cette entrevue, prolongée au delà de mon gré, nous fit arriver fort tard à Kalen Sela, où nous devions passer la nuit. Nous nous trouvions alors sur une partie du domaine de la tribu de Manassé. Mon guide et mon soldat eurent beau frapper aux cabanes du hameau; on ne répondit point à leur appel; il fallut se résoudre à passer la nuit en plein air, et même sans souper, car nos provisions de voyages étaient épuisées; et cette circonstance redoubla les regrets du frère Thomas pour n'avoir pas accepté l'hospitalité si cordiale de l'aga de Kakoum.

Nous nous arrêtâmes dans un grand cimetière qui bordait la route; nos chevaux furent attachés dans les champs à des piquets, au milieu des hautes herbes; pour moi, je m'étais étendu sur la terre, dans le désir de me reposer des fatigues d'une longue et brûlante journée; mais mille petits insectes piquants me chassèrent de place en place, et je n'eus d'asile qu'une tombe arabe dont la pierre se trouva heureusement de ma taille. Là je m'endormis pour quelques heures, à quelques pouces d'un Bédouin endormi pour toujours. Cependant aucune triste image ne troubla mon sommeil; et, quand vers trois heures du matin, nous dûmes continuer notre route, on eut un peu de peine à me faire quitter la tombe qui me servait de lit.

Deux lieues avant Ramlé, en arrivant au territoire de la tribu d'Éphraïm, on jouit d'un aspect très-étendu sur les plaines de la Palestine, bornées par les collines pierreuses qui annoncent Jérusalem. Après huit heures de route, je me trouvai à Lidda, l'ancienne Diospolis, dont les minarets et les palmiers s'élèvent élégamment ensemble. Cette ville arabe est comme un faubourg de Ramlé, autrefois Arimathie. Les nopals de ses avenues y forment des murs plutôt que des haies sur chaque côté de la route. Ces dangereux *cactus,* connus plus communément sous le nom de *figuiers d'Arabie,* croissent à une assez grande hauteur, et se mêlent de manière à présenter partout un inaccessible rempart. J'ai ouï dire en Palestine que des moutons, des chiens, et même des gazelles, pour s'être engagés dans ces haies épineuses, y avaient péri, sans en pouvoir sortir.

Je ne trouvai point à Arimathie le supérieur du couvent de Saint-Joseph, que j'avais connu à Constantinople, où il avait exercé les fonctions de commissaire de la Terre Sainte. Ce religieux était momentanément à Jérusalem; en son absence, un frère lai nous reçut avec l'obligeance la plus empressée. Aidé de don Thomas, qui retrouvait ici les grandes voûtes et les galeries des couvents italiens, il nous prépara un dîner que nous dévorâmes tous ensemble sous les arcades de la cour intérieure, où de hautes vignes et de grands palmiers entretiennent une constante fraîcheur. Je devais revenir à Ramlé, et je me hâtai d'en re-

CHAPITRE XIII.

partir toujours sur les mêmes chevaux que j'avais pris à Acre. J'admirais leur force, leur sobriété et leur patience.

Nous laissâmes à gauche le village d'el Kébab, situé sur une éminence, là où cesse la grande plaine de Saron; puis commencent de petites collines rocailleuses : la route y serpente, tourne, descend et remonte sans cesse. La nuit nous surprit comme nous dépassions le village de Latroun qui couronne un tertre à droite du chemin. C'est la patrie du bon larron. Un puits, près duquel nous nous reposâmes un moment, marque la ligne où commence le territoire de la tribu de Juda. Il fallut ensuite, en longeant les vallons, suivre le cours de bien des torrents à sec, et de plusieurs marais; de nombreux sangliers y faisaient entendre leurs grognements sourds, et les chacals leurs lugubres hurlements.

La lune nous éclairait; notre caravane défilait silencieuse au milieu des oliviers et des térébinthes; je me laissais aller à mille rêveries, tantôt rapides et légères comme la jeunesse, tantôt graves et pieuses comme cette sainte Jérusalem où je tendais, et dont mon esprit était plein.

Non, je n'oublierai jamais cette marche nocturne dans les vallées du royaume de Juda. . . . . .

A minuit nous étions à Kariet-Eleneb-Gafar, résidence du cheik Abou-Gosh. C'est là que ce chef d'une tribu de quinze mille Arabes exerce sur les pèlerins de toute secte le droit de passage (*gafar*). Les lettres du pacha de Ptolémaïde m'exemptèrent de cette redevance, et me valurent quelques politesses d'Abou-Gosh. A mon approche, il vint lui-même sur le bord de la route. J'étais averti de cette rencontre; mais elle causa autant de surprise que de frayeur au frère Thomas. « Nous sommes perdus, me disait-il, c'est donc ici « comme dans les marais Pontins : faut-il qu'a- « près avoir échappé à tous les brigands de *Son-* « *nino*, je vienne périr à quelques pas de Jéru- « salem, sans voir la ville sainte? » Toute sa résignation chrétienne cédait à cette idée.

Abou-Gosh fit allumer du feu; la nuit était froide; on prépara le café; il n'y avait en effet rien de rassurant dans ce cercle d'une trentaine d'Arabes, accoutumés à la violence et au pillage, entourant deux ou trois pèlerins. La lueur de la flamme nous laissait apercevoir les grands manteaux blancs, la figure noire, les membres velus et la longue barbe de ces Bédouins accroupis près de nous. Abou-Gosh me parut le plus bel homme de la troupe. Il ne voulut me retenir que le temps de fumer une pipe; et, à l'hospitalité arabe il ajouta des prévenances de tous les pays, en me donnant un guide pour me tirer des défilés de la vallée, et en n'exigeant de ma suite aucune sorte de rétribution, pas même du derviche européen; c'est ainsi qu'il désignait don Tomasso; et je savais qu'il n'avait pas coutume d'être aussi indulgent pour l'habit de Saint-François. Notre conversation avait été sans cesse accompagnée des cris assez rapprochés des chacals qu'on entendait de toutes parts. Nous nous donnâmes rendez-vous pour une seconde entrevue plus opportune au couvent de Saint-Sauveur à Jérusalem.

Quand l'Arabe qu'Abou-Gosh avait chargé de me diriger me quitta, j'étais encore à deux lieues du couvent de Saint-Jean situé dans le village de ce nom, auprès du désert où jeûna le précurseur. C'était à ce couvent que je voulais arriver. J'avais appris à Rama que le supérieur général de la Terre Sainte y était depuis quelques jours. Mon guide de Ptolémaïde, qui s'était d'abord vanté de connaître jusqu'au moindre sentier de la Palestine, montra quelque hésitation, puis déclara n'être jamais venu au monastère de Saint-Jean. Nous errâmes tout le reste de la nuit au milieu des ravins, des précipices, des bois d'oliviers, et de quelques champs de vignes. Ce fut au lever du soleil seulement, que quelques femmes arabes de la vallée de Jérémie nous indiquèrent la véritable route; nous atteignîmes enfin, vers sept heures du matin, le couvent de Saint-Jean. Je n'étais plus qu'à une lieue de Jérusalem.

FIN DU TOME PREMIER.

TABLE DES CHAPITRES

DU TOME PREMIER.

                                                    Pages

AVERTISSEMENT. i

CHAP. PREMIER. Départ. Navigation. Plaine de Troie. Propontide. Arrivée à Constantinople........... 1

CHAP. DEUXIÈME. Audience du Grand Seigneur...... 61

CHAP. TROISIÈME. De la Littérature grecque et de sa décadence. Manuscrit d'un prêtre grec.......... 83

CHAP. QUATRIÈME. Voyage aux îles des Princes, au tombeau d'Annibal, à Nicomédie et à Nicée..... 111

CHAP. CINQUIÈME. Départ de Constantinople. Propontide. Hellespont................................ 159

CHAP. SIXIÈME. Ile de Scio. École d'Homère. Gymnase. La promenade publique....................... 177

CHAP. SEPTIÈME. Délos. Ses ruines. Le berger du Cynthus. 211

CHAP. HUITIÈME. Milo. Statue de Vénus acquise et apportée en France. Maritsa..................... 231

Chap. neuvième. Santorin. La Cilicie. Le fleuve Limyrus... 271
Chap. dixième. Ile de Chypre. Nicosie. Hadgi Petraki. Idalie. Larnaca............................ 303
Chap. onzième. Lady Esther Stanhope........... 341
 Lettre à M. de Lamartine.................. 370
Chap. douzième. Sidon. Tyr. L'archevêque Debbas. Le puits de Salomon. Le chemin d'Alexandre.... 381
Ch. treizième. La Palestine. Ptolémaïde. Haïm-Fahri. Nazareth. Le mont Thabor. Abou-Gosh......... 411

FIN DE LA TABLE DU TOME PREMIER.

ERRATA

DU PREMIER VOLUME.

Page 11. Scylla est un rocher : *lisez* n'est qu'un rocher, et même un rocher fort peu redoutable.

— 57. μάνρα, γυρένω : *lisez* μαύρα, γυρεύω.

— 69. cadileshers : *lisez* cadileskers.

— 100. pour la supplier : *lisez* pour le supplier.

— 146. jouer quelques rôles : *lisez* jouer quelque rôle.

— 155. que les ruines : *lisez* que les rives.

— 167. couvrent de vastes : *lisez* cachent de vastes.

— 195. à la villa : *lisez* à la *villa*.

— 207. votre belle île : *lisez* votre île.

— 237. traça à la hâte : *lisez* traça le premier.

— 240. à bord de l'*Estafette* : *lisez* sur son vaisseau.

— 244. apparue en *songe* : *lisez* apparue en songe.

— 250. encore debout : *lisez* encore debout en Orient.

— 294. était presque glacée : *lisez* était glacée.

— 299. mais les flots : *lisez* mais tes flots.

— 419. sur le bord de l'*Estafette* : *lisez* à bord de l'*Estafette*.

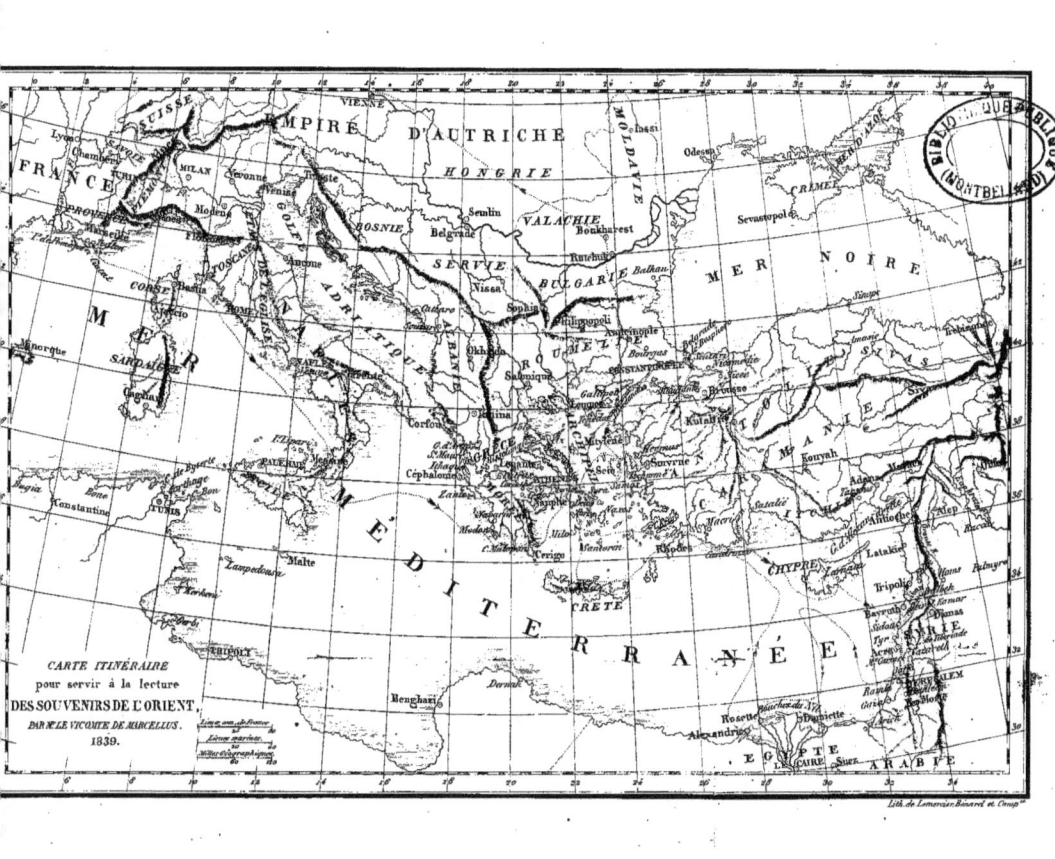

www.ingramcontent.com/pod-product-compliance
Lightning Source LLC
Chambersburg PA
CBHW072127220426
43664CB00013B/2167